U0050849

社會福利行政

Social Welfare Administration

彭懷真 / 著

〈序言〉

縮短理想與現實的差距

人生總是在理想與現實之間奮鬥，這本書希望帶給對社會工作有理想又能兼顧現實的人一些幫助。

我很愛社會工作，以最好的成績考上台灣大學社會系的社會工作組，入學後狂熱愛著這門新興的專業，因始終缺錢，到處打工。大三時被學校推薦到行政院青輔會擔任工讀生，每週工作兩整天，一個月領四千元。一年多的時光使我對政府體系有了初步的認識，家父建議我考公職，我因為已經成家，必須有豐厚的收入，因此對無法兼職的公務員興趣不高。

拿到博士後，擔任社會工作系老師又持續投入幸福家庭促進協會的社會工作，做社會工作的理想持續實踐，大學老師的收入則維持現實生活。兩者都順利，一晃眼就快三十年。

但是我看到愈來愈多學生的掙扎，許多學生都對社會工作充滿理想，但多數民間組織的低薪卻又持續澆熄理想。這些家境不寬裕的私立大學學生已經花了五十多萬讀書，扛著龐大的學貸，畢業後進入民間組織一個月領三萬，扣除勞健保勞退，每個月只有兩萬多，何時能還清學貸？何時能孝順父母補貼家用？何時能成家生兒育女？

望著年輕學子一張張徬徨的臉，我知道有一條路可以兼顧理想與現實，就是考上高考當公務員。近年我呼籲也加入了多項增聘社工人力的方案，包括公職社工師、社會安全網的研討。許多使社工進入政府服務的方案陸續執行，如果二十四、五歲就月入四、五萬，不至於阮囊羞澀，還可以存錢。這些年我已經幫助好些學生實現了這個心願，有些也利用準備國

考的階段,拿到碩士。

因此,我寫此書,首要目的是幫助有志從事社會工作又希望成為公務員的年輕人。第二個目的是協助學生瞭解政府尤其是社會福利行政體系的架構,以及實際運作的狀況。提早瞭解,一旦加入,可以快速上手。

從民國95年起,我帶領幸福家庭促進協會的團隊從事勞務委託工作,經由派遣方案,眾多助人工作者進入社會行政或勞工行政體系服務。單單是107年,就有六個方案超過五十位的人員被面試甄選,成為社會福利行政的一員。十幾年來數以百計的朋友被協會派到政府,其中超過九成還在從事社會工作,有些已經考上高考,有些成為約聘約僱約用的成員。我很驕傲地說,這些同仁已經是社會局及勞工局重要的人力,擔負行政重責又提供各種專業服務。

在主持面試與筆試的過程中,眾多有志加入政府體系服務的朋友被問到各種社會行政的實際問題,我發現多數人的理解有限。因此反覆提醒這些要在政府裡工作的社工人,多認識行政體制。寫這本書的目的,希望有助於縮短理想與現實的差距,好好擔任福利服務的尖兵。

同理性的瞭解是我對政府官員的基本態度,現代的公僕真難為,也真需要民間的支持。義務擔任民間機構的負責人這麼長的時光,我與協會的夥伴就是政府採購案的廠商。在不計其數的招標簡報、期中審查、考核督導、協調會報之中,我更瞭解也更體會公務員的辛苦。政府基本上是相互牽制的合議制,每一個會議最少有三位局內主管或學者專家、三位承辦人及其主管,有時還邀請其他局處公務員。這麼多人,處理的案子可能經費只有幾十萬,依然得步步謹慎。在此書,也將所觀察的扼要整理。

同理性的瞭解使我樂意擔任政府的各種委員會,從總統府到行政院到部會到政府出資的財團法人,涉及領域包括:性別平等、婦女權益、家庭教育、新住民事務、心理健康、性侵害防治、性剝削防治、愛滋病患權益等等。我在這些會議當中最主要的功態是縮小理想與現實的差距,學

者專家、民間團體代表經常會提出理想性高的意見，政府官員則常面有難色，知道現實面的難處。此時我會將理想性高的意見整理成現實面或許可行的方案，也因此許多官員都拜託我持續去開會。

多年來，許多政府部門找我執行研究案，從社會福利基本法、公益勸募條例等法令的研擬，人力派遣、非自願性案主、高風險家庭、兒童保護、關懷不幸少女、單親家庭、家庭暴力及性侵害加害人、中輟生、社會工作訓練、育幼機構、街友輔導、復康巴士、人力派遣、共生社區等，陸續進行。這些研究議題雖廣，立場都是縮短理想與現實的差距，提出可行的建議。見多識廣的人，或許能為理想的實踐增添些許助力。

政府有時提出的社會福利政策理想性高卻現實性不足，例如本書撰寫階段的〈準公托〉，衛生福利部在極短時間內匆促將準公共托育政策全面上路，引發無數家長、保母、托育機構、社會局兒少福利科的工作人員慌亂。政府一出手就花費382億推動此政策，卻忽略錢永遠不能解決問題，往往製造更多問題，因為政府投入更多經費就會更強勢管理，而管理的成本明顯被低估。

十年前，政府強勢介入保母管理，但是誰來負責這些業務呢？「居服業登專案服務員」執行此任務。我帶領的團隊包含「居服業登及強化兒少福利專案服務員」一項，負責六位工作者的人力管理。我深刻瞭解整個勞動市場以極低的薪水付給這些實際從事照顧幼兒的工作者，他們普遍低薪。我針對此政策，多次在《中國時報》撰文，提出可以改進的建議，這些建言的基礎是自己的實踐。我與市府的主管面試了一批又一批要從事保母業管理的工作者，望著這些畢業於社工系、幼保系的專業朋友，聽著她們述說昔日的工作經驗，市府主管最在乎的是她們能否大量加班以應付龐雜的行政業務及四面八方的抱怨。每天如此痛苦疲憊，能快樂工作又久任其職嗎？

政府強勢主導，透過各種契約要求這要求那，保母與家長要簽約，

托育機構與家長要簽約。現在不只是托育中心恐慌、保母恐慌、家長恐慌，連社工行政人員也恐慌。因為簽約之後，誰來負責執行這些契約呢？當然是地方政府的社會局人員。社會局有足夠人力應付如此混亂的政策嗎？此項決策在2019年2月的立法院法制局報告中嚴加指責，痛批「劣幣驅逐良幣」。如果制定政策者，能兼顧理想與現實，考慮社會福利行政輸送的問題，不至於進退失據。我總是靠高度執行力使理想得以實踐，透過行政管理落實社會福利，這條路走得通。

　　現實靠近理想，使理想落實，這豈不是社會福利行政的目標嗎？祝福每一位讀者都能心想事成。

彭懷真 謹識

戊戌年尾時序於東海大學圖書館

全書說明：為了節省篇幅，做了以下安排：

1.本書圖表甚多，配合各回的內容呈現，不附上圖表目錄。

2.本書的重要名詞若附上英文者，均很重要，不附上索引。

3.各段的內容若為引述，直接在各回之後加上註釋，不再提供參考書目。

4.政府的資料如果屬於非常相關的，讀者可以進一步上相關的官網進行瞭解。

目　錄

Part 1

關鍵人物與概念

第一回

導論

 壹、劇烈變遷中的任務環境

社會福利行政的任務正在快速變遷中，單單是民國一百年以後的幾年，已經呈現全然不同的面貌。在中央，政務委員一定有社會福利背景的，主管單位由內政部轉到衛生福利部，該部必然有一位次長是社會福利背景的，新設立社會及家庭署、保護服務司、社會保險及社會工作司等前所未有的單位。在地方，原本直轄市只有台北、高雄兩個，在很短時間內增加了新北、台中、台南，又加了桃園，俗稱六都。六都在經費上遠比其他十六個縣市寬裕，社會局長為十三職等，均為特任。十六個縣市的社會局處首長，也擁有不小的權力，都是縣市首長特別看重的。為民服務的單位處處與選票有關，豈能忽略？

在法規方面，自從性侵害犯罪防治法和家庭暴力防治法通過後，保護服務成為重點，加上兒童少年權益保障法的修正，性侵、家暴、兒虐等所謂的113業務需聘用大量保護性社會工作人力，卻始終人力不足。身心障礙權益保障法的修正、ICF新制的推動、身心障礙公約的上路等，也大

幅增加身心障礙福利的人力。老人福利隨著高齡社會的正式到來，各項福利服務需求殷切，政府也積極因應。在社會救助領域，做法傳統的貧民調查及現金濟助都改變了，各種脫貧措施愈來愈多元。

在經費方面，社會福利預算占中央政府各項總支出已經高居第一位，達到23%以上，占各地方政府的預算也多在15%上下。愈來愈龐大的經費要使用，也造成社會福利行政人員的壓力。

在與民間組織的互動方面也有了新形勢，政府龐大的福利經費必須與民間組織齊心推動，以落實對弱勢團體的服務。但是民間組織可能各有立場，有些團體的負責人應邀擔任部會局處的委員，有些成為民意代表，監督行政部門，社會局處得小心維持適當關係。學者專家、媒體記者乃至有需求的民眾及家屬，都是社會福利行政者必須互動的。

任務環境劇烈變動，然而政府體系難以因應。政府裡依然是科層嚴謹，依然是部門分立，依然要考慮政風會計人事秘書等各自的立場，各種對公務員的規定十分複雜卻少有改變。整個人事行政未必能考慮社會福利的專業性，政治首長未必尊重社會工作者的特殊性，社會福利行政的人力變動率特別高。

貳、基本認識

在2017年出版的《社會福利行政》一書[1]之中，Matthew Taylor如此說明什麼是社會福利："is the organized system of social services and institutions, designed to aid individuals and groups to attain satisfying standard of life and health, and personal and social relationships that permit them to develop their full capacities and to promote their wellbeing in harmony with the needs of their families and the community."意思是「社會服務和制度的組織

體系，目的在幫助個人和團體去達到生活及健康的滿意標準，有良好的個人和社會關係，充分發展他們的能力以增進幸福，又與家庭及社區維持和諧的關係。」

接著解釋什麼是社會福利行政："is the process of efficiently providing resources and services to meet the needs of the individuals, families, groups and communities to facilitate social relationship and adjustment necessary to social functioning."意思是「為了滿足個人、家庭、團體和社區的需要，而有效率提供資源及服務的過程，以增進社會關係和適應的社會功能。」

社會福利行政的代表性人物Rex A. Skidmore在經典著作的副標題是Dynamic Management and Human Relationships（動態管理與人際關係），畫龍點睛敘述此領域必須用動態的管理並把握人際關係，他分析社會福利行政應該具備的知識包括[2]：

1.關於機構使命、政策、服務與資源等的知識。
2.有關人類行為動態的知識。
3.關於社區資源的知識，尤其是與自身機構密切相關的。
4.與自己服務機構有關的社會工作方法和知識。
5.管理方面的原則、過程及技術的知識。
6.與專業協會規範有關的知識。
7.與組織有關的理論。
8.有關評鑑過程和技術的知識。

在態度方面，Skidmore分析社會工作行政人員應該具備：

1.尊重每一位同仁都是獨特的個體。
2.瞭解每一位工作者都不是完美的，接受同仁也接受自己的有限。
3.設法提供合適的物理環境及情緒氣氛，幫助同事能有好的表現。

4.充分體認到社會工作價值的重要性。

5.對於新的概念與事實都抱持著開放的心胸。

6.確認機構整體的發展遠比自己或同事重要。

美國社會工作人員協會（National Association of Social Workers, NASW）對行政者給與指引（administrator guidelines），內容是[3]：

> Social work administrators are proactive leaders in public and private agencies that provide services to clients. Many elements of this area of social work practice are common to administration in other organizations. However, administration and management also require knowledge about social policy and the delivery of social services, vision for future planning, an understanding of human behavior, and commitment to social work ethics and values. （社會工作行政人員在公共和私人機構總是扮演主動倡導者的角色，為案主提供服務。這一社會工作實踐領域的許多要素在其他組織的管理中是常見的。然而，行政和管理更需要提供有關社會政策和社會服務的輸送、未來規劃的願景，具備對人類行為的理解，以及承諾落實社會工作倫理和價值觀。）

在Social Work License Map（社會工作證照地圖）網站上如此介紹什麼是社會工作行政（What Is Social Work Administration?），內容是[4]：

> Working at the macro level is a different side of social work, but one that is every bit as critical as providing direct services. The social work administrator is focused on the future. Administrators are decision makers, concerned about the well-being of a total system versus one particular client. （從鉅視面服務是社會工作的另一

面，但與提供直接服務一樣重要。社會工作行政人員更關切未來，是決策者，對整個系統與特定案主的福祉都同樣關心。）

社會福利行政這項工作需要具備有關社會政策制定和社會服務提供的知識，須充分瞭解人類行為。今日的行政比傳統業務更複雜，因此由能力強的社會行政人員來指導組織的發展方向至關重要。重點任務包括：制定預算，設計滿足人口需求的計畫，評估現有計畫的有效性，確定缺乏資源的領域，掌握社區或部門的策略及制定政策。社會行政人員還必須瞭解社會服務、人際行為和社會問題，致力於以消費者為導向和服務權利被剝奪的人口。對業務深刻理解，並成為領導者，以便在他們服務的社區中發揮作用。

具有社會工作行政背景的人具有獨特的技能，適合在以下的場域服務：

- family service agencies（家庭服務機構）
- child welfare departments（兒童福利部門）
- social service agencies（社會服務機構）
- school personnel departments（學校的人事部門）
- area agencies on aging（服務老人的機構）
- state mental health departments（政府精神衛生部門）
- employee assistance programs（員工協助方案）
- probation departments（緩刑觀護部門）
- hospitals and home health care agencies（醫院和家庭保健機構）
- public welfare agencies（公共福利單位）

行政人員的就業機會很好，是一個不斷發展的領域，美國勞工統計局預估2014年至2024年間就業增長率為12％。隨著人口老齡化，這些工作將越來越受到歡迎。各國也認識到精神衛生計畫是社區必須提供的服

社會福利行政

務，都增加了對管理者的需求。

從事行政的年薪中位數高於第一線的社工甚多，雖然薪水受到地理位置、組織、技能和教育程度等而有所不同，但社會工作行政是一個具有巨大潛力、不斷發展的領域。

對於有心成為社會行政工作的人，這項工作需要對許多不同領域有廣泛的瞭解。對於希望在此領域工作的人來說，接受適當的教育至關重要，行政工作主要由具有領導和管理技能的社會工作者擔任。

瞭解大局對於從事社會工作行政的人來說是必不可少的。社會工作學系應該提供管理和財務、方案和評估以及社區組織等課程，以幫助學生為這一工作領域做好準備。

社會福利行政者需要注意的原則，包括：(1) social work values（社會工作的價值）；(2) community and client needs（社區及案主的需求）；(3) agency purpose（機構的目的）；(4) cultural setting（文化的狀況）；(5) purposeful relationship（維持有意義的關係）；(6) agency totality（機構的整體性）；(7) professional responsibility（專業的責任）；(8) participation（充分的參與）。

社會行政落實的要素有：planning（計畫）、organization（組織）、授權（delegation）、協調（coordination）、資源利用（resource utilization）、改變的動能（change）、評估（evaluation）、成長（growth）。

另一位重要的學者Friedlander如此描述社會福利："Social Welfare is the organized system of social services and institutions, designed to aid individuals and groups to attain satisfying standard of life and health, and personal and social relationships that permit them to develop their full capacities and to promote their well being in harmony with the needs of their families and the community."（社會福利是關於社會服務及機構的有組織體

系，設計的原理為了幫助個人及團體保障生活及健康，也增進個人與社會的關係，如此可以促使人們發展更好的能力以滿足在家庭及社區中的需要。）[5]

在美國《社會工作辭典》（*Social Work Dictionary*）如此界定："A nation's system of programs, benefits and services that help people meet these social, economic, educational and health needs that are fundamental to the maintenance of society."（社會福利是一種國家系統，包含計畫、利益、服務，以協助人們滿足社會、經濟、教育及健康的需求，如此做是維持社會穩定的基石。）[6]

John C. Kidneigh則分析："Social Welfare Administration is the process of transferring the social policy into social services and the use of experiences in evaluating and modifying policies."（社會福利行政是一種過程，將社會政策轉變為社會服務，然後將服務的經驗轉換為評估及修改政策的依據。）[7]

Arthur Dunham的解釋："By Social Welfare Administration we mean those supporting and facilitating activities necessary and incidental to the giving of direct services by social agency."（社會福利行政支持及促進各種必要的行動，使各種社會機構的直接服務更為有效。）[8]

美國社會工作教育協會（American Council of Social Work Education）如此說明："Administration is the process of transforming community resources into a programme of community service, in accordance with goals, policies and standards which have been agreed by those involved enterprise. it is creative in that it structures roles and relationships in such a way as to alter an enhance the total product. It involves the problem solving process of study, diagnosis and treatment solutions or actions and evaluation of results."（行政是一種轉換各種資源為社區服務的過程，要配合機構的目標、政策及標

準，經由結構的角色及關係去增進整體的利益。行政是經由研究、診斷和處遇，希望能解決問題，評估各種結果[9]。

Skidmore歸納學者們的看法，將社會工作行政定義為：「機構內工作人員將政府政策轉換成服務提供的行動過程；其間涉及執行者（指領導者及所有員工）、團隊成員（或部屬）間的關係。行政過程中常使用的方法為：規劃、組織、員工部署、指導與控制等。」[10]

在我國，行政是指根據一定的法規，執行政府政策的過程[11]。在行政法中，行政一詞專指國家或政府之行為（吳庚，2015）[12]。顧名思義，社會行政（social administration）或社會工作行政（social work administration）指一個國家的政府推行有關社會福利工作之行政事務。

我國社會福利界的重要人物，曾經在高雄市及台北市擔任社會局長的白秀雄（1989）定義社會福利行政為：依照當前社會的需要與狀況，從事有關社會福利的各種措施與活動，其目的在於發揮政府福利工作的功能，完成福利國家的責任，以保障人民生存權、工作權與財產權[13]。

黃源協等將社會福利行政定義為：為保障人們的基本生活權益和福祉，透過規劃、組織、任用、領導、控制、決策、預算，以及公共關係與報告等過程，將政府的福利政策轉化為各種活動或措施，為民眾或有需求者安排並提供有計畫、有系統及具專業化的服務輸送。社會福利行政將政府所制定之社會福利政策轉化成各項福利服務活動之過程，並透過企業化的管理方式，將各項福利服務措施或活動進行系統性的安排，讓福利服務輸送品質受到監控，進而保障人民使用福利之權益[14]。

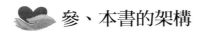 參、本書的架構

六六三十六，三十六計是很精彩的。社會福利行政彷彿社會福利的

三十六計，在本書有三十六回，如同三十六個積木。積木有不同的呈現方式，本書可以用六個六回（一到六、七到十二、十三到十八、十九到二十四、二十五到三十、三十一到三十六）來看，也可以用十二個三回來看（一到三、三到六，以此類推），最重要的，用三個十二回（一到十二、十三到二十四、二十五到三十六）來看。

　　一到十二回以理論為主，偏重關鍵人物與概念，偏重結構及歷史面，每回介紹促進社會福利行政發展的關鍵人物及相關的重要概念，盡可能列出影響深遠的代表性人物，不可不知的名詞，取材廣泛又詳加整理。有心讀研究所者、志在考公職社工師者，請詳讀。

　　十三到二十四回，偏重結構與公務員組成面，分別介紹政府社會行政體系的組織，以及社會工作者在其中被規定要做什麼，想要到政府機構去實習、擔任職務者，請詳讀。

　　二十五回到三十六回「行政之路」，偏重運作及活動面，解釋社會福利行政如何推動，包括介紹公務員此永業制人事行政的各步驟——選、任、用、留、升、動。接著將總務行政、採購行政、方案委託、品管與稽核等重點，扼要說明，如此得以知道政府行政體系裡服務專職人員是如何使政府運轉的，有志加入者可以先認識。打算在非營利組織從事社會工作人員，也可預先知道如何與政府體系打交道。

　　老師講授，可以按照從第一回依序說明，每週講授三回，每一個三回，大約等於一章。也可以在每週三小時的課程中，第一節講第一回，第二節講第十三回，第三節講第二十五回。然後下一個禮拜，第一節上第二回，第二節講第十四回，第三節說明第二十六回……。老師也可以先調查修課學生的意願，考慮學生的興趣、志向及學習能力，適度調整。

社會福利行政

註　釋

說明：本書將各引述的資料直接註釋，方便讀者查閱，全書最後不再刊登參考書目。社會福利行政與政府組織法律命令等密不可分，這兩方面很容易在網站上查詢，就不再加註釋。此外，英文註釋的出版社不列城市名。

1　Taylor, Matthew (2017). *Social Welfare Administration*. Intelliz Press.

2　Skidmore, Rex A. (1990). *Social Work Administration: Dynamic Management and Human Relationships*. Prentice Hall.

3　National Association of Social Workers, NASW. https://www.socialworkers.org

4　Social work license map. https://socialworklicensemap.com

5　Friedlander (1955). *Introduction to Social Welfare*. Prentice-Hall

6　Barker, R. L. (1999). *Social Work Dictionary*. NASW Press.

7　Kidneigh, John (1968). Administration and community organization in social work. *International Social Work, 11*(3), 17-22.

8　Dunham, Arthur (1958). *Community Welfare Organization*. Thomas Y.

9　American Council of Social Work Education. https://www.cswe.org

10　蔡漢賢主編（2000）。《社會工作辭典》。台北：社區發展出版中心。

11　林勝義（2016）。《社會政策與社會立法：兼論其社工實務》。台北：五南。

12　Berg-Weger, Marla (2016). *Social Work and Social Welfare: An Invitation*. Routledge.

13　白秀雄（1989）。《社會福利行政》。台北：三民。

14　參考傅雲（1971）。《社會福利行政》。台北：中央警官學校。黃源協（1999）《社會工作管理》。台北：揚智。

第二回

泰勒、費堯、韋伯、科層制度與行政責任

 壹、泰勒

對科學管理影響最大的是泰勒,但泰勒的觀念主要應用在企業;對行政管理影響最大的是法國學者費堯。雖然科學管理與行政管理同樣強調理性並追求效率,但泰勒的科學管理較侷限在工人的工作場合,費堯的行政管理則著眼於組織的整體設計和運作。

泰勒被稱為「科學管理之父」,長期分析生產流程,總是把工作系統化、致力於生產方式的標準化,並對工作者嚴加控制。泰勒熱愛發明,最重要的發明是各種嚴謹的生產流程圖。他在《科學管理原理》中強調:「運用科學的原則管理事物,可以代替管理者隨意的判斷;一定要用科學方法從事選人、訓練、用人。科學管理還能有效地研究、分析及解決組織的問題,以增加效率。」[1]

泰勒認為,工作者主要為了經濟利益,所以組織應該增進員工的生產力。管理者必須善用科學的方法來改進員工的生產力,使其獲益。科學管理原則包括:科學化工作、時間掌控、以績效為薪酬的標準、計畫與執

行分離、功能管理、管理人員專業化等[2]。這些觀念直到一百多年後的今天,依然廣泛被應用。

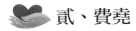貳、費堯

費堯研究旨趣則與泰勒有很大的差異,這與兩人之出身有關,先將兩人的比較整理如**表1-1**。

表1-1 泰勒與費堯的背景比較

	泰勒	費堯
學派	科學管理學派(又稱管理技術學派)	行政管理學派
國籍	美國	法國
出身	從米德威鋼鐵公司工人做起	從科費德公司工程師做起
最高職位	總工程師	總經理
研究焦點	基層員工,動作與時間研究	中高階層,行政組織管理
代表作	科學管理原則	一般管理與工業管理
主要學說	科學管理、最佳方法、動時研究	十四點原則,行政管理五大功能
稱譽	科學管理之父	管理理論之父

資料來源:汪正洋(2015)。《圖解行政學》。台北:五南。

費堯以組織的中上層的工作為研究中心,稱作行政管理學派。觀念通稱為「費堯主義」,核心主張是控制幅度明確,並使每個工作者只有一個老闆。他對各組織內部的管理活動進行整合,是最早出現的組織策略思想,強調要先擬定一個能包含各方面收入、支出狀況的預算,並將經營實績與之比較,以求控制成本和調整企業的生產行為[3]。在費堯之前,沒有一位學者能明確指出管理的活動究竟應該包含哪些,他在1916年所出版的《工業管理與一般管理》中回答了這個重要的問題,歸納組織裡的全部活

動，用五、六、五、十四等數字為代表[4]：

一、五項管理功能

專門的管理功能有五項：計畫（plan）、組織（organization）、指揮（command）、協調（coordinate）、控制（control）。

二、六項活動[5]

組織裡的全部活動都可包含以下六方面：

1.技術活動：例如生產、製造、加工。

2.商業活動：例如購買、銷售、交換。

3.財務活動：主要是募集資本並妥善運用。

4.安全活動：保護財產和人員。

5.會計活動：例如財產清點、資產負債表、統計。

6.管理活動。

三、五項設計原則（OSCAR）

組織設計應依據五項原則，以英文字首來歸納，簡稱OSCAR[6]：

1.目標（Objective）：組織應有明確的目標。

2.專業化（Specialization）：每個人所做的工作應該嚴格限定。

3.協調（Coordination）：應規劃各個協調方法。

4.權威（Authority）：組織應有位最高權威者並建立明確的權威系統。

5.職責（Responsibility）：權責相符。

四、十四項管理原則（principles of management）[7]

1.勞動分工：專業化使得員工提高效率以提升產出。

2.權責相稱：管理者必須能夠下達指令，有權力的地方就有責任。

3.紀律嚴明：員工必須遵守和尊重組織的規章。好的紀律起源於有效領導力；管理者和工人在組織規章下相互理解，對於違反紀律者給與懲罰。

4.統一命令：每個員工只能接受來自一位直接上級的命令。

5.統一方向：每項擁有同樣目標的組織活動應該被一位管理者用一個計畫來指導。

6.組織至上：任何一個員工的利益或一組員工的利益都不應該高過組織整體的利益。

7.報酬合理：必須按照工作者的服務給予公平的薪水。

8.適度集權：指的是下級參與決策制定的程度。決策制定是集權的（對於管理者）或分權的（對於下級）是合適的比例問題。管理者的任務是對於每種情況找到最合適的集權程度。

9.層級節制：從高層管理者到最底層人員的權力連線代表了層級，溝通應當遵循這條層級。

10.人事相適：人和物都應該在合適的時間及合適的地點出現。

11.公正無私：主管應該寬容和公正地對待部屬。

12.任期安定：使職員穩定，管理者應該提供有秩序的人員安排並且保證替代人員可以補缺空位。

13.自動自發：部屬被允許創立和執行自己的計畫以發揮高水平的生產。

14.團隊精神：促進團隊精神，創造和諧及團結。

費堯主張「好的管理可以被教導」，他的觀念在世界各地的公共行政及管理學導論中不斷被教導，但理論的主要限制是不夠重視個別差異。

參、韋伯

馬克西米利安・卡爾・艾米爾・韋伯（Maximilian Karl Emil Weber, 1864-1920），小名馬克斯・韋伯（Max Weber），是德國的哲學家、法學家、政治經濟學家、社會學家，主要著作是社會學的宗教、經濟和政治研究領域，被公認是現代社會學和公共行政學最重要的創始人之一。韋伯將國家定義為一個「擁有合法使用暴力的壟斷地位」的實體，這個定義對於西方現代政治學的發展影響極大。他在各種學術上的重要貢獻被通稱為「韋伯命題」[8]。

他認定組織的型態由於上下依層級分層，左右依功能分科，所以稱為「科層組織」。這是韋伯巨著《經濟與社會》所探討的主題之一。韋伯分析了官僚組織的特徵：何種條件使其產生？有哪些阻礙其產生的因素逐漸消失？以及其影響如何？他認定此種由規則、法律、行政體系所決定的組織型態，必然是現代組織的主流[9]。

科層組織結構，伴隨西方資本主義和現代國家的發展而形成的。他說：「科層組織得以發展的主要原因，在於其純粹的技術性優越，超出任何其他的組織形式。精確、速度、不含糊、檔案知識、連貫性、自行決斷、一致性、嚴格服從、減少摩擦等，凡此種種，在嚴格的科層組織行政格局裡，均被提升到最適當的高度。」[10]

社會福利行政

　　當代政府，以科層政治（Bureaucratic Politics）最為常見，現代科層組織在政治體系或政策執行過程中，具有明確存在的影響力量，深入民眾生活及社會活動各層面，在某些情形下更超越了立法與司法權威，例如立法部門所制定的各項法律有賴於行政機關的運作才能落實。對於由行政機關所擁有的影響權力，概括稱之為「科層政治」，可能會基於自利而企圖介入影響政策制定的結果。由於不同機關首長皆想透過擴充組織編制與功能以獲得更高的名聲地位，同時政策制定的結果將衝擊其利益，因此可能造成機關間立場不同的競爭與衝突[11]。

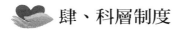 ## 肆、科層制度

　　依照韋伯分析科層組織的理念型，有以下六點特徵[12]：

一、職有專責

　　組織裡實行分工，將組織所要處理的各種事務，依其性質分配到不同職位，由在位者各司其職，每一個職位的權限和責任都劃分清楚，以免重複，職責的分配都按照一定的過程和進度。

二、分層統屬

　　分工之後，馬上產生協調的問題；沒有協調，分工便不能發揮效用。所以，組織中的職位由上而下層層相屬，沒有一個職位或部門不受管制，上一級協調下一級，最高一級做最後統籌。統屬關係除了協調各方面的活動外，還有監督的作用。組織裡的人並不會自動自發為組織效勞，須被上一級的人管理。

三、規章治事

　　組織裡各個職位的權責、辦事方式和程序，都應明文規定。組織所通過的決策、方案，乃至於往來文件，都依照檔案分類管理，以便記錄和檢查。用意有三：(1)保證處理事務的連貫性和一致性，組織目標不因個人的獨特作風而偏離；(2)使成員有所遵循，遇到問題時能盡可能援引先例，不必事事重新設計；(3)辦事過程有案可查，一旦造成錯誤時，容易找出原因，追究責任。

　　由於一切依具體的文字辦事，因此組織必須公私分明。「公私分明」是增進效用的必備條件，包括雙重意義：首先，是個人所有的與組織所有的分離。個人在組織內所享有的權力和權利是職位所賦予的，離開職位便不能繼續擁有。此外，上司有權管下屬職務範圍以內的事，卻不能干涉下屬的私人生活。其次，是感情與理性的分開。理想的情況是認事不認人，不能感情用事而任用私人，此即所謂非私人原則（principle of impersonality）或公正原則（principle of impartiality）。

四、專用化

　　各部門的運作都相當專門，因此負責人必須接受專門的訓練，具備專門的知識，以便有效管理。此種經由訓練所產生的專門化趨勢，不僅存在於政府體系中，也表現於各種組織裡。

五、能者在位

　　組織是為了完成特定任務而存在，所以招聘或升遷，應以才能為標準。在此所指的「才能」並非一般性的，而是與組織中該角色直接有關的

才能。譬如找人擔任社工督導，聘請一個沒有經驗的新人固然不妥，選用一個才高八斗的詩人也不恰當。

六、規則管理

小型組織常依領導者個人喜好來決定事情，科層組織卻以一定政令和法令為依據。組織裡的功能必須以規則為準，因為有明文規則，處理事務才有統一的準則，不必為每一件事務都做安排，因而減少糾紛，避免處理的不一致。

在真實世界中的組織，其結構形式與韋伯的純理性頗有出入。即使在一般人的認識中，科層制度也非如韋伯所說，具有無與倫比的優越性；相反的，它也常是僵化、因循、延誤、搪塞以及將事務複雜化的代名詞[13]。所以，「科層制度」的另一種說法就是「官」「僚」組織，本身已經隱藏著負面的涵義。為什麼有這麼大的差別呢？首先，韋伯所提出的只是一個理想的類型，現實世界的科層組織總是存在不理想的成分；其次，韋伯所列舉的「純理性」組織結構並不真正理性，當然也不完美[14]。

伍、行政責任

在科層體制之內，公務員擁有民眾沒有的權力，也有獨特的責任，稱之為行政責任（administrative responsibility），包括公務人員執行職務而有違反行政法規、行政紀律或倫理行為時，所應負的責任。行政責任的內涵應包括[15]：

1.回應：行政機關應快速熟悉民眾的需求，不僅回應民眾先前表達的需求，更應洞燭機先，主動確認公共問題並研擬解決方案。

2.彈性：行政機關及人員在規劃或執行政策時，不可忽略與政策目標達成有關的各種因素。

3.勝任能力：行政機關推動職務、貫徹公權力的行為都必須謹慎，要有完成應履行任務的能力並表現出行政績效。

4.正當程序：重視依法行政原則。

5.廉潔：政府運作上要能坦白公開，也要能抑止貪腐。

6.課責：當行政人員或機關有違法或失職之情事發生時，必須有人對此負起責任。因此，行政責任的狹義概念主要指課責。

　　吉伯特（Charles Gilbert）提出確保行政責任之分析架構，區分為行政體系內部正式確保途徑（行政控制、調查委員會、人事主計政風等監督體制）、外部正式確保途徑（議會、司法、選舉）、內部非正式確保途徑（專業倫理、弊端揭發）及外部非正式確保途徑（公民參與、大眾傳播媒體）。行政責任之實踐包含政治責任、專業責任和個人責任等方面[16]。

陸、行政課責

　　責任的進一步是accountability，這個詞有不同的翻譯，包括課責、當責、責信、可以被檢視等。accountability包括account和ability，前者指的是可以計算，後者是能力，意思是被計算的能力。對公務員來說，課責指公務員必須因為其決策或行動而接受責難或獎勵，通常是責難。當行政人員或政府機關有違法或失職的情事發生時，必須要有某人對此負起責任，從最低層次的公務員到最高階層的官員，每一層級的成員皆有被監督者課責的義務。

　　行政人員的課責議題可細分成兩方面：首先是行政人員向誰負責？

其次是負責什麼？在民主政治政府體制下，課責的來源除了人民還包括機關首長、行政首長、國會議員、利益團體以及媒體等。行政人員需負責的內容則包括不浪費、不延緩地執行職務、適當裁量、因應環境研擬政策變遷、增強民眾對政府的信心等要求。

課責的面向包括：

1.組織課責：界定體系界限中的責任範疇，命令不明確或資源不充分是錯誤的開始。
2.立法課責：為立法及司法的課責重點。
3.政治課責：因民選首長必須對選民負責，可能造成行政責任的泛政治化。
4.專業課責：依賴行政人員的專業為準則。
5.道德課責：經由社會規範及道德標準所形成的。

我國現行的課責包括政治懲處（政務官為其施政負責）、法律懲處（懲戒責任、刑事責任、國家賠償責任以及民事責任）及行政懲處等。課責行動將政府的行政部分結合到政治部分上。任何政府的行動，都需要一套謹慎設計的課責結構，向公民保證政府行動的最佳結果又能符合公民的利益。在**圖2-1**呈現了違背行政責任的課責狀況。

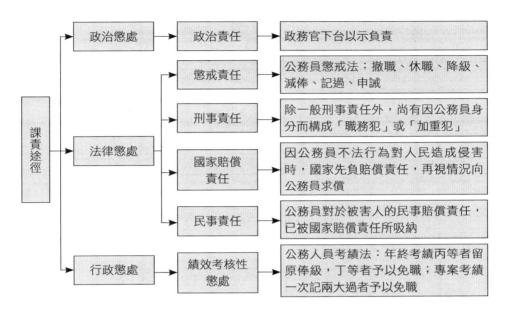

圖2-1　違背行政責任時的懲處

資料來源：汪正洋（2015）。《圖解行政學》。台北：五南。

註　釋

1 柳松、秦文淳譯（2000）。Crainers. S著。《管理大師50人》。海口：海南出版社。

2 林秀津譯（2005）。Des Dearlove著。《管理思想如何改變世界》。台北：商周。

3 Scott, W. R. (1987). *Organizations: Rational, Natural, and Open Systems*. Prentice Hall.

4 齊若蘭譯（2001）。Andrea Gabor著。《新世紀管理大師》。台北：時報。

5 同註4。

6 Perrow, Charles (1970). *Organizational Sociology*. Tavistock Publications.

7 同註2。

8 顧忠華譯（1986）。Wolfgang Schluchter著。《理性化與官僚化》。台北：聯經。

9 Turner, Jonathan (1974). *The Structure of Sociological Theory*. The Dorsey.

10 Weber, M. (1978). *Economy and Society*. University of California Press.

11 Schluchter, Wolfgang. (1981). *The Rise of Western Rationalism: Max Weber's Developmental History*. University of California Press.

12 Broom, Leonard, & Philip Selznick (1977). *Sociology*. Harper & Row Publishers.

13 張德勝（1986）。《社會原理》。台北：巨流。

14 參考Trecker, Hareigh B. (1977). *Social Work Administration*. Association Press. 及彭懷真（2017）。《社會工作概論》。台北：洪葉。

15 陳志瑋譯（2015）。Grover Starling著。《行政學——公部門之管理》。台北：五南。

16 江岷欽、林鍾沂（2003）。《公共組織理論》。台北：空中大學。

第三回

涂爾幹、洛希、組織結構與
控制幅度

 **壹、涂爾幹**

　　艾彌爾・涂爾幹（Émile Durkheim, 1858-1917）是法國猶太裔學者，
《社會學年鑑》創刊人，法國首位社會學教授。主要的思想集中於四部巨
著：《社會分工論》（1893）、《社會學方法的規則》（1895）、《自殺
論》（1897）、《宗教生活的基本形式》（1912）[1]。

　　《社會分工論》是涂爾幹的博士論文，闡述社會團結與整合為一種
社會事實，該事實獨立存在於個人之外，並具有獨特性，可稱之為「集體
意識」。分工的真正功能是在兩個人或更多人之間創造出一種連帶感，只
有社會成員間存在一定的向心力，作為成員集合體的社會才能存在。

　　社會勞動分工是社會團結的主要因素，社會的凝聚主要依賴勞動分
工來維繫，社會構成的本質也由分工決定。因為分工需要秩序、和諧與社
會的團結，因此具有道德性[2]。

　　涂爾幹主要關心的是：分工如何促成團結，在何種程度上會帶來
社會整合？因為社會團結是一種難以觀察的整體道德現象，必須透過外

25

在事實（如法律）來研究內在事實。唯有成員間存在一定的向心力，產生了「連帶」，如此組織的整體才可能存在。「目的」、「意圖」、「結果」、「效果」都不足以描述他所界定的準確性，只有「功能」（function）是說明勞動分工的適當概念。比較重要的是研究分工與相對應之社會情境的相關性，而不是人們是否事先知覺到分工，或事後意識到分工[3]。

　　人與人的關係和勞動分工息息相關。「分工所產生的道德影響，要比它的經濟作用更顯得重要；在兩人或多人之間建立團結感，才是它真正的功能。交換的產生是因為兩個不完整的個人形成的依賴關係，「集體意識是社會成員具有的信仰與感情的總和，構成了他們明確的生活體系」[4]。

　　社會團結分成「機械」與「有機」兩種，社會連帶分成機械連帶（mechanical solidarity）與有機連帶（organic solidarity）。在機械連帶中，勞動分工的程度低，運作方式以相同性為基礎，以簡單的方式運作。每一位工作者知道自己的社會位置及社會要求，工作環境較不複雜。有機連帶的勞動分工程度高，運作方式以人與人之間的差異性為基礎，形成複雜的運作方式。每個人各自為一個單位，各自有各自的功能，彼此必須共同配合[5]。

　　有兩種積極的連結：第一種是集體類型，建立在個人相似性的基礎上，個人直接隸屬於社會，個別成員基於共同情感信仰組成社會，共同觀念在數量與強度上都超過個別成員的觀念。在機械連結中，個體像無機物的分子一樣，可能喪失個別的能力。第二種是個人依賴社會，當個人與社會發生連帶關係時，社會發展成不同的獨特功能相互配合所連結的系統。每個個體擁有個別性，獨特能力得以發揮，這樣的社會連結是有機的形式[6]。

　　有機組織與機械組織的比較整理如**表3-1**。

表3-1　有機和機械的組織比較

組織型態 組織特質 變數取樣	有機式組織	機械式組織
層級節制體系的分層數	少	多
決策權的集中程度	低	高
正式法令規章的數量	少	多
目標的特殊化	低	高
控制幅度	廣	窄
溝通的內容與方向	予以建議並提供訊息，橫向的	施予指導並決定，縱向的
意見溝通的主要內容	忠告、消息	命令、決定
角色關係	依據協議；互賴的	依據法令規章；獨立的
需求行為的特殊性	低	高
報酬的差距	小	大
技術的差距	小	大
權威的知識基礎	高	低
權威的職位基礎	知識	地位

資料來源：Robbins, S. P. (2006). *Organizational Behavior.* Pearson Educational International.

　　組織規模對結構的影響很大，當組織規模愈大時，愈趨向機械式。因為大型組織的特質正是更精細的分工、更多的垂直層級及更多的規定。在「技術」方面，以例行性技術活動及標準化活動為主，例行性技術與高又窄的結構及正式化有關；組織正式化程度低，此時高例行性技術導致集權，低例行性技術的組織比較重視分權。通常政府的例行性高，非營利組織的例行性低。

　　整體來看，機械式的組織應採機械式管理，強調工作常規與各種規章程序，優點是穩定又容易產生效率，例如政府。有機式組織應採有機式管理，強調較少的細節與規章程序，優點是應變性強，例如非營利組織。

貳、洛希

　　權變理論學派的代表人物之一傑伊・洛希（Jay W. Lorsch）著有《組織結構與設計》及《組織與環境》。他根據「人是複雜的」基本假定，認為沒有什麼一成不變的、普遍適用的最佳管理方式，須根據組織內外環境自變數、管理思想及管理技術等依變數之間的函數關係，靈活地採取相應的管理措施，管理方式要考慮工作性質、成員素質等，將工作、組織、個人、環境等因素作最佳的配合。動態團隊的出現意味著組織必須打破其固有的界限，將觸角伸向各處，以整合各種有助於發展的資源。

　　他的主要觀點是：組織結構存在複雜的變數，管理者的作用與影響力舉足輕重。管理者要區別「基本結構」和「運作機制」，前者是基礎，後者依結構來運作。與基本結構有關的問題是：(1)組織內部如何進行分工？(2)怎樣按照不同的職位、小組、部門、科室，分配工作任務？(3)如何以必要的協調保證組織目標的實現？對這些問題，各組織通常會以系統圖來回答與說明，但這絕對不夠，必須透過「運行機制」來運作與強化。「運行機制」指各種控制程式、資訊系統、獎懲制度、規章制度。好的運行機制要清楚向同仁說明組織的要求和期待，也激勵同仁同心協力[7]。

　　洛希提出組織結構設計的構想有兩個基本概念，一是「差異」或「差別化」，二是「綜合」或「整體化」。「差別化」指不同部門的管理人員會因為工作性質的差異有不同想法，「整體化」則是為了因應外部的壓力與要求，在組織內部所進行的合作與協調。落實在組織結構時，可以從三方面著手[8]：

　　1.按照任務劃分單位：首先把任務相近的單位合併在一起，如此有助於消除差異，又可以發揮綜合效果。其次把經常要協調的單位合併

起來統一指導，其他則按照重視差異或重視綜合加以安排。

2.設計綜合的手段：首要方法是對管理結構加以確認，任務劃分依照
結構進行，才可能有效組織各項活動。必要時，可以設置專職的綜
合部門或跨部門的單位或方案推動小組。

3.設計好下屬單位：包括設計工作標準和獎懲制度、執行各項規章、
有效的領導監督等，一方面鼓勵差異，一方面促進協調。

　　洛希強調要注意基本結構和運行機制的設計，並多注意內部矛盾
與衝突，跨部門協調的人員也應予以重視，使這些人適度參與組織的決
策。當然，並非組織裡所有的工作者都有同樣的需要、都要用同樣的方法
去激勵，需多考慮差異來安排。

參、組織圖

　　涂爾幹、洛希對組織的規模，顯然有不同看法，組織究竟要如何以
圖來呈現？社會行政體系的署、局、處，社會福利機構的院、家、中心
等，應該如何設計呢？

　　組織圖表面上只是很多方塊與直線，但要有效運作，使方塊發揮方塊
的功能，使直線與直線都順暢，就要靠有效的溝通、領導、協調及治理，
這些都是行政管理的功能。組織圖是行動綱領，但如何行動，還是靠管
理。

　　組織圖（organizational chart）指透過規範化結構圖展示某個組織的內
部組成、職權、功能關係。每個單位應該有正式的組織結構。此種圖可用
以顯示出組織結構的概要，表現組織結構的各種基本正式關係，用以避免
某些關係、職位的重複以及不平衡。透過組織圖的分析，可以瞭解各階層
的管理活動、溝通各方面的意見，也是人事行政的升遷圖表[9]。

社會福利行政

　　組織圖說明組織內所有人員的角色和職責，建立等級式職權結構，並以此規範決策程序。設計出政令暢通、有序規範、方法得當的溝通管道。規劃控制機制，如中心化程度、控制幅度。發展工作合作協調機制及規範決策程序，安排特殊的運作方式。

　　有清楚組織圖的優點包括：簡潔明瞭，具有可預見性，幫助瞭解組織功能，認識組織結構，明確工作的負責人，上下溝通的關係和對象。缺點是：固定靜止，靈活性差，因為組織是不斷成長變化的，持續經歷不同的成長階段，對於想要理解組織內部的真實運作情況，幫助不大。事實上，組織運作過程中通常存在各種混亂，絕非單純的圖可以呈現。

　　矩陣式組織（matrix organization）是在一個機構之機能式組織型態下，為某種特別任務，另外成立專案小組負責。此專案小組與原組織配合，在型態上有行列交叉。此種組織結構可以減少各職能部門間的限制，促成職能部門之間進行溝通。也可以暫時減少員工招聘的成本，特別是對一些剛剛建立的部門。各個部門中關鍵的人可以同時加入不同專案，幫助組織在時間、成本和績效上保持平衡[10]。

　　在組織結構上，把職能劃分的部門和項目劃分的小組結合起來組成一個矩陣，一個人既與原職能部門保持組織和業務上的聯繫，又參加專案小組的工作。職能部門是固定的組織，專案小組是臨時性組織，完成任務

表3-2　矩陣組織的優點與缺點

優點	缺點
1.主管負責達成目標，任務明確。 2.能夠訓練通才的管理人員。 3.使每位成員發揮所長。 4.具有彈性，可因應實際情況加以調整。 5.可消除各部門間的本位主義。	1.專案主管與部門主管間容易產生職權衝突；成員也可能因為雙重忠貞問題，造成徬徨感。 2.設備與人員難以長期由一專案所占用，易妨礙原有部門的工作。 3.人員變動大，易造成心理的不安。

資料來源：汪正洋（2015）。《圖解行政學》。台北：五南。

以後就自動解散，其成員回原部門工作。

　　組織圖怎麼畫？要先考慮以下問題[11]：

1.有哪些工作活動是必要的：組織是為了完成工作而組成的，組織內的各部門是用來完成工作任務而安排的。如果要執行對某個人口群的服務，則按照該人口群的需要來規劃各部門。當組織成長、任務複雜，愈來愈多的功能等待完成，組織可能得設計新的部門。換言之，應該是工作內容決定組織架構，而不是組織架構決定工作內容。

2.指揮與報告是如何進行的：指揮鏈就是報告關係，顯示正式權力的狀態。在指揮鏈中，每一位員工都有特定的位置以便向上報告或向下指揮。下屬爭取資源、上司評定績效等也因此都有所依據。

3.如何劃分部門：這是最重要的課題。主要的結構形式有：

(1)功能式（functional）：將從事類似功能、工作流程、知識技術的員工劃分在一起。

(2)事業式（divisional）：依照服務方案將員工劃分，同一種方案的主人力都集中在該部門裡。

(3)混合式（multi-focused）：結合前兩者的部門化結構，形成雙指揮鏈的權力關係。同時採用功能與事業兩種方式，常以「矩陣」的方式來安排，員工必須向兩種主管報告，爭取更多的資源與信任。

(4)水平式（horizontal）：員工依照核心流程組合，將一套相關的任務與活動納入從輸入到輸出的過程中，特別在乎案主的看法並快速回應。

(5)模組式（modular）：由一個小型的中心將許多流程分割及轉包給合作的其他政府單位或民間協力組織。

4.控制幅度多大：一個管理者能有效地指揮多少位員工？

接著要確定結構「要簡單或科層？」。「簡單結構」的部門化程度低、控制幅度寬、職權集中在一人身上、正式化程度低。「科層結構」則是經由分工產生例行性高的運作、正式的明文規定、以功能別劃分部門、集權、控制幅度窄，決策是沿著命令鏈而下。優點是：隨著功能別部門化容易產生規模經濟、精簡人事與設備、提高溝通效果。缺點是：因為過於追求部門目標而妨礙組織整體目標的達成、過於墨守成規，員工可能無法處理例外案例或突發狀況。

「分化」是組織建立並控制分工與專精化的過程，組織依照任務分派人力與資源，建立任務與職權之間的關係。水平分化有助於成員認真做好份內的事情，促成專精化，但專精化的結果可能導致「本位導向」（subunit orientation），各部門只以自己單位的時間節奏與工作習慣來處理事情，化解之道是多運用各種整合機制。「整合」是協調各種任務、部門和事業部的過程，使員工能同心協力，朝向共同目標邁進。整合的機制，參考Jones的分析，從簡單到複雜，可以分為以下七種[12]：

1.職權層級（hierarchy of authority）：藉由指定誰該向誰報告來整合。

2.直接接觸（direct contact）：藉由主管之間的面對面溝通來協調。

3.安排聯絡角色（liaison role）：指定某位主管專門負責與各單位協調的事宜。

4.設立任務小組（task force）：成立由各單位人員參加的委員會，開會協調。

5.組織團隊（team）：各單位人員定期在持續性的委員會中協調跨部門事宜。

6.安排整合角色（integrating role）：發展一個全新設計的特定角色來

協調各部門。

7.成立專責整合部門（integrating department）：發展一個全新的單位以協調各部門。

　　理想的情況是：確保分化有利於發展組織的核心競爭能力，為組織帶來競爭優勢，也應慎選整合的機制，以促進單位之間的合作。在工具上，強化資訊系統、增進彼此的認識與聯繫。

 肆、控制幅度

　　若在其他條件不變時，控制幅度愈大組織愈有效率。狹窄控制幅度的缺點包括：管理層級多而使組織成本增加、多增加的層級使垂直溝通管道過於複雜、員工因受到過於嚴格的監控而缺乏自主性。實際的控制人數，費堯認為行政人員一般要少於六人，工頭可指揮二十至三十人。L. Urwick主張高層領袖以四人最適合，監督層主管可增加到八至十二人。L. Gulick認為，高層人員的工作因為具多元性（diversification）、分散性（dispersion）及不可度量性（non-measurability），較低層人員的限度為少[13]。

　　管理幅度的決定，須考慮的因素有[14]：

一、組織性質

1.組織變遷率：變遷緩慢，幅度可擴大，否則應小。
2.地理位置分布性：機關分散程度小，幅度可大，否則小。
3.工作性質：若為例行性、重複性、可測性及同質性，則幅度通常較

大；反之，則小。

4. 目標一致性：若部屬目標與機關整體目標一致者，則主管的幅度較大；反之，則小。

5. 員工互動程度：部屬間工作互動程度及交往性高，則幅度可大；反之，宜小。

6. 內部協調性、溝通情況：情況佳者幅度大，否則小。

7. 決策權集中程度：集權者，幅度小，主管容易指揮；分權者，則幅度可擴大。

二、管理

1. 監督部屬方式：採一般監督者，幅度大；嚴密監督者，事事插手，宜小。

2. 授權：主管充分授權，幅度應大；反之，宜小。

3. 計畫精確細密程度：與管理幅度成正比。

4. 客觀考核標準的建立：已建立一套標準來考核部屬是否依計畫行事及糾正工作偏差，則幅度可大；反之，則宜小。

5. 親身接觸程度（amount of personal contact）：主管若需花費較多時間與部屬直接洽談，則幅度無法擴大。

6. 幕僚襄助程度：與管理幅度成正比。

三、成員特性

1. 主管的能力、智識、體力、適應力、專技的精拙程度：均與管理幅度成正比。

2. 部屬的能力、自立性、自主程度：與管理幅度成正比。

3.部屬受訓練的程度：與管理幅度成正比。

四、科技運用

1.管理工具的普遍程度：與管理幅度成正比。
2.電腦的硬體設計與軟體應用程度：愈進步，管理的幅度愈擴大。

社會福利行政

註　釋

1 Coser, Lewis A. (1977). *Masters of Sociological Thought*. Harcourt Brace Jovanovich. Inc.

2 Durkheim, Émile (1965). *The Elementary Forms of the Religious Life*. Macmillan.

3 Turner, Jonathan (1974). *The Structure of Sociological Theory*. The Dorsey.

4 Durkheim, Émile (1969). *The Division of Labor in Society*. Macmillan.

5 Durkheim, Émile (1982). *The Rules of Sociological Method and Selected Text on Sociology and its Method*. Macmillan.

6 Abercrombie, Nicholas (2004). *Sociology*. Blackwell Publishers Ltd.

7 Kinzey, Ruth Ellen (2013). *Promoting Nonprofit Organizations: A Reputation Management Approach*. Beker & Taylor Books.

8 Hall, Richard H. (1972). *Organizations: Structures, Processes, and Outcomes*. Prentice-Hall International.

9 Perrow, Charles (1970). *Organizational Sociology*. Tavistock Publications.

10 彭文賢（1996a）。《組織原理》。台北：三民。

11 彭文賢（1996b）。《組織結構》。台北：三民。

12 劉韻僖、卓秀足、俞慧芸、楊仁壽譯（2012）。Gareth Jones著。《組織理論與管理》。台北：雙葉。

13 同註11。

14 同註11。

第四回

俾斯麥、羅斯福、詹森與
制度的法制化

 壹、俾斯麥

　　世界第一個社會保險制度出現在德國，採取俾斯麥（Bismarck, 1815-1898）的構想。他是19世紀著名的「鐵血首相」，為德意志帝國第一任首相，維護專制，壓制社會民主主義運動。為了維持政局，他制定保險法律。最早是1881年由德國皇帝公告的社會保險詔書，宣示以社會自治方式推行社會保險。在1883年德國有了《疾病保險法》，建立了世界上第一個醫療保險制度，是以藍領工人為對象的健康保險。此後在1884年制定勞災保險，於1889年實施年金保險。1889年建立了世界上最早的工人養老金、健康和醫療保險等社會保險制度[1]。如此快速的發展固然可歸功於德國傳統社會的團結觀念，最重要的角色則莫過於俾斯麥首相。

　　如此廣泛的社會保險制度，源自於俾斯麥主動因應政治與經濟挑戰。為發展德國經濟，俾斯麥不願意大幅度增進勞工的權利，但為減少當時社會主義黨人帶來的政治壓力，還是率先建立社會保險制度。日後，以社會保險為核心社會政策的各國，所遵守的主要是由此發展的社會安全模式。

又過了幾十年，德國增設失業保險（1927年）。二次大戰後，社會保險事業持續改進，保險範圍繼續擴大，保險待遇明顯改善，特別是退休職工的養老金修正為動態增長，養老金的數額不再是一成不變，而是與生活費用的增加，配合工資增長有所增加。各國的保險制度乃至全面性的社會福利制度，多半受到德國的影響[2]。

貳、羅斯福

俾斯麥在德國建立了社會保險制度，詹森在美國建立了對抗貧窮的救助及就業制度。在詹森之前，羅斯福的新政已經確定國家對人民福祉的重要責任。面對美國歷史上空前的大蕭條，他在1932年接受民主黨總統候選人提名時允諾「一項為了美國人民的新措施」，他說「遍布全國、在政府的政治哲學中遭到遺忘的男人和女人，期望我們起而領導他們，也希望有更公平的機會可以分享國家財富的配額⋯⋯我將提出一項為了美國人民的新措施。這不僅是政治性的競選活動，而是一次戰鬥。」1933年，羅斯福新政（The New Deal）上路，一系列經濟政策的核心是三個R：救濟（Relief）、改革（Reform）和復興（Recovery），以增加政府對經濟直接或間接干預的方式緩解了大蕭條所帶來的經濟危機與社會矛盾。政府須救濟幫助受到大蕭條打擊最沉重、占人口達三分之一的人民，也試圖提供受難與失業的美國人暫時的協助。羅斯福任內持續保護勞工權利，制定最低工資和最高工時的規定。制定《聯邦緊急救濟法》並成立聯邦緊急救濟署，此後又將救濟改成「以工代賑」，以處理失業問題。促請國會通過「民間資源保護隊計畫」，吸收年輕人從事公共設施建設，還創立工程興辦署和全國青年總署，創造就業機會[3]。

羅斯福是美國唯一做到第四任的總統，期間建立社會保障體系。通

過《社會保險法》、《全國勞工關係法》、《公用事業法》、《公平勞動法》、《稅收法》等法規，同時推動工會建設，這些工會後來成為民主黨的堅定支持者[4]。羅斯福為上千萬絕望的民眾重建了希望與自尊，提升公共設施、穩住了資本主義，對社會福利的發展有很大的貢獻。

 ## 參、詹森的「向貧窮宣戰」

　　羅斯福改變了美國政府儘量不介入市場經濟的傳統，政府處處扮演積極的角色。美國的體制漸漸走向「大政府」（Big Government），政府掌握社會資源眾多，主導社會發展。政府一定要做很多事，否則不足以稱呼為「大」，更無法滿足民眾的期待與需求。他主張：現代政府職能，大致分成七大類：(1)保護民眾生命財產與權利；(2)確保民生資源供給無虞；(3)照顧無依民眾；(4)促進經濟穩定及均衡成長；(5)提升生活品質與個人成長機會；(6)保護自然環境；(7)獎勵科學技術發展[5]。

　　甘迺迪在1960年底當選，這位民主黨總統也想推動各項政府為主的計畫，但英年早逝，他的繼承人詹森，運用靈活的政治手段，推動多項改革，致力走向大政府。與社會福利最相關的是「偉大社會計畫」（Great Society，或譯為大社會計畫或大社會）。1964年，詹森發表演說，宣稱：「美國不僅有機會走向一個富裕和強大的社會，而且可以走向一個偉大的社會。」由此所提出的施政目標，計畫中最雄心勃勃、也最具爭議性的部分就是「向貧困宣戰」（War on Poverty）的倡議[6]。

　　曾是一個老師的詹森，在德州目睹墨西哥裔美國人的極端貧窮，在他繼任總統的第一個月就發起了「針對貧困的無條件戰爭」，致力將飢餓和剝削從美國人的生活中消除。「向貧困宣戰」的核心策略是《1964年經濟機會法》，成立了經濟機會局來監管一系列以社區為單位的反貧困項

目。強調對付貧困最好的辦法不是給窮人們錢，而是經由教育、職業培訓、社區開發來改善[7]。

「向貧困宣戰」衍生出了幾十個項目，如就業工作團（Job Corps），為16-21歲的貧困青年提供宿舍，舉辦職業訓練，目的是幫助處於弱勢地位的青年培養能夠自力更生的技能；「鄰里青年團」（Neighborhood Youth Corps），目的在提供貧困的城市青年工作經驗並且鼓勵他們繼續學業；「文明城市」（the Model Cities Program）項目，目的在於促進城市再發展；「向上躍進」（Upward Bound），幫助貧窮的高中生進入大學；「領先」（Head Start）計畫，為貧困兒童提供學前教育。另外，國家為社區健康中心提供資金，以擴大更多民眾得到衛生保健的途徑[8]。

詹森政府在1965年和1967年國家對社會保障做了大幅度的修正，顯著地增加了福利，擴大了照顧範圍，以新的項目來與貧困作戰，提升人民生活水平。1968年，「對有子女的家庭補助計畫」的平均支付水平與1960年相比，提高了35%[9]。

在各種保險方面，1965年通過《社會保險法》（Social Security Act of 1965），該法克服重重阻力，尤其是來自美國醫學會的。政府提供聯邦醫療保險，為許多花費在老年人身上的醫療費用提供了聯邦資金支持。希望讓所有六十五歲以上的人從中受益，同時將支付能力和現存的個人保險制度聯繫起來，建立一個以公眾名義提供資金支持的衛生保健機制。另外推動醫療補助計畫，1966年，所有接受社會福利接濟的人都從醫療補助計畫中獲得了醫療照顧。每個州自行管理自己的醫療補助計畫，與此同時，聯邦醫療保險與補助中心監督州立項目，並建立對服務傳送、品質、資金與合格標準的要求[10]。

我國社會福利制度中的里程碑計畫——小康計畫，醫療保障的關鍵方案——全民健保，都參考了詹森的構想。

肆、小康計畫

　　小康計畫是謝東閔先生在擔任台灣省政府主席時所倡辦。謝主席說：「民生主義的目的，就是消滅貧窮，使社會均富。台灣二十餘年來實施民生主義的經濟政策……大貧固然已不多見，而小貧還是不少，……我們所謂向貧窮挑戰，是積極性的行為，就是要使社會上不再有貧窮的人……今後對策，當置重點於防貧，而不以救貧為目的……。」[11]

　　「向貧窮挑戰」參考了詹森政府的做法，為貫徹小康計畫之有效推動，台灣省政府建立了分工執行編組，包括：(1)省政府成立「台灣省小康計畫策劃指導考核小組」，由有關廳、處、會、局首長組成，省府秘書長為召集人，負責計畫、指導、考核事宜；(2)各縣市政府及各鄉鎮（市、區）公所均成立「小康計畫推行小組」，負責調查、規劃與推行事宜；(3)省府社會處成立「小康計畫推行小組」，除研議各項工作之推動外，並負責聯繫協調及擔任省府策劃指導考核小組幕僚作業[12]。

　　小康計畫因為明確分工，除承辦單位省社會處各部門總動員外，省屬各級各部門亦給與充分配合。至今，仍有各種小康計畫的方案在各地持續推動，可以說是我國社會福利制度中，知名度最高的一項。

伍、各項法令的制定

　　政府透過專案寬列預算推動社會福利固然重要，根本面還是要推動立法，有了法令，社會福利行政才有法源，才可以依法行政。從法制面來看。與社會福利有關的重要法令，例如：

　　‧1973年：《兒童福利法》

- 1980年：《老人福利法》；《社會救助法》；《殘障福利法》
- 1987年：《少年福利法》
- 1993年：《兒童福利法》修正
- 1995年：《兒童及少年性交易防制條例》
- 1997年：《社會工作師法》；制訂《性侵害犯罪防治法》；《老人福利法》修訂；《社會救助法》修訂；《身心障礙者保護法》（原名稱為《殘障福利法》）
- 1998年：制訂《家庭暴力防治法》
- 2000年：制訂《特殊境遇婦女家庭扶助條例》；研擬《社會福利基本法》
- 2002年：《兩性工作平等法》公布；增修《性侵害犯罪防治法》
- 2003年：《兒童福利法》及《青少年福利法》合併為《兒童及少年福利法》；《家庭教育法》
- 2007年：《身心障礙者權益保障法》
- 2011年：《兒童及少年權益保障法》

　　法令常連在一起，其實法與令不同，法律有各種類型。政府針對法令有清楚的界定，依《中央法規標準法》第2條：法律得定名為法、律、條例或通則。第3條則解釋何謂令：各機關發布之命令，得依其性質，稱規程、規則、細則、辦法、綱要、標準或準則。第4條規定：法律應經立法院通過，總統公布。

　　第5條說明：應以法律規定之事項包括：一、憲法或法律有明文規定，應以法律定之者。二、關於人民之權利、義務者。三、關於國家各機關之組織者。四、其他重要事項之應以法律定之者。第6條則強調：應以法律規定之事項，不得以命令定之。

　　法源位階體系是：憲法＞法律＞命令＞行政規則。憲法第171條：

「法律與憲法牴觸者無效。法律與憲法有無牴觸發生疑義時，由司法院解釋之。」憲法第172條：「命令與憲法或法律牴觸者無效。」

　　有些名詞常常混著用，其實，按照《中央法規標準法》及《行政程序法》，法規是指法律＋命令，以下都是法令的名詞：

1. 法令：包括法律、自治條例、法律授權之法規命令、職權命令、自治規則、委辦規則、函釋等，對多數不特定人民就一般事項所作對外發生法律效果之規定。法令＝法律＋命令＋行政規則＋函釋，所以法令≠法規命令（參考《行政程序法》第150條）。

2. 命令：依《中央法規標準法》第3條規定：各機關發布之命令，得依其性質，稱規程、規則、細則、辦法、綱要、標準或準則。例如配合法律而有的施行細則，屬於命令。命令包含授權命令及職權命令，授權命令又分為法規命令與非法規命令。依《行政程序法》第150條規定：「本法所稱法規命令，係指行政機關基於法律授權，對多數不特定人民就一般事項所作抽象之對外發生法律效果之規定」。

3. 行政規則：《行政程序法》第159規定：「本法所稱行政規則，係指上級機關對下級機關，或長官對屬官，依其權限或職權為規範機關內部秩序及運作，所為非直接對外發生法規範效力之一般、抽象之規定。」

　　行政規則可分為兩大類：(1)機關內部之組織、事務之分配、業務處理方式、人事管理等一般性規定；(2)為協助下級機關或屬官統一解釋法令、認定事實及行使裁量權，而訂頒之解釋性規定及裁量基準。裁量性行政規則常仿照法規命令定有名稱，惟其命名方式與法規命令不同，依其規範內容及性質，常用之行政規則名稱如「要點」、「注意事項」、「規定」、「規約」、「基準」、「須知」、「程序」、「原則」、「措

施」、「範圍」、「規範」、「計畫」、「作業程序」、「範本」、「方案」、「守則」等，最常見的是施行細則[13]。

另外依照101年5月行政院頒布「中央行政機關法制作業應注意事項」，說明各種名稱如下：

1.法律，有四大類：

(1)法：屬於全國性、一般性或長期性事項之規定者。

(2)律：屬於戰時軍事機關之特殊事項之規定者。

(3)條例：屬於地區性、專門性、特殊性或臨時性事項之規定者。

(4)通則：屬於同一類事項共通適用之原則或組織之規定者。

2.命令，有七大類：

(1)規程：屬於規定機關組織、處務準據者稱之。

(2)規則：屬於規定應行遵守或應行照辦之事項者。

(3)細則：屬於規定法律施行之細節性、技術性、程序性事項或就法律另作補充解釋者。

(4)辦法：屬於規定辦理事務之方法、權限或權責者。

(5)綱要：屬於規定一定原則或要項者。

(6)標準：屬於規定一定程度、規格或條件者。

(7)準則：屬於規定作為之準據、範式或程序者。

註　釋

1 林顯宗、陳明男（1990）。《社會福利與行政》。台北：五南。

2 林萬億（2014）。《社會工作名人傳》。台北：五南。

3 布萊克（2005）。《羅斯福傳：坐在輪椅上轉動世界的巨人》。北京：中信出版社。

4 同註3。

5 黃煜文（2014）。《美國十二總統傳：從小羅斯福到小布希》。台北：五南。

6 同註5。

7 同註5。

8 同註5。

9 同註5。

10 同註5。

11 劉脩如（1976）。《社會福利行政》。台北：國立編譯館。

12 曾中明（2011）。〈我國社政組織的演變與發展〉。《社區發展季刊》，133，6-22。

13 呂炳寬（2011）。《行政法》。台中：康德。

第五回
派深思、貝佛里奇與
社會福利制度

壹、派深思

派深思（Talcott Parsons）是功能論的大師及代表，他的思想也奠定了功能論中的核心概念。他說明了制度結構的重要性，對行動及體系的分析重點有五組，簡述如下[1]：

一、行動的特質

行動特質包括：(1)獲取目的的行為；(2)發生在社會環境（social environment）之中；(3)受到社會模式的約束；(4)牽涉到行動者的動機（motivation）和能力（ability）。

二、行動體系

行動體系（action system）包括：(1)有機（organism）體系：體質、神經系統等生理部分；(2)人格（personality）體系：動機、欲望、精力

等心理部分；(3)文化（cultural）體系：學習而得的文化部分；(4)社會（social）體系：角色與團體互動的部分。

三、模式變數

　　有五種模式變數（pattern variables），行動者在行動體系中會面對五種相對的抉擇：(1)普遍性或特殊性（universalism vs. particularism）；(2)狹窄性或擴散性（specific vs. diffuseness）；(3)情感或情感中立（affection vs. affect-neutralism）；(4)先天品質或後天績效（quality vs. performance）；(5)自我取向或集體取向（self-orientation vs. collective-orientation）。

四、AGIL

　　派深思理論中最知名的部分，分別表示四種意義及對應的體系：

A：Adaptation適應，主要是有機體系。
G：Goal attainment目標達成，主要是人格體系。
I：Integration整合，主要是社會體系。
L：Latency（pattern maintenance）模式維持，主要是文化體系。

五、進化的過程

　　四種進化的過程，用以解釋社會變遷的四個階段：(1)分化（differentiation），如新制度、新組織產生；(2)適應力升等（adaptative upgrading），如擴大組織、增強組織的功能；(3)容納（inclusion），如包含新單位與結構，使基礎更穩定；(4)價值通則化（value generalization）。

例如派深思分析社會福利的發展背景是：歐洲十八世紀的工業革命使經濟更為分化，民主革命則使政治從社會各種力量分化出來。有了分化就必須加以整合，因此會產生新的整合力量，整合力量之一就是公民權的擴張。公民權的擴張是新整合力量最重要的一部分，包括社會福利制度的發展。由於美國在二次大戰後的強大，其尊重福利的觀念逐漸為其他亞洲、非洲、拉丁美洲國家所仿效，包括我國[2]。

　　功能論包括了四個基本命題：(1)每一個體系內的各部門在功能上相互關聯，某一部門的操作需要其他部門的合作。當某一部門發生不正常問題時，其他部門須強化；(2)每一體系內的組成單位通常有助該體系持續操作運行；(3)既然大多數的體系對其他體系都有影響，則它們可被視為是整個大體系的次體系（sub-systems）；(4)體系是穩定和諧的，不易有所變遷[3]。

　　派深思探究社會的結構是如何結合，又是如何運作，強調社會和社會制度的每一部分如何對整體有所貢獻。制度是相互依賴的複雜體，對整體的維持有所幫助。社會由不同的制度所組成。社會依賴制度的精密平衡，而太多太快的變遷則可能導致制度的瓦解。制度的形成、存在、瓦解必須由其型態的結果瞭解，結果分顯性功能和隱性功能，有功能的制度會持續，無功能的會被取代，因而不斷有動態的平衡[4]。

貳、貝佛里奇[5]

　　當代社會福利制度最重要源自於《貝佛里奇報告》，貝佛里奇（William Beveridge, 1879-1963）是英國經濟學家，更是福利國家理論的主要建構者。他反對小規模、私人性質的社會關懷，強調國家應該負起社會福利的責任。在《志願行為：社會進步方法相關報告》書中指出：

「民間慈善福利（philanthropy）的主體大多是由資本階層的女性及新興宗教的信徒所組成，但那不是宗教家在教會等組織進行的福利，而是擁有信仰的人們基於自由觀點所實施的。」

貝佛里奇於1942年發表《社會保險報告書》（*The Beveridge Report: Social Insurance and Allied Social Service*），也稱為《貝佛里奇報告》，研擬「社會權利」制度，包括失業及無生活能力的公民權、退休金、教育及健康保障等。他強調政府責任的論點，對於英國現代社會安全制度的建立有極大貢獻。提出四項原則：(1)每個國民均應列為社會保險對象；(2)主要的謀生能力喪失之危險（包括疾病、失業、意外傷害、老年、守寡、產婦），都應包含在一個單獨保險中；(3)採均等費率，即不管納費者所得高低，一律繳同等費率；(4)採均等給付，使每個人有相等的權利。

該報告書另有三個重點：(1)所有的計畫固然是為未來的，但要參考過去的經驗；(2)社會有五種惡魔：貧困（poor）、疾病（disease）、愚昧（ignorance）、骯髒（squalor）及懶惰（idleness），影響最直接且深遠的主要是貧窮，而社會保險是消滅社會惡魔最有效的工具；(3)為達成實現社會安全的理想，有賴政府與個人之間的合作。

貝佛里奇接著於1943年出版《保障的支柱》、1944年發表《自由社會的全面就業》，主張有國家及市場導向的私人企業來聯合運作，對當代社會福利政策及健保制度影響深遠。

參、各種社會制度

人類是聰明的，人類在求生存的過程中面對各種問題，想辦法去處理。因此發展出各種「社會制度」，有了制度，處理問題就有了一定的模式。例如人們會生病，因此有醫療制度。在匱乏時希望有求助的對象，因

此有福利制度。要系統地學習知識，有教育制度。

　　人類也是偷懶的，不希望碰到每一個問題都重新來處理，不希望遇到每一個人都要重新規範彼此的行為。因此設計出互動模式，也就是「劇本」。某一類的角色通常有類似的劇本，「劇本的集合體」形成大眾接受的各種社會制度。人們總是在演戲，每齣戲都是許多人的心血結晶。例如最會演戲卻劇本最複雜的政治制度，在其中，公務員有相近的行為模式，謹慎穩健，民意代表多半是愛講話的，經常批判需要不斷且高聲講話。

　　社會就像是一個人，每個人都有呼吸系統、消化系統、神經系統、循環系統，如此才可以活著。社會也有各種制度，如此才可以維持。史賓賽說：「社會正如有機體，一樣有生命，會自我成長和演變，其結構與功能日益分化，社會中的各部門無法互相取代，各部門的運作都有助於整體的發展。」[6]這裡所說的各部門就是各種社會制度。

　　制度是一種關於社會互動的模式，有相對穩定的結構，又能夠維持相當長的時間。制度擁有組織、有結構，傳達文化的價值。制度環繞基本社會功能，產生相近又普遍的生活方式。每個制度都具有建立社會規範並指導人們行為的功能，制度也提供各種方式的活動。社會制度是維繫人類團體生活與社會關係的法則和遊戲規則，是社會生活中為了滿足或適應某種需求，建立了有系統、有組織，眾所周知的行為模式。

　　制度的緣起可能有意或無意，制度發展反映社會或文化的變遷。制度的存在有賴它的適應能力，社會上的各種團體與組織都已經和各種制度結合了，此現象稱之為「制度的完整徹底」（institutional completeness）。制度使人們的互動清楚，有一基本準則，例如處理性問題與撫育子女以家庭系統為主，看病必須進入醫院，處理權力衝突就進入政治制度中，因為家庭窮乏或家庭危機則求助社會福利制度。這類現象通稱「制度化」（institutionalization），使人們基於某種社會規範而產生穩

社會福利行政

定的結構,社會互動有一定的模式[7]。

社會制度有其正功能,例如:(1)行為導向功能:以滿足人們社會生活的需要;(2)控制功能:以維持社會制序;(3)社會化功能:提供社會紀律和社會選擇機制;(4)文化傳播功能:傳遞社會文化、促進社會發展;(5)整合功能:有助於社會的凝聚[8]。

但是社會制度也可能有負功能,原因是制度本身的惰性、制度內部結構可能出現的混亂,因為制度裡成員的品格、能力、意願等導致各種問題。

每一種社會制度都有其普遍性、複雜性、聯繫與相互關聯性、持久性、變異性與強制性。孫末楠(W. G. Sumner)將制度分為「強制的」(coercive)和「制定的」(enacted),前者是隨著社會規範的擴大而緩慢並發展而成的,後者是在特定時間,為了特殊目的所建立的[9]。

龍冠海以人類生活之基本需要作為分類社會制度的根據,對人們的基本需求與隨之產生的制度做了整體的分析如**表5-1**。

表5-1　人類基本需求及對應的社會制度

人類基本需求	對應的社會制度
傳達意思與意志	語言及其他溝通制度
性慾與傳種	婚姻與家庭制度
營生	經濟制度（包括財產制度）
社會秩序	政治制度（包括政府與法律）
抵禦外侮	軍事制度
應付超自然力量與安慰精神	宗教制度（包括各種原始的信仰）
說明及控制自然現象	科學制度
傳授文化	教育制度
審美	藝術制度
舒暢身心	娛樂制度
健康	醫療衛生制度
救助	社會福利制度

資料來源:龍冠海(1997)。《社會學》。台北:三民。

　　任何社會都正在幾個口中掙扎，一個口主要解決吃飯的問題，表示經濟面，社會執行此種工作的制度是「經濟制度」。官字則是兩個口，顯示做官的常常對上對下對內對外有不同說詞，顯示政治勢力的特性，也是「政治制度」的基本要素。三個口則是「品」，包含道德面，「教育制度」、「家庭制度」與「宗教制度」都在處理這方面的問題。如果「口」生病或是身體、心理有毛病，就要靠「醫療制度」去處理。在當代，經濟與政治都被看重，關於品格所受的重視就不如經濟與政治。對台灣來說，品格是最被忽略但也最重要的問題。因為品格缺失對各種制度有各種傷害，例如婚姻不忠導致家庭解組，老師道德沉淪導致教育品質下降，經濟裡的腐敗頹廢，政治人物更是普遍讓選民失望，甚至醫療或社會福利制度裡都有各種問題。

肆、社會福利制度

　　社會福利制度一方面是社會制度的一種，同時也回應社會的需求，歐美社會福利試著處理各種社會問題，建立了社會福利制度，促使福利國家的發展。如果沒有社會福利的發展，就不會有今日社會工作。美國社會福利史學者川特諾（Trattner）說：「任何社會福利體系的基本信條與方案反映了該社會的系統功能運作的價值。如同其他社會制度的出現一般，社會福利體系不可能憑空冒出，可以從習俗、法規與過去的實踐中找到其血脈。」社會福利政策的發展是為了回應社會問題，尤其是回應都市生活問題，例如貧窮、失業與勞工集中到城市之後衍生的居住問題[10]。

　　英國的社會福利制度是各國的典範，關鍵在幾個重大行動，奠定了福利制度。首先是「伊利沙白法案濟貧法案及相關法案」，英國於1601年頒布第一個有關貧民管理的法律——《伊麗莎白濟貧法》，是此種法律制

度的源起，被稱為世界上最早的社會保障法。此後頒布了一系列相關的法律，1662年通過《住所法》，規定貧民須在居住的教區生活一定年限後才可獲得救濟。1723年規定，受救濟者必須進入濟貧院。

1793年英法戰爭後，各地發生搶糧事件，於是伯克郡濟貧官員於1795年決定向收入低於公認最低生活標準的工人提供補助，允許他們在家得到救濟，即「史賓漢蘭制」。這一制度在英國各郡被廣泛採用，成為緩和階級矛盾的重要措施。其重點是針對極端的貧民，如低收入勞工並有多位子女的貧困家庭，提供有津貼的服務，依每人全部給付與按比率給付，改變了傳統教會對貧民服務的限制，轉變為公部門接手。1796年改進了思考機構服務的限制，倡議機構外的服務。1834年議會通過《濟貧法（修正案）》，又稱《新濟貧法》。該法取消了家內救濟，改為受救濟者必須是被收容在濟貧所中。但所內的生活條件極為惡劣，勞動極其繁重，貧民望而卻步，被形容為勞動者的「巴士底獄」。這部新的法律不僅沒有改善工人的生存狀況，反而使他們陷入更加絕望的處境之中。因此，英國政府逐漸改進，發展出大規模、全面性的福利國家體制[11]。

伍、福利國家

福利國家（welfare state）的說法有不同解釋，共通點是由國家提供福利服務，國家須對人民的福利負責，強調必須保障人民的「最低生活標準」（minimum standard）。部分福利國家，例如美國，福利並不由聯邦政府提供，而是地方政府、慈善團體、合作組織、私人企業等共同提供個別的、零碎的所謂「福利」項目。國家只負責給予「最需要的公民」基本的福利，這種方式需要政府官僚去區分誰是「最需要的」，因此政府要密切關注公民的日常生活，才可將公民詐騙福利的可能性降到

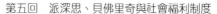

最低。政府將人民區分為已接受福利和需要政府福利的人民[12]。

　　進一步的做法是國家負責向「各種有需要的公民」提供福利，將政府的干擾減到最少，為了提供高福利，因此政府需要高稅收。廣泛福利受到公民的廣泛歡迎，因為每個人民都或多或少的會從福利體系中受益，促成人們「最高的發展」（maximum development），北歐國家實行的主要是這種方式，也稱之為福利社會（welfare society）[13]。

　　如今社會福利在各種制度中的重要性愈來愈明顯，政府編列的社會福利預算已經是各種預算款項中的第一位，社會局處的規模愈來愈大，聘用的人數愈來愈多。社會福利行政，結合「社會福利制度」與「政治制度」，不但自身的重要性上升，也和各種制度有愈來愈密切的關聯。

註 釋

1 Parsons, Talcott (1977). *The Evolution of Societies*. Prentice-Hall Inc, Englewood Cliffs.

2 彭懷真（1984）。《台灣經驗的難題》。台北：洞察。

3 Doby, John T., Alvin Boskoff & William W. Pendleton (1973). *Sociology*. D.C. Health and Company.

4 Turner, Jonathan (1974). *The Structure of Sociological Theory*. The Dorsey.

5 洪惠芬、簡守邦譯（1999）。Paul Barker著。《福利國家的創建者：十六位英國改革先驅的故事》。台北：唐山。

6 Macionis, John J. (1997). *Sociology*. Prentice Hall.

7 Kammeyer, Kenneth C. W., George Ritzer, & Norman R. *Yetman* (1990). *Sociology: Experiencing Changing Societies* (4th edition). Allyn and Bacon.

8 Giddens, Anthony (1997). *Sociology*. Blackwell Publishers Ltd.

9 朱岑樓主編，彭懷真等譯（1991）。《社會學辭典》。台北：五南。

10 林顯宗、陳明男（1990）。《社會福利與行政》。台北：五南。

11 同註5。

12 蔡漢賢、李明政（2011）。《社會福利新論》。台北：雙葉。

13 林萬億（2013）。《社會福利》。台北：五南。

第六回

威爾遜、古立克與黑堡宣言

 壹、威爾遜

　　湯瑪斯‧伍德羅‧威爾遜（Thomas Woodrow Wilson, 1856-1924），美國第28任總統。此前，他曾先後任普林斯頓大學校長、紐澤西州州長等職。

　　威爾遜步入成年之時，正值美國內戰結束。當時國會擁有絕對權威但政府體系腐敗。威爾遜並不關注某些特定人物，而是研究整個議會制的結構問題，因為複雜的政治制衡系統是美國式政治問題的根源。他認為分散的權力導致選民無法看清到底誰應該為錯誤負責，因此強調行政的重要，1886年完成他在約翰‧霍普金斯大學的博士論文，題為《國會制政府：對美國政治的研究》（*Congressional Government: A Study in American Politics*），這篇論文為他在學術界獲得聲譽及教職。在1887年，剛擔任學者的威爾遜發表〈行政的研究〉（The Study of Administration）一文，因而被尊稱「行政學之父」。核心主張包括[1]：

1.應將政治與行政分離,行政之運作應不受政治之干涉。定義公共行政為:「它將力求使政府不走彎路,使政府專心處理公務、減少閒雜事務,加強政府的組織機構,為政府的盡職盡責帶來美譽。」

2.行憲比制憲困難,因此行政人員的主要工作是實行憲法及法令。人民應注意政府的績效問題,而非僅限於諸如憲法等文件為政府所定義的原則,強調「運作一部憲法變得比制定一部還要難」。

3.以商業的角度來考慮政府的問題,即政府應向企業學習如何有效管理。

4.藉由訓練公務員並提升他們的素質來提高行政的有效程度。

威爾遜指出一個專門公共行政學科必須脫離政治學,該學科可以使政府的效率得以提升。

他透過分析英、法、德等政府發展史,指出美國有必要發展獨立的行政思路——即政治與行政兩分法(Politics-Administration Dichotomy)。行政管理並非政治影響的範疇,經由這種區分方式,使行政管理者關注並承擔其行為所導致的行政責任。威爾遜持續反省政府運作的缺失,痛罵政黨的無能,以「八個字概括我們當前政黨的沉淪:無首、無章、無章;無黨。」(No leaders, no principles; no principles, no parties),認為黨派應該按意識形態而非地理區分來組織。之後,他走入政壇,當選了州長、兩任美國總統。威爾遜的外交政策對於改變世界有著深遠的影響。因為擔任總統卓越的成就,獲得諾貝爾和平獎。

日後,美國教育家古德諾在《政治與行政》書中進一步分析:「政治是國家意志的表現,行政是國家意志的執行。」認為政府系統有兩種不同的功能,分別叫做政治和行政,政治指政策或國家意志的表示,行政指政策或國家意志的執行。絕大多數的行政和政治無關,應該免除政治控制,政府的政治與行政功能雖然可以正式區分,然而不可能截然分成政務

機關和行政機關的各自領域[2]。

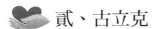 **貳、古立克**

公共行政學（Public Administration），又稱行政學，基礎是政治學和管理學。

因為威爾遜，行政學逐漸獨立。行政管理學派也在二十世紀初愈來愈重要，該學派除了費堯，還有其他著名學者古立克（Gulick）、尤偉克（Urwick）、孟尼（Mooney）和雷利（Reilly）等人。古立克和尤偉克在1937年合編《行政科學論文集》，試著提出放諸四海皆準的行政原則。提出POSDCORB的公共行政管理七個要項（亦稱行政管理七項功能）[3]：

1.計畫（Planning, P）：擬定預備完成的工作大綱及方法。
2.組織（Organizing, O）：建立正式權威結構，以從事各部門的安排與協調。
3.人事（Staffing, S）：各種人事作業，如甄選、任用、訓練、待遇、福利等。
4.指揮（Directing, D）：建立指揮系統，分配權責，確立命令的服從關係。
5.協調（Coordinating, CO）：指組織垂直與橫向之間的工作聯繫與整合。
6.報告（Reporting, R）：使相關成員明白組織情況，包括工作績效及業務進展的記錄、分析、研究、審查、評估等。
7.預算（Budgeting, B）：有關財務的活動，如預算編製、執行、會計、審計等。

社會福利行政

POSDCORB合起來的意思是：制定切實可行的計畫，建立合理組織架構，運用有效人力資源，經過適切指揮協調，適時向有關單位、人員、公眾報告，妥善運用經費以執行業務並進行必要管制、考核。

 # 參、行政權力及制衡

一、行政權力

根據威爾遜、古立克等的看法，行政人員具有相當高的獨立性，擁有特別的行政權力（administrative power），是國家行政機關在從事公共管理活動、調整分配社會資源的各種力量，也是行政機關履行職能、實現行政目標所必需的支配性力量。行政權力的類型可分為行政立法權、行政許可權、行政確認權、行政檢查監督權、行政制裁權、行政強制權及行政司法權等。若依據行政權力受約束的程度，區分為拘束性及自由裁量性[4]。

行政權力並非自發產生，而是透過法律、行政授權、慣例等法定程序的授予。除了具有國家權力所表現出的強制性和普遍性等特點，行政權力的主要特徵包括[5]：

1.執行性：行政權力必須實施、實現賦予其權力的國家立法機關之意志。「依法行政」是由行政權力的執行所決定。
2.一元性：國家內行使行政權力的組織系統只能有一個，行政系統內只能存在一個中心。行政權力的運作是由一個較高的點出發，作由上而下的指揮。
3.時效性：時間為行政權力運作不可少的座標，效率為行政權力所追求的指標。
4.膨脹性：行政權力會自我增長甚至惡性膨脹，由於各級權力行使者

常有擴大權力的習慣。行政功能隨社會發展日益增加，是不可避免的趨勢。

二、制衡

就現代政府發展的趨勢看，行政權力在各國都出現日益擴張的現象，更由於擴張過於快速，而頻頻出現必須加以控制的主張。為保證行政權力的有效運行，正確使用行政權力的運行原則包括[6]：

1.程序合法：現代國家行政職能的擴大和多樣化增加了行政裁量的機會，唯有程序合法，才可保證權力的行使具有明確的法律依據、擁有足夠的權威。公共行政要求行政權力在運作的過程中，必須嚴格依照法律規定的程序進行。

2.權責一致和權能一致：行政權力被分解在各個職位之中，有所不同，因此，每個職位的職權都應當明確。權力、責任與義務密不可分，「權大於責」會造成權力的濫用、「責大於權」則不利於行政權力的行使，須把握「權能一致」，要求擁有權力的人，必須具備使權力有效發揮作用的才能，否則會產生權力的閒置和異化現象。

3.權力制約：行政權力的制約機制包括防止褻瀆職權、濫用職權、以權謀私等現象，可透過議會控制、法院控制、公民控制與行政自律等。具體方式如利益調節制度、行政責任制度和行政道德規範等權力自身約束機制的建立及建立外部約束制度，如政黨、輿論和公眾的監督控制等。

制衡原則（check and balance）是權力制約的基礎，這種設計以美國憲法為濫觴，為了避免政府濫權的情形造成對人民的自由權利構成威脅，因此制憲者提出將政府的統治權分別授予相互分立的立法、行政、司

 社會福利行政

法機構,以避免任何部門無所限制地獨攬政府權力,每一部門對其他部門可以牽制以保持適當的平衡。現代民主立憲國家,往往藉由政府分權結構形成制衡的關係,對行政首長往往具有相當的節制效果。從美國聯邦行政與立法的互動而言,國會有權藉著否決總統指派高級官員的任命同意權或條約締結的批准權,甚至提出彈劾等等,對於總統的權力加以制衡。在行政部門方面,總統對立法部門的制衡,主要藉由覆議權的行使,覆議國會所通過的法案,以防止國會的濫權[7]。

肆、行政裁量

公務員能在自己被授權的職位中,擁有行政裁量權(administrative discretion)。行政機關基於法律之授權,在適用法規時基於行政目的,於數種可能之法律效果中,自行選擇適當的,而不受法院審查約束。公務人員在法律授權下或無法律規範時,有權依據事實、經驗、個案考量、組織利益、國家目標等不同的條件,做成裁量[8]。

在依法行政的原則下,行政機關行使職務執行業務原本應該以法規為依據,但因現在國家的行政內容廣泛複雜,客觀情勢也不斷變動,行政法規必定無法完備。因此,行政機關執行業務,在適用法規之餘,仍有藉著個人及部門內部合理判斷做成決定的需要。在裁量的過程中,會牽扯到個人價值、社會價值以及國家價值等多元系統之間的考慮,導致對法律解釋、適用與選擇無法加以簡單化,更難以定於一尊。

行政機關的裁量不僅著重具體而獨立的案件,仍須參考眾多類似或非類似的案件;不僅注意個別,還須斟酌政治、經濟、社會等環境,以及與整體行政計畫的配合;不僅要重視目前的公平,還得參酌過去,更要注重將來的展望。正確的行政裁量,還需要輔以倫理的考量。

行政裁量須考慮專門性、技術性及公益性，受到外部與內部之限制，否則裁量即違法。外部限制指行政裁量應受法律拘束，包括憲法、規定行政行為的法律、具體對該個別行政行為有效的特別法、行政習慣法等。內部限制則區分為客觀與主觀限制，客觀限制指表現在處分書、主文、行政措施或原因上的違法情形，主觀限制指行政人員內部的主觀因素，包括不得有不法動機、不得恣意、不得有情緒好惡、不得有政治偏見、不得為個人謀取利益等[9]。

伍、黑堡宣言[10]

　　黑堡宣言是加里・萬斯萊（Gary L. Wamsley）與他的同事查爾斯・葛德塞爾（Charles T. Goodsell）、約翰・羅伯（John A. Rohr）、歐來恩・懷特（Orion F. White）、詹姆斯・沃爾夫（James F. Wolf）等教授在1982年共同撰寫的，全名稱為「公共行政與治理過程：轉變美國的政治對話」。因為黑堡是維吉尼亞理工學院暨州立大學的校址所在地，所以這篇論文被稱為黑堡宣言。

　　重要主題有四方面如下：

一、公共行政的意義

　　應該從憲法意義上確定公共行政的地位，而不僅僅限於政府，試圖重建公共行政在治理過程中的核心地位。無須質疑公共行政是否應該扮演重要的角色，轉變為思考公共行政應該扮演何種形式的角色。

　　公共行政絕不僅僅是純粹的管理，公共部門與私營部門在管理上有本質的差異。政府和私營企業管理在所有不重要的方面或許有些相同

的，但在所有重要的方面基本上是不同的。

　　然而，管理無所謂公私部門的差異，工作人員都需要類似的管理技能，從而有效地實現資源的有效配置，實現組織目標。市場只是社會福利的必要條件，而非充分條件。資本主義給了社會航行的動力，但市場本身不能帶領人們航行。公共行政是盡可能維持最廣泛的公共利益與憲政的治理過程。行政人員在治理的過程中作為驅動者有其價值與正當性，角色很特殊也很重要，因為擁有對於公共利益進行廣泛的理解，以及捍衛合乎憲政規範的治理過程。

二、政治與行政並非可以單純地界定分離或不能分離

　　政治與行政二分是傳統公共行政的核心，這兩者的二分僅是一種神話，在實際的運行之中兩者像一個沒有縫隙的整體。新公共行政的基本立場反對公共行政可以完全排除政治的面向。主要從三個層次上來進行理解：(1)在最高也最抽象的層次上，行政不可能與政治分離；(2)在抽象程度稍低的行動或行為層次上，行政與政治在某些情況下無法完全分離；(3)對於參與統治和治理過程的行政人員應該明確區分政治與行政二者的不同。

三、何為公共行政人員？

　　須重新界定專業主義的內涵，專業主義最重要的是公共行政人員擁有一定的價值觀並以專業的態度來行事，而不是宣稱自己是專業人員，他們的職責是維繫憲政規則，達成捍衛憲政的目的。長久以來，在政治與行政二分以及隨之衍生的管理主義，公共行政人員常被視為無關價值判斷以及技術取向的官僚，但這種看法並不正確。

公共行政人員角色有四：(1)應成為憲法的執行者和捍衛者。當法律賦予他們裁量權時，不僅僅以當下和短期的眼光考量行政行為，更有義務根據憲政的價值為依歸運用此一裁量權；(2)應成為具有自我意識的公共利益的託付，必須超脫於當時的政治壓力，扮演具備批判意識的角色；(3)應扮演賢明的少數，而且要不斷擴大賢明少數的範圍，並且利用機會促使公眾真正參與治理過程，而不是隨波逐流；(4)必須假定人類狀況雖不完美，但可以改善。他們應該避免以急功近利、一勞永逸的心態進行公共問題的改善工作。公共行政人員既是一位分析者又是一位教育家，必須持續教育民選官員。

四、作為第四部門的公共行政

　　公共行政界淡忘了其負有的捍衛憲政精神的使命，黑堡學者重喚這種精神，主張公共行政可以扮演憲法的捍衛者，也可以彌補憲法的不足，公共行政作為政府的公共機關，應該正當地主張其在職能上可以成為人民的代表。受公眾歡迎的人不僅僅是選出的官員，公共行政人員也應是人選之一。因此，公共行政的角色不是屈從於民意機關或民選首長的統治，公共行政人員的重要性並不亞於立法機關或是行政首長，公共行政的任務在於共同進行賢明的治理，維護憲法。在表6-1中整理了該宣言的重點：

表6-1　公共行政與治理過程

執行並捍衛憲法	常任文官應對憲法及其揭櫫的憲政精神負責,而非盲目效忠於政治人物,更不應該盲目執行政策。
扮演人民受託者	常任文官是人民行使主權的受託者,於治理過程中扮演正當且重要的角色;不應屈服於短時間的政治壓力,而應考量長遠的公共利益。
扮演賢明少數	常任文官具備公共政策所需的專業知識與資訊,要能扮演睿智的「賢明少數」,以理性的態度說服政治人物與一般民眾,而非以專業宰制公共利益。
扮演多元利益的平衡軸	常任文官一方面必須回應環境,另一方面維持機關的觀點,因此必須在總統、國會、司法機關、利益機關之間,以其專業知識,平衡各種衝突的需求。
扮演分析與教育家的角色	常任文官必須能為本身的決定提出說明與辯護,以增加政治首長、民意代表,乃至一般民眾對公共事務與公共利益的瞭解。

資料來源:孫本初、賴維姚(2008)。《行政學辭典》。台北:一品。

註　釋

1 呂育誠、陳恆鈞、許立一譯（2002）。David H. Rosenbloom與Robert S. Kravchuk著。《行政學：管理、政治、法律的觀點》。台北：學富。

2 吳定、張潤書、陳德禹、賴維堯、許立一（2007）。《行政學》。台北：空中大學。

3 江亮演等（2000）。《社會福利與行政》。台北：五南。

4 史美強譯（1997）。Ralph P. Hummel著。《官僚經驗：對現代組織方式之批評》。台北：五南。

5 林鍾沂（2005）。《行政學》。台北：三民。

6 張潤書（2009）。《行政學》。台北：三民。

7 孫本初、賴維姚（2008）。《行政學辭典》。台北：一品。

8 林志忠（2003）。《行政學》。台北：千華。

9 張金鑑主編（1987）。《行政學辭典》。台北：商務。

10 同註7。

第七回
柴契爾夫人、左派右派
與首長影響

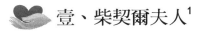

壹、柴契爾夫人[1]

在美國，重要的社會福利措施多半都是民主黨執政時推動的，例如羅斯福、詹森乃至近年歐巴馬推動的健保。民主黨相對於共和黨來說，偏向左，共和黨則偏右。

在英國，工黨偏左，保守黨偏右。工黨執政時，比較積極推動社會福利，尤其是福利國家的各項政策。在1970年，由於左派所領導的英國政府廣泛主導社會福利，但適當性備受質疑，「福利科層」與「專業主義」所造成的輸送福利服務緩慢與福利資源，弊端甚多，製造不少浪費，亟需改革。

代表新保守勢力的英國柴契爾夫人（Margaret Hilda Thatcher）1979年至1990年領導英國，是英國第一位女首相，亦是20世紀英國連任時間最長的首相。綽號「鐵娘子」，反映了其拒絕妥協的政治立場和領導風格。柴契爾在首相任期內的一系列政策與主張被後世稱為「柴契爾主義」。

柴契爾夫人對英國政壇起了根本性的改變，在她任首相期間，英國

的主要政黨都出現右傾的現象，包括工黨和自民黨。她當年削弱福利國家色彩的種種措施，至今大部分仍然被採用，當年被私有化的國營企業也沒有被廢止。柴契爾夫人以後不論是保守黨抑或工黨的政府，不斷減少對商業活動的干預，以及繼續推行私有化，間接造成新自由主義的崛起。

在社會福利方面，她主張縮減政府的福利支出，「福利科層」一直是福利國家的主要運作機制，是一個以「規則管轄」（rule bound）為主的組織體系，但福利服務的輸送受限於規則及規章（rule and regulation）。政府為了確保福利組織可以透過預測的方式來處理大量的申請案，需要大規模的行政人力來支援，但結果卻導致了整個福利體系運作的僵化。

「專業主義」是指專業人員相對於服務使用者而言，較有權力。因為專業所擁有的專門知識及合法性，所以假設被服務者順服、認同專業的介入，並相信專業人員瞭解什麼是好的。但專業人員可能為了維持自身利益而控制福利資源，排擠福利受益者的資訊，因而造成了專業主義的危機。

柴契爾夫人對政府福利角色重新界定，積極處理福利國家所面臨的危機。在福利制度方面，主張政府權力分散化（decentralization）、福利服務私有化（privatization），強調應將福利服務的生產與輸送從政府部門撤出，轉移福利責任給非政府部門，由市場、非營利組織、家庭和個人共同承擔，形成「福利的混合經濟」（mixed economy of welfare）。鼓勵政府與非營利部門發展成「夥伴關係」（partnership）。

英國保守黨政府將企業管理的概念導入公共服務組織運作的做法，使之成為「類似企業」（businesslike）的組織，尤其重視財務和績效管理。具體做法是引進「準市場」的機制，著重品質改善的必要性，特別注意服務使用者的期望。

商業活動在全球化的風潮中愈來愈注意顧客，不僅從組織體系內考

慮，更留意到組織外的種種變化，社會福利行政在這樣的時代背景中漸漸脫離穩定的、保守的、內部的、規則導向的歷史傳統，朝向變化的、創新的、外部的、彈性多元的方向發展。

柴契爾夫人領導了三十多年來社會福利領域最重要的管理思潮，在台灣也廣泛被介紹。在該思潮的衝擊下，社會福利機構與社會行政工作者面對的是更多的競爭、更多的工作、更仔細的檢查機制，以及更嚴密的績效指標。政府官員更需要聆聽服務使用者的心聲，政府透過委託各機構契約來要求民間。社會福利行政及社工組織在「消費主義」（consumerism）的浪潮中必須常有回應，因此管理者要發揮的功能愈來愈多、需要負責更多的工作；主管有如組織的「守門人」，必須小心控管與分配資源。

貳、左派右派

在歐美的大選中，常常見到左派或右派之爭，是頻繁出現的政治議題。左派和右派通常被用來對政治立場、意識形態和政黨進行分類。左派和右派通常用來表達對立的政治、經濟和各種社會議題的看法。

關於政治主張的左或右，有以下各種區分[2]：

1.革新為左vs.保守為右：左派通常主張積極改革，改變舊的意識形態和制度，建立新的，反對派一般自認為左派。右派通常顯得較為保守，主張穩妥、秩序、漸進、緩慢的改革方式，強調維護既有制度及原有傳統。左派可以用作形容或區分一種政治立場、一種政治意識形態，或某個政治黨派，右派也可以。

2.在社會福利領域優先看重什麼？公平的結果是左vs.公平的程序是

右：自由主義強調程序的公平，尤其是自由市場。反對自由市場造成的不均等為左，而接受之則為右。政治上的爭論聚焦於政府究竟應該（干涉主義）或不應該（自由放任）介入經濟以救濟貧民的問題上。所以左派往往支持對於少數民族、中下層民眾等弱勢群體進行援助、保護，而右派偏好順其自然、自由競爭。

3. 偏好「更大的」政府為左vs.偏好「更小的」政府為右：主張政府的大或小，政策和立場均有差異。

4. 平等為左vs.自由為右：有關人們對平等理念的態度，左派會想要保護或促進平等，而右派則會想要維持現狀，即使顯然不平等。

5. 社會主義為左vs.資本主義為右：這是近代最廣為所知的分法，有些媒體中提到左右派時也多半是指此種分法。社會主義泛指高稅收、高福利、高政府干預調控的政治體制。

社會科學的「左—右」意識形態有許多不同的分法，綜合而言，左派與右派的差異整理如**表7-1**。

表7-1　政治上左派和右派的區別

左派	右派
1. 重視集體價值，強調社群機制	1. 重視個人價值，強調市場機制
2. 極端的意識形態：共產主義	2. 極端的意識形態：法西斯主義
3. 行政學的新左派：新公共行政	3. 行政學的新右派：新公共管理
4. 課責（責信）：強調行政倫理與責任	4. 課責（責信）：強調行政績效
5. 公共利益的滿足：公平正義	5. 公共利益的滿足：消費者利益
6. 人民是「公民」，具有參與公共事務的權利與責任	6. 人民是「消費者」，基於使用者付費，有權要求高品質的服務
7. 政府機關是「主權受託者」，有提供公共財的義務	7. 政府機關是「生產者」，有義務提升績效以滿足顧客需求

資料來源：汪正洋（2015）。《圖解行政學》。台北：五南。

政治的本質意味著社會分化的差異永遠不會消失，政黨常出於自身的利益考量而強調政策選項的兩極——亦即非此即彼的左派—右派區分。將對手政黨貼上左派或右派「激進份子」的標籤也是經常出現的政治手段，也能用以劃清或呈現出某人的立場、和某人所反對的為何。

　　在美國，在台灣，傾向左派的政黨很少。左派在台灣過去並不活躍，台灣長期受西方的自由主義所影響（更多受是美國的自由派影響，即美國兩大政黨之一的民主黨，包括國民黨和民進黨的政治人物偏向民主黨的社會理念，而非保守派的共和黨）。2014年太陽花學運發生後。較為主流的路線為中間偏左及左翼，與同為右派的中國國民黨和民主進步黨相對，兩黨內部各有自由派和保守派。

　　近年較受到注意的左派團體有時代力量、社會民主黨、基進黨、綠黨等，除了在社會及經濟議題上持左傾立場，也對轉型正義、婚姻平權等涉及公平正義的社會議題高度關注。

參、政治與行政

　　早期的中國沒有「政治」一詞，是將「政」與「治」分開使用，各有其不同的涵義。「政」的意義有幾方面的：一是朝代的制度和秩序；二是統治和施政的手段；三是符合禮儀的道德和修養；四是朝廷中君主和大臣們的政務活動。「治」則表示安定祥和的社會狀態，也表示統治、治國等治理活動，「修身、齊家、治國、平天下」是奉為圭臬的理想。

　　中文現代的「政治」一詞，來自日本人翻譯西方語言時用漢字創造相同一詞。英文的politics從日本傳入中國時，人們在漢語中找不到與之相對應的詞。孫中山認為應該使用「政治」來解釋，認為「政就是眾人之事，治就是管理，管理眾人之事，就是政治[3]」。

社會福利行政

　　西方語言中的「政治」一詞（法語politique、德語Politik、英語politics），都來自希臘語πολις，這個詞考證出最初的涵義是城堡或衛城，也類似今日的「格勒」。古希臘的雅典人將修建在山頂的衛城稱為「阿克羅波里」，簡稱為「波里」。城邦制形成後，「波里」就成為了具有政治意義之城邦的代名詞，政治成為城邦公民參與的統治和管理活動。換言之，西方的政治有濃厚的城市色彩，城市動態而多元，呈現的政治制度也多元。我國因為是農業立國，農業重視安土重遷，也使我國的政治制度相對上重視穩定。

　　「政治」一詞在傳統中國的涵義，與西方和古希臘的「政治」涵義完全不同，政治基本上是統治者和大臣們維護權力、治理國家的活動。統治者宣稱上承天命，因而施行善政才能上合天意，而惡政則違背天道，會受到懲罰[4]。

　　社會福利行政只是行政的一環，行政必然受政治的影響，行政學原本就與政治學密不可分。行政希望為民謀福，社會福利行政更是為了各種相對比較弱勢的民眾謀福，然而還是要在政治的環境之中推動各項服務。政治無所不在，近年來隨著民主選舉頻繁，政治的影響力更大了。

肆、部長背景影響社福走向

　　「道」字很有趣，在行政體系裡，做部屬的當然要懂道理，也要體會「首」的想法，然後才好走，推動業務。在地方，縣市長的政見與作風影響社會局的業務。在中央，部長的背景是社會福利行政體系裡的人要多認識的。

　　社會行政長期是內政部社會司主管，社會司長被內政部長管，從民國39年起谷正綱、余井塘、黃季陸、王德溥、田炯錦、連震東、徐慶

鐘、林金生、張豐緒、邱創煥、林洋港、吳伯雄、許水德、黃昆輝、林豐正、葉金鳳、黃主文、張博雅、余政憲、蘇嘉全、李逸洋、廖了以、江宜樺、李鴻源等擔任內部部長。在李鴻源擔任部長時，衛生福利部成立，社會行政業務改由衛生福利部長所管。

從林金生到廖了以，大多數擔任過縣市長或立法委員，多數是政治背景濃厚的。江宜樺、李鴻源都是台大教授，學者背景。衛生福利部成立之後，社會行政就與衛生行政緊密關聯。衛生福利部長已經有四位：邱文達、林奏延、蔣丙煌、陳時中，四位都沒有參選過，蔣丙煌是食品科學背景的，其餘三位都是醫師，陳時中是首位牙醫出身的部長。

不僅如此，地方的社會局局長過去鮮少由醫師擔任，但是柯文哲醫師獲選為台北市市長之後，聘請的是許立民醫師，該局長卸任後，由社會行政背景的老兵黃清高代理。柯文哲連任後第二任期開始時，由東海社工系畢業的陳雪慧擔任。

台中市的社會局長，近年來有民意代表背景的（張國輝）、有中央文官體系轉任的（廖靜芝）、有社會局內升的（張金釵、王秀燕）、有學者（呂建德、李允傑），差異很大，領導的風格不同。

民選首長、大學教授、醫師、民意代表等背景的不同，想法與作風也不同。大學教授面對學生、醫師面對病人，具有相當的優勢，有較高的權威性。民選首長習慣面對選民，則多少有選票考量，在政策的推動上，一般來說比較靈活，也會重視社會行政背景者為民服務狀況，醫師或學者，則不一定如此。

從102年7月起，多半由醫師背景來做社會福利行政體系的頭，社會福利行政的工作者應該適度從醫師的角度來思考問題。醫師嚴謹、醫療的規定仔細、醫務管理強調標準作業流程，這些都與重視彈性、考慮案主差異、靈活應變的社工背景者，有很大的差異。單以考執照的規定來看，社工師的考試資格很寬，適度尊重原本就在從事社工或者有志從事社工修習

一定學分數的人，但對報考醫師的規定就嚴格，沒有彈性。

　　領導者的背景只是影響行政推動的一環，他們的副手、班底、幕僚、所挑選的中階幹部等，形成了社會福利行政的核心人力。他們所召開的各種會議之決議，都成為福利業務推動的重要因素。主管們怎麼因應民意代表、民間組織、媒體、學者等的意見，也都可能改變福利服務的實施。有的社會局長特別看重議員的意見，關注議員所送來的選民服務案，有的則重視與民間組織的緊密互動。

註　釋

1　穆青（2014）。《柴契爾夫人傳：深陷困境但絕不屈服》。台北：文經閣。

2　彭懷恩（2015）。《政治學Q&A》。台北：風雲論壇。

3　彭懷真（2012）。《工作與組織行為》。台北：巨流。

4　彭懷恩（2007）。《新世紀政治學辭典》。台北：風雲論壇。

第八回

馬基維利、斐魯恂與結盟派系

 壹、馬基維利[1]

　　中國歷史上有思想家荀子，認為人性本惡，另有強調權術的韓非子，都認為有權者要善用手段約束部屬。馬基維利是義大利的學者、哲學家、歷史學家、政治家、外交官，被稱為近代政治學之父，所著《君王論》一書提出了現實主義的政治理論，闡述了一個君王（統治者）應該採用各種的統治手段以保住自己的政權。提出「君王應該不擇手段達到目的」，和韓非子提出的「重術」觀點不謀而合。馬基維利假設人性本惡，也反映出他認為必須使用殘忍權力才能達成實際目標的主張，主張君王不該對於其臣民抱有完全的信賴和信任。

　　其中「政治無道德」的權術思想，被稱之為「馬基維利主義」（Machiavellianism），特色是：現實、行事獨斷，與人保持距離，為達目的可不擇手段。為了討好別人，頻頻恭維奉承他人，假裝好意地安慰朋友，嘴巴所說出的話，並不一定是「真心話」；善於運用「印象管理」（impression management）。常透過圓滑的技巧和手段，來獲得別人對他

社會福利行政

的好感。

　　馬基維利指出了邪惡手段的一些限制,首先,只有維持穩定和繁榮才是國家可以追求的正當目標,個人若只是為了利益而不擇手段則屬非正當的目標,而且也不能正當化邪惡的手段。他並沒有完全否定道德的存在,也並非鼓吹完全的自私或墮落,卻更強調現實的重要性。在政治思想史上的主要貢獻是徹底分割了現實主義與理想主義。君王所應該做的是將善良與邪惡作為一種奪取權力的手段,而不是目標。一個聰明的君王會審慎平衡善良與邪惡。實用主義是馬基維利在整本著作中所遵循的主要原則,一個君王應該將其作為奪取和維持權力的方針指引。「理想的社會」並不是目標,有權者應該在必要時使用殘忍的權力或獎賞,以維持統治的基礎。

　　因此「馬基維利主義者」經常善於控制「自我情緒」,也能很快地適應新的「角色與情境」,並抓住機會,來偽裝自己、討好他人,進而達成自己的目標。這種人觀察敏銳,察言觀色,交際手腕高明;但說不好聽,則是天性狡猾,見風轉舵,見人說人話、見鬼說鬼話。

　　在工作中,有些情況特別適合馬基維利主義者發揮所長,例如需與他人面對面接觸,而非間接接觸時;規定及限制少,容許其自由發揮時;投入感情無濟於事等時機。

貳、斐魯恂[2]

　　研究政治文化的學者斐魯恂(Lucian W. Pye, 1921-2008)是美國政治學家、漢學家、麻省理工學院教授。研究主要關注文化差異在第三世界國家政治的現代化發展中的特殊作用,被認為是政治文化概念最早的實踐者和提倡者。他在許多美國涉及亞洲的研究和政策機構擔任要職,如美中關係

委員會、美國外交關係委員會任職。受聘為許多美國民主黨總統候選人的顧問；獲選為美國政治學會（American Political Science Association）主席。

　　斐魯恂分析中國官場的文化，他發現：政府組織裡有兩條相互衝突但又同時存在的發展主線就是「派系」與「共識」。共識是傳統文化向來強調和諧，因此領導群所表現於外的應該是同心協力，不是勾心鬥角，至少要「貌合」，至於是否「神離」，就心照不宣了。不過，也有另一股力量大致相等的觀念，認為只有「關係」才是安全的保障。一個人在大團體當中必須加入某個派系，尤其是跟對人，建立特殊的長官部屬情感才是自保之道。

　　派系不是依附在清楚的職位上，也難靠正式的組織來運作，它沒有法定的權力，更沒有充足的組織資源。然而，政府體系未必按照韋伯所說的「理性－合法權力」來運作，職位的高位常常不等於權力的大小。例如：有制度的委員會不一定有用，往往是派系的動員才有實質的效益。派系的力量是慢慢累積的，可以彈性發展，可以逐漸形成，成員在不同狀況、基於不同原因、在不同時間逐漸加入派系，使派系以低姿態和安靜的狀況中累積能量。

　　中外的組織運作不同，西方以利益團體（interest group）為主，代表某一個部門、地區或年齡階層。所謂的利益（interest）是有利於特定族群的特定結果，該群體承認且追求，又可區別為表面利益或潛在的客觀利益。西方社會經常可見某些人明確地訴求以爭取代表各自利益的社會運動，政黨的屬性較為清楚，例如美國民主黨與共和黨對於社會福利提供的程度有鮮明的差異。相對的，我國民進黨與國民黨這兩個曾經執政的政黨對於社會福利的看法差異有限。但派系力量在各政府裡都很大，一群基於不同原因湊在一起的人，他們認為能夠得到彼此的信任和真誠，共同累積力量對付共同的對手。參加派系最常見的動機是保住現有的地位並追求進一步的發展，主要凝聚力是「升官、獲得好職位」的理想，或個人之間的

社會福利行政

深厚關係。

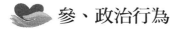參、政治行為

　　政治行為（political behavior）指組織成員為了維護自己的利益與需求，所從事的各種活動。政治行為並非員工本身職責所需執行的活動，卻足以影響或試圖影響組織內有利與不利事物的分配。由於組織是由人所組成的，因此組織政治在組織中是常見的現象，組織成員也相當關注所謂的「辦公室政治學[3]」。

　　進入政府體系工作，一位小小公務員面對龐大的權力機器，必然有些緊張，必定感到茫然。有些新進的公務員是走出大學的校園就進入官場，校園與政府截然不同。有些社工在民間小型非營利組織待過，進入大型的政府部門，更是差異甚大。在緊張之中，人們最常見的做法之一是加入接納自己的團體，只要有老手願意對自己友善，菜鳥很可能就快樂地與對方互動，卻也可能陷入派系的泥淖之中，失去了自己的理想或對專業至上的堅持。

　　當個人的權力太小或是無法增加的時候，如果想要發揮影響力，一種方式是與其他人進行合作。這種聯合他人以增強權力基礎而組成的非正式團體，稱為結盟或同盟（coalition）。結盟通常比正式的組織層級鬆散，成員的身分可以變動，而且它的形成或沒落的時間都很快，可能在目標達成以後快速消失。可以預測結盟組成的研究證據有[4]：

1.組織內的結盟通常人數愈多愈有利：組織決策不但牽涉到方案的選擇，方案的執行也一樣重要，愈多人的支持將愈有助於目標的達成。既然如此，進行結盟應該廣納更多的人員。

2.當各單位彼此之間愈具有相互依賴性，或是資源較為貧乏，結盟的

情形將會明顯。如果各單位彼此獨立，資源又豐富無虞，跨單位之間的結盟就會減少。

3.結盟的產生會受到工作特性的影響，從事例行性工作的員工比較容易形成結盟關係：理由是他們彼此之間的工作替代性很高，權力基礎薄弱，唯有形成結盟，才有可能增強影響力。

以下的行政文化在官場中頻頻出現，即使專業程度很高的政府部門也難以倖免，導致了一些弊端，如**表8-1**所示。

表8-1　派系色彩重的組織文化

行政文化的特徵	意義
因緣主義	強調特殊人際關係，人事政策不公平。
權威主義	重視統治與被統治者的垂直關係。
家族主義	強調和諧，常將公與私混為一談。
人情主義	重視人情關係與主觀偏見，重人際間然諾而非使用正式的契約。
形式主義	重視法令形式、程序、慣例等，易形成教條化。
官運主義	升官與否在於個人運氣，而非能力。
通才主義	覺得官大學問大，官位愈高愈有能力。
特權主義	將出任官職視為光耀門楣的象徵或爭權奪利的工具。

資料來源：汪正洋（2015）。《圖解行政學》。台北：五南。

 肆、派系

早期在社會福利行政體系擔任要職的，許多都畢業於台北大學，因為前身中興大學社會系以及更早的行政專校培養了許多走入公職的校友，所以有所謂的「中興幫」的說法。後來有「東海幫」、「中正幫」等被冠以校名的連結。在省政府改造之前，省政府社會處的規模比內政部社會司還要大，公務員的人數眾多，等到凍省之後，曾經在省府服務的人被

稱為「省府幫」。其實所謂的「幫」往往是鬆散的，甚至當事人並不認定自己就是某個幫某各派系的成員。但外人總是匆忙從一個人的學歷、經歷等，就做出判斷。

基於同鄉、同學、同宗、同好、同年齡等組成的派系，難免排斥另一些背景的人。基於共同利益、共同現實、相近身分所組成的派系，更加團結，積極尋求對自己派系的有利之處。各方人馬有了較明顯的集結，和其他力量對抗，以降低對方的影響力至少壓制其他派系的擴張。近年來，地方政府每四年一次的選舉，原本競選連任者若敗北，集體失勢，甚至得退出，不再有權勢。相對的，贏的一方能夠獲得充足的資源和無數的機會。

現代詞語中的「派系」，從組織行為的觀點，有如「非正式團體」，類似中國古代的朋黨，是一種出於個人私利而結合起來的集團。在多數的情況下，派系之間的對立主要不是由於政見或信念所造成的，而是私人利益的衝突。組織成員可能只是一群烏合之眾，並非是那些最具反省力、最積極、最堅定的份子，卻常是最活躍的。派系常常破壞內部的團結、削弱整體的力量。常見類型有：利益衝突型、權力組合型、意見紛歧型等[5]。

在派系的運作方面，派系並不都是明顯的，通常都不大感覺或察覺到，派系的頭頭不見得會明目張膽地將追隨者聚集，以免別的力量會反制，或是被更大的力量壓制。派系的成員也不一定明確特定，只能大致推測。一旦遇到關鍵議題或影響深遠的難題，派系通常積極的動員，進而把邊緣的拉進內圈，鼓勵蟄伏的變為活躍的，把隱性的變為顯性的。其方法包括放出風聲，以觀察外界的反應；或是曉以利害，讓成員不投靠都難以自保；或是提出訴求，看哪些人振臂響應，又有哪些人態度冷淡[6]。

在實際操作上，政府體系裡的派系通常隱而不顯，成員很少主動地發起某一項政策，卻總是有辦法阻撓一個不受他們歡迎的政策，使其窒礙難行。這充分說明為何在官場上要讓一件改革方案做成是很難的，但

是若要事情做不成反倒比較簡單。許多辛苦的改革，努力了許久卻功虧一簣，因為改革方案可能威脅到既有派系，造成反擊，主管可能被迫讓步。有些署長、局長、處長等原本對社會福利有自己的構想，但一陣子就放棄了，因為此構想可能妨礙到原有派系的做事習慣。

有些公務員都在不完全進入狀況和不充分瞭解議題的情形下生活著。一旦要做決定了，派系的考慮是最方便、最安全的。個別公務員只要根據派系的立場和原有的人脈思考和來安排，採取有利於所屬派系的立場即可。某個派系裡的公務員很少為了堅持自己看法、立場、原則而脫離派系，也少有人為了對某個議題不讓步而斷絕和原派系的關係，為了理想和道德而與派系翻臉並不常見。畢竟如此做的代價太高昂，少有人願意。有不少人在鞏固自己地盤之後，很快就採取原有的保守政策。

某些公務員積極參與甚至運作派系的原因主要有[7]：

1. 對抗上司：當上司與部屬之間在利益產生衝突或政見分歧時，對部屬來說，最有效的武器就是結黨為援，迫使上司在眾意難違的情況下不得不讓步。另一方面，有些與主管利益相近的部屬為求自保而號召一群人來力挺主管。

2. 對抗同事：為了和敵對的派系抗爭，處於劣勢的各種政治力量可能經由拉幫結派，組成聯合戰線，增強抗爭的實力。有時，具有強烈改革意識的部屬也會不斷討論，彼此串連，希望趁機推動某種主張，或是換取某些資源。

3. 主管為了獨攬大權，總是需要透過網羅黨羽、安插親信、組成親信團體等辦法，來擴大自己的權力基礎。主管尋找自己的支持者和追隨者以鞏固地盤，透過酬庸給好處或警告給懲罰的方法來凝聚派系。

4. 有強烈企圖心的部屬刻意依附權貴，認為是謀求升遷的有效捷徑。對於野心勃勃的人物來說，「趨利」是他們組成派系的根本動機。

　　西方人經常是透過正式的會議做最後的裁決，大家在會議上各抒己見，討論或表決出某個結論。我們的政府裡則有些人以各種手段降低會議的重要性，拖延會議召開或降低會議重要性是常見的一種。如果主管對自己派系所擁有的資源沒有十足的把握，他避免召開重要或攤牌性的會議，即使依規定必須開，他也可能只是行禮如儀地做做官樣文章。相對地，如果自己實力足夠，派系動員沒問題，他仍然可召開臨時會議，把自己的意志合法化。

　　對抗領導者的部屬如果力量強大，動員足夠，也可能採取抗爭手段來要求開會並進行奪權，或是趁著會議召開時集結派系發動杯葛行動，希望占上風。當然，這很冒險，既可能引發正面衝突，又可能被另外的力量給壓制，造成更大的對立，還可能因為自己的職位低，被貶到更不重要的位置上。

　　派系鬥爭必然影響廣泛，其他成員常遭池魚之殃，連帶被波及。公務員通常害怕不安定，事情明朗讓自己好做事，情勢混亂則無心工作，狀況穩定有秩序，內鬥劇烈則有動亂。鬥爭開始，組織裡人際關係緊張，相互干擾，無法推動正常的業務和政策。鬥爭加劇，人人忙著自保，經常忙著串連。

　　此時，派系屬性不明顯的人可能重要性上升，原本置身事外的人可以充當和事佬，也可以加入某一方讓那一股勢力突顯，也可能另組新派系，獲取新利益。如此派系林立，問題更加複雜。製造問題者眾，能有效解決問題的人少，情勢更加詭譎難測。很多平常看來沒什麼特殊的動作都可能被解釋為有政治意義，「泛政治化」動作的瀰漫更加重了不確定性，人們心頭的憂慮加深了。

　　派系鬥爭必然有勝有敗，如果一方不支倒地，獲勝的派系享受勝利的成果。最明顯的是安插派系中的人去擔任要職，其次是樹立新的權威，突顯自己已經當家作主的事實；再其次是發布新的命令，表現「新官

上任三把火」；最後才是執行己方的政策，強力推動主張。

　　當狀況底定，一觸即發的緊張情況緩和下來，組織有如受了創傷，大病初癒需要調養一番。偏偏有些勝利者不甘心，為了發洩昔日的挫折感而利用職權採取報復手段，也有成員為了貫徹意志而懲罰其他派系的成員，更有成員塑造新對手和新派系，不斷招惹別人來鞏固自己的地盤，來區分敵我，來保持戰力。這些人在戰鬥中成長，靠不斷穩固派系的利益求發展求壯大。居高位者將地位化為實力，並將實力作為形成派系的資源，進而靠派系來增強權力。

　　獲得高位者也許可加入更上一層的派系遊戲，可藉此和組織內外有實權的人士拉關係、攀交情。什麼層級的人加入什麼規模的權力賭局，不同職級的人玩不同層次的政治遊戲，身處派系之中有如「人在江湖」，「身不由己」幾乎是必然的。當一個人更重要時，就有更多的敵人及朋友。如果從生物學之中「界→門→綱→目→科→屬→種」的層級中來看，每個人屬不同層，就有不同的連帶，主要的互動是與同溫層的人，不太可能逾越所屬層級，跳幾層到別的領域去爭權。

　　組織成員的心理其實也很複雜，人人都不想惹麻煩，但又必須面對生存和發展的現實考驗。要故意不理會或完全置身事外並不容易，有些人挺身而出，有些人暗中支持；有些人大聲叫好，有些人擺明反對；有些人鼓掌擁戴，有些人默默肯定。但是，選擇做旁觀者的人總是不少，投機的務實派通常會希望勝負已定再公開表態，但如此騎牆派的做法難獲派系屬性鮮明者的贊同。在未來會視之為「邊緣份子」，被視為「盟友」，但絕不會被當成「自己人」。

　　這種情形也不一定都嚴重。一個剛上台的領袖或獲得新利益的團體很少以大動作整肅異己，其對付的對象最先是敵手，通常到權力穩定後才會花心思對騎牆派下手。當然，騎牆派也不要寄望能在變局中獲得重大的利益。不願「淌混水」的人，就難以「混水摸魚」。對權力衝突保持距離

者，固然有機會安全度日，卻難有大的效益。

派系的領袖不是隨便做的，他要做老大，就得給派系中人報償及獎賞，並懲罰對自己及派系不忠的人，又對不熱心的人冷淡反應。他如果該賞不賞、該罰不罰，對自己十分不利，也無法穩坐領袖的寶座。重賞是派系能維持的關鍵，也展現派系有競爭力。某位部屬獲得獎勵時就安心了，確知自己是派系中的人。

派系的存在也容易作為卸責的理由，只要把錯誤都歸咎失勢的派系，其他人就沒責任了。一切的錯都是因「某個壞人所領導的惡勢力」，都因「某一小撮人包藏禍心」。只要換掉這一群彷彿一切問題都可解決，大家又重新有了好的開始。指責特定個人就不必檢討組織、政策、目標、理想等問題，思考這些對好些公務員來說是苦差事，是多數人不願碰觸的。

不過，別忘記完全的斬草除根屬高難度的任務，被換掉者仍有相當實力，被整肅的對象仍可能東山再起，一旦「豬羊變色」，某一派系奪權成功，大家都得面對新情勢。又由於持續的鬥爭，不斷會有派系打入敗部，許多被鬥敗者帶著新傷舊傷來相處。昔日的「整人者」和「被整者」可能又組成派系，或許是受難者聯盟，或許是因為有共同敵人而團結的力量，或許是新仇舊恨使人們同病相憐。政府體系中始終存在著詭異的氣氛和微妙的關係。

伍、改變派系運作的政治文化

改進之道，發展出「就事論事」的好習慣，持續針對政策充分討論，對每個問題考慮專業、考慮服務的民眾，客觀分析正反論點等情況。參考**表8-2**，多發展以下的行政文化：

表8-2　比較好的行政文化

行政文化的特徵	意義
理性主義	依據理性與科學決策，而非感情或偏見。
功績主義	用人唯才，依能力與成就獲得任用與升遷機會。
相對主義	各種價值都是相對性的、流動性的，避免教條化。
冒險主義	能不斷求新求變。
事實主義	追求客觀的事實依據。
行政中立	政治與行政互不干預。

資料來源：參考張分田（2002）。《亦主亦奴——中國古代官僚的社會人格》。
　　　　　台北：星定石。汪正洋（2015）。《圖解行政學》。台北：五南。

　　另一種方法是學習政府體制較為成熟國家的做法，包括法國、德
國、英國、美國、日本等，如**表8-3**所示。

表8-3　較為成熟國家的文官體系

法國	公務員地位超然、身分崇高、講究通才，工作權受到保障與肯定，可以組織工會，也可以合法罷工。
德國	地位超然、身分崇高、建立基爾特（Guild）（「行會」、「同業公會」制度），有一套嚴謹的訓練、發照、考核程序，職位公開。
英國	分權化、貴族化、通才取向、地位超然、身分崇高、重視年資、對言行的標準要求高，可以組織工會。
美國	分權化、民主化、政黨取向（政治任命人員為數甚多）、重視專業求才、公務員地位高。
日本	重視法律知識，永業制度，退休年齡早，具有政治菁英色彩。

資料來源：汪正洋（2015）。《圖解行政學》。台北：五南。

註　釋

1 吳家恆譯（2011）。Ross King著。《馬基維利》。台北：左岸。

2 鄭宇碩、羅金義（1997）。《政治學新論》。香港：香港中文大學。

3 戚樹誠（2010）。《組織行為——台灣經驗與全球視野》。台北：雙葉。

4 彭懷真（2012）。《工作與組織行為》。台北：巨流。

5 余華青（1994）。《政壇兵法》。台北：新新聞。

6 李宗吾（1928）。《厚黑學》。人性心理。

7 胡祖慶譯（1988）。Lucian Pye著。《中國政治的變與常》。台北：五南。

第九回

珍・亞當斯、芙麗特與社會價值

 **壹、珍・亞當斯[1]**

珍・亞當斯（Laura Jane Addams, 1860-1935）為美國社會工作者、社會學家、哲學家和改革家，也是美國睦鄰組織運動的發起人。她因爭取婦女、黑人移居的權利獲頒1931年諾貝爾和平獎，是美國第一位贏得該項殊榮的女性。

英國湯恩比館（Toynbee Hall）是睦鄰組織運動的先驅，當社會充斥問題，包括貧富差距懸殊、童工剝奪、農業蕭條等。為了推廣這種新的社會觀，思考如何以社區為中心，「湯恩比館」是推動社區關懷工作的結果。湯恩比館不只是一個福利機構，更是一個實踐思潮下的產物。湯恩比館是以服務窮人為主的機構，但不只是服務窮人，更要建立新的社會人際關係。

珍・亞當斯受到啟示，與朋友斯塔爾（Ellen Gates Starr）於1889年，在芝加哥的貧民區附近興建了赫爾館，是美國第一座睦鄰之家。許多住在當地的人都來自歐洲。針對這些勞工窮人，赫爾館為外出工作的母親設置

日間托兒所、社區廚房及探訪護士。為工作人員開班授課,課程內容包括英文讀寫、美術及其他科目。另外,赫爾館也成為俱樂部及工會的聚集場所。

貳、芙麗特[2]

芙麗特（Mary Parker Follett, 1868-1933）出生於美國麻塞諸塞州的昆西,是一位追求學以致用、知行合一的學者。1900年,芙麗特完成了在巴黎的研究工作,回到了波士頓,選擇從事社會公益服務,在波士頓一處烏煙瘴氣的洛克斯伯地區工作。她常面對醉鬼,卻毫無畏懼。

芙麗特一直從事公益性的社會工作,在波士頓公立學校組織建立並且經營管理職業指導中心,是美國第一個。她關注中心的各種事務,熱情的投入各方案並掌握進度,在社會工作的大舞台全力以赴投身達二十五年,出版多本重要著作。在長期的職業生涯中,芙麗特總是親自動手、直接參與,是身體力行的改革家。

芙麗特擁有長期的社區工作經驗,因此發展出公民合作的理念。她創設公民經由親身參與的組織,從關注集體目標開始,透過與他人合作來管理自身事務,進而實現真正的政治民主。她特別推動「學校中心」（School Center）,促使各公立學校的公共設施在課餘時間免費開放,作為社區的活動場所。社區居民可以透過參與各種各樣適合不同人群的活動,以建立聯繫並有效溝通。社區的公共事務也可以經由這種參與、協商的方式,有所行動。

杜拉克尊稱芙麗特是一位一流的實務者,尊稱她為「管理學的先知」。她可以與泰勒相提並論,這位傑出的女性應當與「科學管理之父」並列,尊稱為「管理理論之母」。在20世紀初期,芙麗特持續從事公

益性質的社會工作，讓她倍受公眾肯定。

芙麗特對行政管理的貢獻及限制整理如**表9-1**。

表9-1　芙麗特對行政管理的貢獻及限制

貢獻	限制
1.突破科學管理與官僚體制的窠臼，開創組織中人類行為研究的先河，證實人群關係的重要性。 2.將工作環境視為社會和心理環境，而非物理環境，重視人與人之間的交互關係。	1.權威的情勢法則太過於樂觀，忽略人性的權力欲望。 2.透過「整合」達成雙贏，固然是比較好的方法，卻失之理想化。因為現實中有許多情境是「零和」的，如選舉、爭奪職位等，難免會有輸贏。

資料來源：汪正洋（2015）。《圖解行政學》。台北：五南。

 ## 參、價值觀

為什麼要當公務員？應該是比較關心「公」，例如公眾事務、公共利益、公民福祉等，而不是以「私」，如私人利益、個人權益、個人財富為念。一個愛自己勝過一切、過於看重個人權益者在政府體系裡長久工作，其實可能違背了自己的價值，也不會持續快樂，漸漸在各種困難中失去了動能。

俗話說「公門好修行」，公務員在政府體系裡因為推動公共事務，擬定了某項對公共有利的政策、計畫、方案，造福了某些人，有如修行，心中必然會覺得有成就感。「計利當計天下利」，為了公，不僅對固定少數人謀福，而是利社會，這樣的成就是在企業裡所得不到的。許多公務員在結束公職生涯時，最引以為傲的不是自己做到多大的官職或擁有多麼豐厚的退休福利，而是自己費了九牛二虎之力所推動的某些公共政策能夠落實。

社會福利行政

公務員認同的倫理價值包含利他主義（altruism）的理念，利他也稱利人主義，與利己主義相對，指以增進他人福利為自身行為標準者。利他主義者在思想上與行為上秉持兩個原則：其一，視利人重於利己；其二，犧牲自己利於他人。利他行為（altruistic behavior）泛指有利於他人的行為，可分為三個層次：(1)把他人與自己的利益視為同等重要，所謂「己立立人，己達達人」與「己所不欲，勿施於人」者均屬之；(2)把利人置於利己之上，所謂「先天下之憂而憂，後天下之樂而樂」者屬之；(3)犧牲自己以利他人，所謂「捨己為群」與「殺身成仁」者均屬之[3]。

互惠利他主義（reciprocal altruism）則指人們會出於期待他人同樣的善意回應而幫助別人，預期在未來得到報償。另出現「社會彌補」（social compensation）現象，團體裡的一種動機，如果比較強的團體成員更加努力，為的是彌補較弱成員的次佳表現，就發生了社會彌補。脈絡表現（contextual performance）則指一個員工的額外角色行為，例如，幫助同儕，並不是工作內容的一部分，卻是能有效提升組織的功能[4]。

利社會行為（prosocial behavior）是任何以他人利益為目的之行為，廣義而言，指對社會有積極影響力的行為；狹義而言，只增進特定的他人利益的行為[5]。

利社會行為並非受外力逼迫，而是出自於自己願意做出有利他人的事，而不求回報。表現各種正向的社會行為，如友善的親近他人、幫助他人或與他人分享等，是自動自發，目的是為了幫助他人或使他人受益。利社會行受個人內在本質所激勵而非個人利益的獲得，例如關心、同情、價值和自我獎賞。又能增進他人、團體或社會的正向積極影響力行為，不論行為的動機是利他或利己，或是否有內、外在報酬，皆屬於利社會。利社會當然屬於正向行為，範圍包括常見的幫助、分享、安慰和給與。不求外在酬賞，但有時也能對自己有益，包含助人、合作、關懷、志願、服務等。同理心與利他的、順從的、急迫的、情緒的及匿名的利社會行為有正

相關。

　　價值觀與態度大致相符但有時則不一定，一個人的價值觀比較穩定，而態度則較容易會隨著環境和情境而改變。態度與價值觀對行為的影響不同，價值觀影響較為廣泛，態度的變化性較高。

　　價值，主導了生活的目的、手段及狀況，通常伴隨強烈的感情。Rokeach提出關於價值的經典界定：「是對生命存在狀態的持續信念，因而有了明確的偏好。」[6]擔任公務員，比在民間企業，更有機會去付出，更可能產出有意義的成果。例如一位在區公所從事社會救助的基層人員，負責上百低收入戶和中低收入戶的救助，工作很有意義。

　　價值不單獨存在，需依附在某種東西之上，亦即需要一個攜帶者，價值是這些攜帶者所擁有的特質。在政府體系裡，公務員就是價值的攜帶者，使許多美好事物得以實現。

　　價值具有完形的性質（gestalt quality），不只是各構成部分的集合，而獨特呈現出的嶄新性質。價值具有「非實在的性質」，能增加事物的意義，卻不一定增加實在。經過社工員的協助，強化了對弱勢案主的服務輸送，社工的關懷伴隨實際的物質，產生正面的效果。許多家庭問題叢生，環境又髒又臭，空間不適合人居住，社工到此訪視，然後安排各種處遇，改善環境，其中的成員因而得以生活在較好的空間裡[7]。

　　公務員能使許多正面的事物得以出現，如此展現正面的價值，公務員應具備好的價值信念。遇到各種抉擇時，引領他去從事有益的某些行為，例如：「誠信」的價值觀，會讓人正視困境、說明事情的真相，提升別人對自己的信任度。又如「紀律」的價值觀，會讓人依規定行事，產生執行力[8]。社工強調「關懷」的價值觀，會讓自己更關心他人，瞭解他人的困境，有同理心[9]。

　　價值觀須考慮內涵（content）及強度（intensity），內涵指當事人認為某種行為的表現方式或事物的狀態是重要的，強度則是當事人認為此種

狀態有多麼重要。價值觀若按照強度來排列，產生「價值體系」（value system），是處理事情裡的判斷對錯、提供選擇時取捨的標準，又是深藏於內心的準繩，在面臨抉擇時的依據[10]。

肆、社會工作的價值

　　社工的價值並非單一，而是一組的（set of values）。討論社工價值主要有三種類型，第一是廣泛瞭解社會工作專業的使命，第二是批判反省社工的某些價值，第三是基於對社工的實證研究加以論述。社會工作的基本架構由一套價值觀所組成，價值觀是社會工作專業的基石。NASW強調的價值包括：重視每個人；保密性；改變社會以滿足社會需要；專業關係不涉及私人情感與需要；願將知識與技巧提供給他人；尊重個人、團體的差異性；協助案主發展自助能力；即使感到挫折也堅持案主的利益；堅持社會正義，為所有社會成員的經濟、物質與心理福祉努力；堅持個人行為與專業行為符合高規範標準[11]。

　　這麼多價值觀的內涵，可以進一步區分社會價值、組織與制度價值、專業價值、人群服務實務價值等四大類別。Pumphrey將價值觀分成三類：(1)專業與所處文化環境：社會正義、社會改革、滿足人類共同需求（主要是檢視社會普遍價值觀與社工價值衝突）；(2)專業人員間的關係（強調在執行專業時須符合倫理原則）；(3)社工與案主間的關係：尊重個人改變的潛能、自我決定權、賦權（增強權能）。價值須處理三大議題：(1)社工對人看重：相信個人、需要有歸屬感、獨特性；(2)社工期望可達到的境界：社會有責任提供個人成長與發展的機會、提供資源滿足基本需要、提供參與者的公平機會；(3)期待人的方法：相信人應受尊重[12]。

美國社會工作協會（NASW）列舉社會工作六項核心價值：服務、社會正義、個人的尊嚴與價值、人際關係的重要性、廉潔正直、專業能力，每一項都緊接著說明相關的倫理原則。綜合NASW所說明的及Rokeach列出的終極價值工具價值類型整理如**表9-2**。

表9-2　美國社會工作協會（NASW）所舉社會工作六項核心價值

核心價值	倫理原則	相對應的終極價值	工具價值
服務	基本目標在於協助有需要的人們，對於社會問題予以關注及採取行動		樂於助人具有愛心
社會正義	社會工作者要挑戰社會不公正的現象	公正平等	
個人的尊嚴與價值	社會工作者尊重個人與生俱來的尊嚴與價值	普渡眾生	
人際關係的重要性	社會工作者應認知到人際關係的重要性	真正友誼	
廉潔正直	社會工作者的行為應是值得信賴的		誠實正直
專業能力	社會工作者應在自己專業能力範圍內，提升自己的專業知能		獨立自主

資料來源：作者根據NASW的架構及Rokeach所提價值類型加以補充

　　社會工作的使命在於：增進人類福祉，促進社會正義，增強和維護個人、家庭、群體的社會心理功能，提供心理健康和濫用藥物服務[13]。當然許多種社會工作價值在實務推動時，必然會產生衝突，社會工作者應秉持服務人群的宗旨與目標，尊重人的生活權、獨特性與社會責任，盡量從中尋找出同時兼顧社會正義與人權維護的解決之道。

伍、價值間的衝突

　　價值眾多但資源有限，價值與價值之間難免要取捨。在實際執行任

社會福利行政

務時，社會福利的公務員都可能面對社會工作價值的衝突，需克服其中的困難。麥克理德與梅耶（Mcleod & Meyer）提出十項社會工作價值體系之衝突[14]：

1. 個人價值與體系目標之間的衝突：在第一線工作的社會行政公務員固然重視個人的價值與尊嚴，可能偏向某些需要特殊需要人口群的問題。但社會上其他人口群的福祉，整個社會體系的目標也不能忽視，有時兩者無法兼顧。

2. 個人自由與社會控制之間的衝突：公務員固然重視案主自決，尊重個人的自由。另一方面，為了社會整體的運作，社會有各種控制機制，難免會限制個人的自由。

3. 團體須承擔責任與個人須承擔責任之間的衝突：政府固然依法對民眾的福祉有職責，其實每一個民眾也須貢獻其心力於社會。例如低收入戶的協助是政府的責任，應救濟貧困者。但從工作福利（workfare）的角度，每一個人都應辛勞奮鬥，認真工作，避免成為社會的負擔。

4. 安全滿足與奮鬥刻苦之間的衝突：公務員強調國家社會要提供個人各種安全保障，滿足其基本需求。但刻苦、掙扎、奮鬥，也是促使人們自立自強的途徑。

5. 真理是絕對的還是相對的？求真、求善等，屬於真理。但許多事物是相對的，有個別差異。

6. 改革變遷與傳統主義之間的衝突：為了增進人類的幸福，到底不斷改變革新，還是維護傳統，在安定中求進步？難有定論。

7. 異質化與同質化之間的衝突：社會工作強調個別差異，社會行政則需考慮政府法令的統一規定。強調差異性能幫助人成長，行政則還是得應用同質性來推動服務。

8. 文化決定論與個人本能論之間的衝突：文化決定論者認為人們的行為受社會環境的影響較大，但個人本能論者強調人類生理的本能。例如影響某人有多大成就，到底是先天的遺傳因素重要，還是後天的環境因素重要？

9. 相互依賴與個人自治之間的衝突：社會工作相信人是群居的，應互助互賴，但也尊重個人的獨立性及自主性。在某些處遇時強調集體行為的責任，某些時候要多考慮個人自主的權利。

10. 個別化與刻板化之間的衝突：社會工作尊重人的獨特性、人的尊嚴與人的價值，每個人都有其異於別人的個別性，但難免把人加以類別化，加以分類，對人存在刻板印象。

　　仔細分析這十項，會發現許多都涉及「個人價值」與「社會價值」的衝突。單以社會福利行政體系的工作者來看，如果認為體系目標比個人價值為重、社會控制比個人自由為重、個人須承擔多一些責任、社工應奮鬥刻苦等，就是偏向社會集體的思維，這些想法未必能被不同的公務員所充分接受。「為了社會，放下自我」或「犧牲小我、成全大我」或「不要問政府為自己做了什麼，應多想自己為政府做了什麼？」等想法也不容易獲得高度認同。

　　從「社會工作」及「社會福利行政」等的本質來看，很少有學科的名稱直接冠上「社會」兩個字，加上社會，或許表明此學科是為了實現各種社會價值。也就是說，其他的學科如果不以實踐社會價值為主要目的，還說得過去。社會工作及社會福利行政若不實現社會價值，就直接違反了此學科的基本定義。

　　以《社會工作師法》來看，強調的是社會價值而非個人價值，該法第2條如此規定：「本法所稱社會工作師，指依社會工作專業知識與技術，協助個人、家庭、團體、社區，促進、發展或恢復其社會功能，謀求

其福利的專業工作者。社會工作師以促進人民及社會福祉，協助人民滿足其基本人性需求，關注弱勢族群，實踐社會正義為使命。」

「實踐社會價值的助人專業」適合說明社會工作及社會福利行政的屬性。社會行政的工作者盡心盡力，長時間從事辛苦的工作，目的是幫助更多人得以愉快，更多家庭得以安全。社會工作在乎更強烈的利人，而不僅僅利己。

Reisch主編社會正義百科全書，他剖析社會正義的三種主要形式：(1)分配正義（distributive justice）：主要有各種社會制度裡如政府、企業、非營利組織、宗教等的分配；(2)實質正義（substantive justice）：主要是一般的與各種特殊的需要，強調分享；(3)互相的正義（commutative justice）：包括平等與自由。另外，形式正義（formal justice）與法律正義（legal justice）也須留意[15]。

社會正義又稱社會公義，指在社會之中分擔責任、安排社會地位及分配資源須符合正義的原則，包含社會評價及社會道德性，探討「社會生活最有價值的為何」及「社會合作怎麼樣才是公平的」等議題。正當的分配（just distribution）指根據政治或其他審議過程所立下的規範性價值順序，依此來進行分配[16]。

過去探討社工員的流動，偏重「外在激勵」的因素，經常被提到的是：人力不足、待遇偏低、工作時間長、升遷機會少等等。這些因素依然存在，但的確有所改善。比起十年前，社工人力增加了不少，待遇與福利多半有所改善，補假輪休已成為制度，升遷管道也多元化了。當然，應該在制度上繼續改進。可是，社工員本身的自我激勵與對社工價值的認同，也非常重要。

註　釋

1 林萬億（2014）《社會工作名人傳》。台北：五南。

2 莊秀美（2004)。《社會工作名人與名著》。台北：松慧。

3 彭懷真（2017）。《社會工作概論》。台北：洪葉。

4 汪正洋（2015）。《圖解行政學》。台北：五南。

5 包承恩、王永慈譯（2009）。Frederic G. Reamer著。《社會工作價值與倫理》。台北：洪葉。

6 黃藿譯（1984）。Risieri Frondizi著。《價值是什麼？》。台北：聯經。

7 彭懷真（2015）。《社會心理學》。台北：巨流。

8 Rokeach, M. (1973). *The Nature of Human Values*. The Free Press.

9 林巾力譯（2000）。Fransesco Alberoni著。《價值》。台北：經典傳訊。

10 戚樹誠（2010）。《組織行為：台灣經驗與全球視野》。台北：雙葉。

11 Edwards, R. (1995). *Encyclopedia of Social Work*. NASW Press.

12 Reamer, Frederic G. (1995). Ethics and Values. In Richard L. Edwards (eds), *Encyclopedia of Social Work*, 893-902. NASW Press.

13 Bradley, Caroiyn et al (2012). Faithful but different: Clinical social workers speak out about career motivation and professional values. *Journal of Social Work Education,* *48*(3), 459-477.

14 參考李增祿等（2012）。《社會工作概論》。台北：巨流。彭懷真（2016）。〈認同社會價值嗎？──透過對社工系一二年級學生的調查來檢視〉。《社區發展季刊》，155，33-50。

15 Reisch, M. (2014). *The Routledge International Handbook of Social Justice.* Routledge.

16 Schwartz, S. H. (2014). Functional theories of human values: Comment on Gouveia, Milfont and Guerra. *Personality and Individual Differences, 68,* 247-249.

第十回

蔣經國、李國鼎、劉脩如
與行政文化

 壹、蔣經國、李國鼎、劉脩如

　　清朝宣統二年誕生了三個人物，都是我國政府的行政文化典範。很多人都記得蔣經國（1910-1988）擔任行政院長，「蔣院長」幾乎成為台灣經濟奇蹟的代表標誌，他走動管理、親民愛民、清廉誠實，許多故事讓人民傳頌，也使當時的行政團隊有高度實踐力。那時跟隨他的行政團隊當然會覺得累，不過他們共同創造歷史，也為千萬人謀福。在政府體系中，有許多改變由「一個有決心的領導者所帶領的服務團隊」所產生，有些人的服務得到國家品質獎，有些團隊獲得ISO9000，有些部門因創新獲獎……，接受他們服務的人民與企業享受更好的未來，也對政府的印象改觀。

　　蔣經國勤政愛民，廣受好評。他受尊敬，因為出現、表現、貢獻兼備。每個首長其實都希望做一些自己喜歡的事，又抗拒不喜歡的活動，越是聰明的，越會精挑細選。颱風來襲時，首長紛紛在「出現」方面很努力，即使才高八斗，還是不能忘記「勤能補拙」。當然，能夠有所「表

現」，多做出好成績更棒。民眾期望的首長絕不是「勤於出現」就夠了，如果能勇敢負責地解決民眾的困擾，做出偉大的政績，確實有卓越的「貢獻」，那就更好了！

蔣經國與重要幕僚、孫運璿、陶聲洋、李國鼎等創造了台灣奇蹟，他們都清廉自守。在李國鼎儉樸的故居，看到餐廳的舊椅子，有些還是用繩子綁過，勉強繼續用。李國鼎（1910-2001）活到九十二歲，擔任了很多要職，他設計的許多政策幫助了台灣經濟，是使我國進入「亞洲四小龍」的關鍵人物，贏得「台灣經濟發展的建築師」和「台灣科技教父」等美譽。他的兒子李永昌以特別的角度記錄父親，取名為《KT的腳步聲》，因為李國鼎的個性急，走樓梯都是一次走兩格甚至三格，所以只要聽到腳步聲，就可以知道他來了。李國鼎多次提到全球的經濟競爭有如奧運，台灣原本遙遙落後，慢慢跑到中間，甚至接近領先群，唯有更加速努力，才有希望。所以他要走得更快，也帶領身邊的人一起為台灣加快腳步。

在擔任財政部長時，政府的歲收大量增加得以推動十大建設。剛滿六十歲時因心肌梗塞住院，從此腳步稍微放慢，轉任政務委員，對國家科技的推動依然熱心。

劉脩如（1910-2008）擔任內政部社會司司長二十二年，是社會行政界擔任主管最久的公務員。上海大夏大學經濟學系畢業，1933年入上海市政府，做教育局視察員、社會局專員。抗戰時赴湖南，任藍田師範學院副教授、湖南省黨部委員、湖南省政府社會處長。來台後在內政部社會司擘劃社會行政、社會立法、社會福利等政策，多有貢獻。退休後應大陸災胞救濟總會聘請，籌建安老設施，並長期在大專院校講授社會學、社會福利行政等課程。

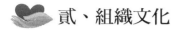

貳、組織文化

　　好的領導者創造好的組織文化，自然人需要文化，法人有沒有文化呢？越來越多組織研究發現：組織像個人一樣，可以僵硬也可以很有彈性，可能冷漠也可能友善，可能進取也可能保守。組織文化在公務員的工作中，扮演重要的角色。組織文化指組織成員所共享的基本假設、價值觀與信念，共享的要素型塑了成員的認知、感知與行為模式，因此可以稱為組織的DNA[1]。

　　組織文化有許多功能，主要有：(1)釐清組織界限，使某個組織有別於其他組織；(2)創造組織成員的認同感；(3)使組織成員將整體利益放在個人利益之前；(4)提高系統穩定性；(5)提供澄清疑惑及控制機制，使員工適應組織。然而組織文化也可能阻礙組織的變革，降低了成員多元發展的機會，並可能壓抑成員，例如政府體系對公務員[2]。

　　Robbins指出有七項特質使某個組織的文化不同於另一個組織，因為這些特性的高低程度，形成了不同的組織文化圖像：(1)創新與風險：員工被鼓勵冒險與具有創新性的程度。在新成立的組織中，此種組織文化可能被強調；(2)重視細節：員工被期望在工作中注重精準與細節的程度。在會計部門此種文化特別明顯；(3)結果導向：管理者重視結果而不重視步驟的程度。在追求個人績效的組織最被看重；(4)人性導向：決策的制訂考慮到決策對於員工影響的程度。在本土的家族企業當中常有此種組織文化特性；(5)團隊導向：工作活動是以團隊為主而非個人為主的程度；(6)積極性：員工具有積極性與競爭性的程度；(7)穩定性：組織強調保持現狀而非成長的程度[3]。

　　McShane與Glinow將組織文化區分為外顯與內在兩方面，外顯的特質包括組織的實體結構、故事、典禮、傳奇、語言等；內在的包括價值、信

念等。內在的部分無法被直接觀察，但對組織的各部分都產生影響。例如
「潛規則」是組織文化中深層的一部分，意識不到卻自然影響組織。

查爾斯·漢迪（Charles Handy）提出了四種不同類型的組織文化：
(1)權力文化：在小型組織中十分常見，這種文化通常以個人集權為核
心；(2)角色文化：通常是固定不變的組織模式，就像古希臘的神殿一
樣，各個柱子代表不同的職能。在一個企業中，這樣的柱子通常指經營部
門、銷售部門、生產部門等，職能以及相互間的關係影響角色定位，例如
工作分配、許可權劃分等。角色溝通所必需的相關材料，如備忘錄等；
(3)任務文化：像一張網路，整個組織的核心圍繞著任務的完成。適當的
組織、適當的人群利用一定的物質條件來展開工作，努力完成任務；(4)
個性文化：如同部落和家庭一樣，組織同樣有自己獨特的處事方式。組織
中的個性文化，對於個人行為的影響極大[4]。

漢迪試圖用希臘神話中的諸神，來對應他所描繪的四種基本的組織
文化模式：宙斯（Zeus）代表權力，阿波羅（Apollo）代表角色，雅典娜
（Athena）代表任務，狄俄尼索斯（Dionysus）代表個性。文化並非科學
管理的產物，相反的，有主導性的文化和傳統，會對組織管理產生巨大的
影響[5]。

參、行政文化

行政文化（Administrative Culture）的層次低於政治文化，指對政府
組織與治理服務所抱持的信念，也包括抗拒、適應、參與等行為。大致區
分為「科層文化」與「專業文化」兩大類型，前者以關係取向為主，後者
以功能取向為主[6]。

Blake與Mouton提出管理風格（Managerial Grid），Harmon進而提出

行政風格（Administrative Styles Grid），將主動的自我視為「自發性」為橫軸；而社會性的自我視為「回應性」為縱軸，形成了五種「行政風格」。自發的行動，指能主動產生行動，例如倡導、創造、斷言等；回應性的行動主要依據外界的暗示而採取的行動。組織裡成員的行動就在自發的與回應的兩類中或兩類之間互依關係而行動。五種行政風格如下所述[7]：

1. 被動的：低回應性與低自發性，試圖阻止外在力量的干擾，視之為對組織生存或既存方案的威脅。行政行為主要忠於組織單位，被動陷於傳統做法中。

2. 專業的—技術的：低回應性與高自發性，在公共問題的界定與解決中傾向利用專業知識作為影響力的來源，把專業知識視為有效控制的工具，不重視回應環境需求，常以技術和工具性的概念來理解行政問題與情境。行政行為主要效忠於專業知識或所服務的組織。

3. 中立的：中度回應性、中度自發性，參與公共政策與方案的制定，回應與自發的行動隨著組織效能的維持與漸進改善、確保組織持續生存。透過回應的與自發的行動兩者平衡，追求政治上的利益。

4. 理性的：高回應性、低自發性，強調行政中立，重視執行立法機構所制定的公共政策，以有效的方法對民選代表與層級上司負責任，行政過程是高度理性、精密評量的。

5. 前瞻的：高回應性、高自發性，被個人承諾（分散式決策）與社會正義和平等原則（整體式決策）所激勵。行動取向是個人的責任與發展共同責任的環境，此風格最強調行動力，重視個人責任的行動與共識的、分散的決定過程。

社會福利行政

肆、行政文化的要素

近年來各社會行政單位辦理各種表揚，特別受重視的是「故事」。通常創新與突破是故事的主題，冒險犯難的人物是故事的主角，穩健保守的人則不被肯定。某些組織刻意將這些故事反覆流傳，來訓練同仁，希望員工繼續這些故事裡的精神。故事成為對員工「職業社會化」（occupational socialization）的工具[8]。

文化的要素之一是語言，組織文化的要素是「術語」（jargon）。術語是某種職業、某些單位裡的獨特用語，顯示某些人是「圈內人」，能夠講出或聽得懂行話。組織溝通常見的障礙是不同單位的成員各說各的術語，夾雜著英文、縮寫語法、專業用詞，其他人一知半解，造成溝通的困擾。

文化少不了「象徵」或「符號」，在英文，這兩個詞都是symbol。象徵以各種方式呈現，例如高階主管有又大又隱私的辦公室、專門的司機與秘書、特別的配備、豪華的裝潢等。讓其他人瞭解誰是「大人物」，誰比較重要。符號則包括頭銜、職稱、擁有特殊辦公用品等[9]。

有利於行政管理的組織文化型態包括：強烈的文化、合適性的文化以及具有應變力的文化[10]。

1. 從強烈組織文化的觀點（strength perspective）來看，強烈的組織文化是成功的主要因素，因為它提高員工向心力、工作動機及為達成目標而接受強勢領導的意願。但是過於強烈的組織文化可能引起剛愎自用、閉門造車、官僚主義等副作用，造成管理階層與組織成員忽視創新、排斥變化。

2. 從組織文化合適性的觀點（fit perspective）來看，合適的組織文化是指文化與組織的特性及經營策略相符；例如成長速度較為緩和的

某些傳統機構與瞬息萬變的家庭暴力防治中心要塑造的文化特質很不一樣。

3.由應變力的觀點（adaptive perspective）來看，具應變力的組織文化有助於預測與因應外在環境的變遷。在這一類的組織裡，不管是員工個人或整個單位，容易出現冒險、信任與積極的精神。組織成員在面對困難時較有信心和能力，較願意嘗試各種解決問題的辦法，對達成組織目標較具熱忱，同時也比較能接受改變與創新，應變特性是促進長期經營並獲得績效的關鍵。

 ## 伍、好的反官僚化行政文化

社會行政體系舉辦一些表揚，希望鼓勵好的行政文化。例如衛生福利部近年為了防止家庭暴力、性侵害，辦理了「紫絲帶獎」，107年特殊貢獻獎頒給了屏東縣的吳麗雪副縣長，要獲得特殊貢獻獎需長期從事性別暴力防治或保護服務工作，服務年資達十年以上且在該專業領域具特殊貢獻事蹟、深具影響力或卓越成就的工作者。吳麗雪是屏東縣首位女性副縣長，社工界的老兵，熟悉社會福利行政業務，曾任高雄縣婦幼青少年館館長、高雄縣政府社會處處長、屏東縣政府社會處處長，她的付出廣受肯定。衛生福利部也把她及其他推動113業務的獲獎人物，廣為宣傳，希望鼓勵更多社工人從事此艱難的社政工作。

官僚文化在今日政府絕對不可取，反官僚化（anti-bureaucratic）才符合現代民眾對政府的期待。反官僚化起因於人們欲剷除行政體系官僚化的病態現象，因為人們害怕官僚體系會壟斷獨占太多資源、擁有過多社會影響力、過度膨脹而剝奪了人民的自由、扼殺多元發展的動力。儘管官僚體系仍然在推動國家福利等措施，但行政體系官僚化所衍生的附帶效果包括

僵化、形式化、教條化等現象發生時,無法使人民滿意,反官僚化的行動就可能出現[11]。

官僚過度膨脹,人民無法加以監督。近年因行政官僚出現嚴重的績效成就取向,卻忽略了人性層面、人們更加期待實現社會正義。一旦組織發生病態現象,官僚體系封閉的特性造成行政病態現象加倍惡化。

反官僚化針對行政病態現象而來,世界各國紛紛採取許多不同形式措施加以改革,包括組織變革、員額精實、全面品質管理等都屬於反官僚化行動的潮流。但反官僚化只是希望改善成合理化,而非無視行政官僚體系的優點和特性。

比較好的新行政文化體系,重點包括:(1)兼顧政治、法律與管理的多元途徑,深入解決政府組織及運作的問題;(2)實施政策管理與績效管理;(3)文官制度的精簡與變革;(4)管理功能的革新;(5)行政人員責任制度的確立[12]。

新的行政文化以「績效取向」為基礎,強化服務倫理並著重行政問題的解決,行政人員對其施政與服務行為應負其責任,對社會的進步應有所貢獻。

註　釋

1　戚樹誠（2010）。《組織行為：台灣經驗與全球視野》。台北：雙葉。

2　林靈宏譯（1992）。S. P. Robbins著。《組織行為》。台北：五南。

3　Robbins, S. P. (2006). *Organizational Behavior*. Pearson Educational International.

4　潘東傑譯（2002）。Charles Handy著。《大象與跳蚤：預見組織與個人的未來》。台北：天下。

5　唐勤譯（2007）。Charles Handy著。《你拿什麼定義自己？：組織大師韓第的生命故事》。台北：天下。

6　余朝權等譯（1983）。Gary Dessler著。《組織理論──整合結構與行為》。台北：聯經。

7　許南雄（2007）。《組織理論與管理》。台北：滄海。

8　彭懷真編著（2001）。《社會學導論》。台北：東大。

9　彭懷真（2012）。《工作與組織行為》。台北：巨流。

10　韓志翔、陳瑞麟（2002）。《企業概論》。台北：東華。

11　顧忠華譯（1986）。Wolfgang Schluchter著。《理性化與官僚化》。台北：聯經。

12　張潤書（2009）。《行政學》。台北：三民。

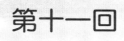

第十一回

雷根、柯林頓與政府失靈

 壹、美國總統的反思

　　被選為美國最偉大總統之一的羅奈爾得・威爾遜・雷根（Ronald Wilson Reagan, 1911-2004）在總統就職典禮那天說道：「政府並不是解決問題的方法，政府本身才是問題所在。」他之前在1967年就任加州州長第一屆任期中，就停止政府僱用更多人員。雷根卸任總統之後，由老布希擔任四年，接著是威廉・傑弗遜・柯林頓（William Jefferson Clinton, 1946-），擔任第42任美國總統（1993-2001），在任內他與副總統高爾（Al Gore）致力於政府改造。他們強調：「各項政府的服務使用者就是顧客，公務員應該把顧客放在第一位，以顧客的喜好提供服務，使顧客滿意。」二十世紀末，對政府角色的反思愈來愈多，新政府運動愈來愈重要[1]。

　　《新政府運動》（*Reinventing Government*）一書發表後，導致對官僚政府的各種反省，在此項運動後，高爾主持「國家績效評估」（National Performance Review），主要的內容為：(1)要遵守法律也要有成果；(2)顧

客至上；(3)儘量授權給下屬；(4)政府要回歸到市場機制，減少支出與浪費。

高爾期望政府不再淪為科層體制型國家，而是以「顧客為主」的政府，避免所謂的官僚，他主張：「指責傳統官僚體制的習氣，特別是公共官僚體制的績效不彰，以及日常上所令人厭煩的限制、無止盡的繁文縟節、不親切的行政官員、惡劣的服從與貪汙的行為」[2]。

貳、政府的常見缺失

一、政府失靈

政府失靈理論可用來解釋在什麼樣的狀況下，政府所提供之公共財貨與服務並無效率。政府介入私有經濟、修正市場失靈，反而可能創造出新的無效率，政府在某些條件下，可能導致公共服務過度生產或生產不足，或在過高的成本下提供。

政府活動受限的原因，主要有[3]：

1. 類目限制：政府提供共同性和普及性的財貨與服務，無法考慮個別差異。
2. 多數限制：在多元人口特質的社會中，政府應提供哪些公共財及該做什麼必然是多元的。如果政府回應大多數人的需求，則一定會留下一些空間讓非營利組織去回應少數人看重的議題及需求。
3. 時間範圍：政府官員重視的是相對短期的職位保有，較關注短期及能迅速產生成效的議題和結果。
4. 知識限制：政府行政在組織龐大的科層體制中運作，無法期待政府能在公共議題決策時產生即時又切題的資訊與想法。

5.規模限制：政府的科層體制規模十分龐大，一般人民難以親近。

政府的限制很多，因此非營利部門有更多發展空間。愈是民主多元化發展的地區，非營利部門的發展就愈活躍。

二、穀倉效應

我國有關社會福利行政法令因為法律零散分歧，法令細碎欠缺統整，按照各人口群而非家庭來考量。行政的問題是行政體系如公務員各守本位，服務輸送當然會有諸多漏洞。

各項社會福利偏向於以人口群為主的政策，所以針對老人、兒童、身障者等都有單獨的立法。以家戶為主體的政策，最主要是社會救助方面的，計算家戶所得來界定是否及該如何予以協助。其餘各項法令，很少以家庭為單位。家庭已經夠小了，還要拆解成不同的法律、命令。如此一來，過度分工，欠缺整體的服務。家中的老人、兒童、身障者等各有主管機關，各自按照法律、行政命令、辦法準則來推動，一個案家可能面對好幾種背景的社工。每個社工都畫家庭圖，都做個案服務的計畫，都進行處遇，很容易形成「穀倉效應」（the silo effect）[4]。

「穀倉效應」成因是現代社會團體與組織具備特定的分工慣例[5]。由於內部長期缺少溝通與交流，部門之間各自為政，就像一個個穀倉各自獨立，缺乏互動，因而導致問題重重，釀禍成災。政府各單位有如一座座穀倉，雖然穀倉讓政府看似井然有序，但當公務員活在自己的小圈圈，就會造成不知變通，看不見危機，因而犯下嚴重錯誤。社會團體與組織具備特定的分工慣例，有些分工界定得具體清楚，例如政府、各社會福利組織都有正式的組織架構，各個部門的內部組織與合作模式經過明確規定，都採取階層制度。

《穀倉效應》提醒：人們對世界的分類方式通常沒有正式定義或明

白說出，源自我們往往無意間從周遭環境吸收到的規則、傳統與慣例。換言之，許多重要分類模式源自所處的文化，存於意識與直覺的邊界，顯得自然而然，就像文化裡的「正常應當」，於是幾乎習焉不察，甚至從未發現自己是依據正式與非正式的「分類系統」（classification system）面對世界。想要駕馭穀倉，得像人類學家，反思自己社會裡的分類系統。

世界已經無比複雜專業，過度仰賴專業分工企圖從中建立秩序，當分工分類定型，已經落入系統僵化導致難以面對快速變化與高連結大環境的處境。社會福利行政受制於過度分工的體系，有各種小規模的努力，卻無法整體改善問題。

三、基層官僚的疏離、慣例與簡化[6]

Lipsky對「基層官僚」（street-level bureaucrats）的界定為：凡是在工作當中必須與民眾直接互動，或在執行公務方面具有實質裁量權的公職人員。典型的基層官僚如教師、警察、執法人員、社工、政府員工等，其工作環境由共同的情境所建構，共有的情境脈絡導致一些共同的行為模式，主導著發展方向。常遇到的情況是：完成任務所需資源不足；公共服務需求不斷增加；對組織的目標感到含糊不清、疑義甚多，甚至相互牴觸；達成目標的績效常難以衡量；有許多服務對象非屬自願等。

Lipsky分析，基層公務員因為工作的關係，而產生的壓抑創意的態度。基層公務員與服務對象產生疏離的四個原因是：(1)基層官僚須分類所服務的對象，只處理部分問題、部分過程，沒有對待全人；(2)專門化讓基層官僚無法真正掌握工作結果、資源，問題永無止境；(3)基層官僚無法控制工作的本質，工作情境導致無法有效互動、掌控服務對象情境；(4)基層官僚無法控制工作的進展步調，無法掌控做出決策的時機，未能有效處理服務對象的需求。

基層公務員為了應付工作上的困境與不確定性，而發展出慣例的回應方式，常見狀況有：(1)限制需求：只利用可得的資源，並要求服務對象服從機構作業程序；(2)修正工作概念：降低或限制工作上的目標，縮減資源與目標間的差距；(3)修正對服務對象的想法：使自己能接受成果與目標間的差距。

　　基層人員也常簡化工作、限制知覺範圍，以便處理所得的有限資訊，並發展相對的回應方式。在心理上簡化對象，以降低評估各種事務的複雜程度；建構所處環境，使各種工作及知覺變得更熟悉、不會太獨特，組織也認可簡化做法，而使決策過於規則化。因此，注意服務對象差異的非營利組織，具有很大的發展空間。

　　基層人員面對資源不足的情況，例如訓練不足、經驗太少，又須處理龐大的案件量，通常沒辦法完成所賦予的責任。過於沉重的工作負擔也影響到做出決定所花費的時間。還有「目標錯置」（goal displacement）的現象，對於過程的有效管理的重視，遠高於重視發展出此過程所達到的目的。

 ## 參、過於理性的組織設計

　　從有科層組織開始，Inertia一詞就常與科層連在一起，該詞可以表示某種韌性卻也存在惰性，意思是不容易改變，科層惰性（bureaucratic inertia）的現象到處存在。科層模式以法定規章及嚴謹程序來要求人民配合，也是社會支配的主要基礎，重視控制及效率，但因科層制度的特性而可能產生種種官僚病態現象。官僚惰性與行政怠惰的意義相近，是科層體系過度遵從行政程序而對社會大眾或公民團體的訴求缺乏回應行動，無法及時因應環境變遷而有反應遲鈍的現象，這些是行政革新所希望改變的積

 社會福利行政

弊之一。

韋伯認為組織常造成「形式理性」（formal rationality），有各種表面功夫與儀式，卻忽略了「實質理性」（substantive rationality）。形式理性強調手段和程序的可計算性，是一種客觀的理性；實質理性則屬於目的和結果的價值，是主觀的理性[7]。

政府當然應該是理性的組織，卻可能陷於「過於理性」（over-rationality）的安排，充斥著計畫、效率、秩序等觀念，專家的地位重要，卻可能造成組織的各種陰暗面。公務員對組織的過度服從（over-conformity），因此阻礙了正常人格的發展（stunting of normal personality）[8]。

組織必有階層，階層具有高低，而高者居於有利的位置。高高在上的人成為獨特的要角（somebody），地位不高的人猶如小配角（nobody）。在某一個體系居於高位者也容易成為其他體系的高位者，成為不同領域的「權力菁英」（power elite）。

另一方面，公務員此種組織人的面貌愈來愈相似。馬庫色（Herbert Marcuse）撰寫經典著作《單向度的人》（*One Dimension Man*），批評現代社會過於重視科技，導致「只知技術，不知人文；只知生存手段，不知生存目的之單面向社會」的產生。無數的管理者成為「單向度的人」，臣服於工業主義之下，而忽略了組織文化應該是豐富的；主管總是用一套標準去要求部屬，員工的完整人格不復存在[9]。

女性主義觀點提醒，組織的運作經常造成過於重視「公眾—工具」，而忽略了「私人—情感」，組織的工具性常傷害私人領域，而造成了「雙元主義」（dualism）的現象。不僅無數男人被組織所害，也影響女性的處境。女性加入職場，可能成為「另一種男性」，在私領域中，又被已經扭曲的男性所折磨[10]。

「疏離感」（alienation，或翻譯為「異化」）的本質是脫離常軌的具

體化形式（an aberrant form of objectification），是一種模糊而不確定的狀態。異化形成於特殊的社會條件之下，工作表現出人們生活中的衝突本質。人的存在與其本質是疏離的，人與其勞動成品分離，勞動產品成為一種異化的存在，生產者已無法加以掌握，勞動者在工作中也無法自我實現而否定了自己，導致身心疲憊，行為被動又無力[11]。

　　疏離感包括無力感、無意義感、無規範感、價值游離或文化異化、自我疏離與社會隔離。其中，無力感指個人對於自己行為的後果只有低度的掌控能力，無力感高的人常覺得一切都是命中注定，而缺乏努力的動機。無規範感指個人認為要達成既定目標，採取社會所不允許的手段是必須的，無規範感高的人較容易認定社會上成功的人常是不守規範的人。自我疏離則指工作失去內在意義或榮譽，工作只是為了外在價值，如薪水與升遷。

　　科層體制可能導致疏離、無規範感等現象，也與行政人員的專業精神呈現相反的狀況，因此在強調層級控制與重視個人專業精神之間，應正視因兩者矛盾所產生的疏離問題，以克服此一組織病態現象。

肆、各種組織裡的負面效應

一、帕金森定律（Parkinson's Law）[12]

　　帕金森分析各行政組織常見的缺點，發現某位不稱職的官員，可能有三條出路，第一是申請退職，把位子讓給能幹的人；第二是讓一位能幹的人來協助自己工作；第三是任用兩個水平比自己更低的人當助手。第一條路是萬萬走不得的，因為那樣會害自己喪失許多權利；第二條路也不能走，因為那個能幹的人會成為自己的對手；看來只有第三條路最適宜。於

社會福利行政

是，兩個平庸的助手分擔了他的工作，他自己則高高在上發號施令，他們不會對自己的權力構成威脅。兩個助手既然無能，他們就上行下效，再為自己找更加無能的助手。如此類推，就形成了一個機構臃腫，人浮於事，相互牽扯，效率低下的領導體系。

因此各種弊端處處出現：(1)行政首長均喜好增加部屬，機關組織之中常出現「建立王國」現象；(2)機關成立年代愈久，其成員素質便會愈低，因為首長好用能力不如自己者；(3)機關開會時間的長短對議題的重要性成反比；(4)機關採用「委員制」的形態組織必然增加，而且委員數目也必定愈來愈多，毫無效能可言；(5)機關內部的行政效率日趨低落，但是建築外觀、辦公設備卻是日趨壯麗豪華；(6)機關會把可使用的經費盡量用完。

二、「寡頭鐵律」（The Iron Law of Oligarchy）[13]

闡述組織病象，因法規森嚴，也稱為「法規的惡性循環」。出現各種弊病：(1)工作者一切依法辦公、循例行事，組織變成暮氣沉沉、毫無生機；(2)法規修正曠日持久，無法配合社會變遷和時代需求；(3)法規缺乏彈性讓組織無法隨機應變；(4)造成妨礙工作效率的現象：如「形式主義」（formalism）、「目標錯置」；(5)造成官僚作風、科員政治，此現象更延伸成貪汙風氣。

三、彼得原理（Peter principle）[14]

在一個等級制度中，每個職工趨向於上升到他所不能勝任的地位，在組織的等級制度中，人會因其某種特質或特殊技能，令他在被擢升到不能勝任的職位，變成組織的障礙物（冗員）及負資產。每一個職工由於

在原有職位上工作成績表現好（勝任），就將被提升到更高一級職位；其後，如果繼續勝任則將進一步被提升，直至到達他所不能勝任的職位。由此導出的推論是：「每一個職位最終都將被一個不能勝任其工作的職工所占據。層級組織的工作任務多半是由尚未達到最勝任階層的員工完成的。」每一個職工最終都將達到高處，在該處他的提升機率為零。至於如何加速提升到這個高位，有兩種方法：其一是上司的提拔，即依靠裙帶關係和熟人等從上面拉；其二是自我的努力，即自我訓練和進步等，而前者是被普遍採用的。

四、過多階層[15]

由於彼得原理的推出，有了一門新的科學——層級組織學（Hierarchiolgy）。主要論點有：「所有階層皆牢籠，只是某些牢籠的伙食比較豐富罷了。」階層的存在其實是符合人性的，因為大多人都是平凡的，躲在階層體系中比較安全。遇到問題可以往上或是往下推卸，做不通的事就責怪階層，大家都減輕了責任。人們有幼稚性的依賴習慣，即使在情緒上對此狀況感到矛盾，愛與恨、生氣與感謝、想要掙脫卻又慶幸、安於現狀又想逃脫……上下分工明確的階層形成嚴密的保護，大家都在其中打混，混一個月領一個月的薪水，然後就混了一輩子。何必太認真？何必全心努力？只要擺平上司與部屬就成了。

階層多，會議當然跟著多，公文也多，協調聯繫都費事，可是沒法處理。主管如果想要改善，又得開更多的會、寫更多公文、打更多電話，還要忍受四面八方的批評。階層使人成為心不甘情不願的奴隸，為愚昧或壞心眼的老闆工作，它綑綁著成員做著乏味又重複的事情，扼殺想像力，壓抑創造力，反覆無常地對待成員，讓部屬白費力氣。

有時閒談成了建議，建議變質為主管的指示，而指示升級成命令，

命令則導致危機。無數的行動因而產生，卻受制於階層，行動緩慢、反應遲鈍、沒有彈性。現代的主管可能採取更多參與式的傾聽、授權和分享，但是他們仍必須向領導人報告，分析式的策略可以獲得在分析上正確的答案，但如果沒有頂頭上司的同意，答案還是不能執行。組織還是得運作，階層依然是強而有力的。

五、不稀罕效應（bend It over, here it comes again，簡稱 BOHICA）[16]

組織文化容易產生「反革新情節」，因此經常產生組織成員對革新計畫的抵抗態度，認為只要忍耐即可不受影響。把組織的革新計畫視作「舊酒新瓶」的管理技倆。只要員工刻意忽視，久而久之，革新計畫最後必定無疾而終。

六、生還者症候群（survivor syndrome）

組織精簡（downsizing）之後，未被裁撤的人員在心態常有心胸狹窄、自我中心、保守現狀的傾向。

七、煮蛙效應（frog-boiling effect，溫水青蛙效應）

將一隻青蛙放在煮沸的大鍋裡，青蛙觸電般地立即跳了出去。後來把它放在一個裝滿涼水的大鍋裡，任其自由游動，再用小火慢慢加熱，青蛙雖然可以感覺到外界溫度的變化，卻因惰性而沒有立即往外跳，一旦感到熱度難忍時已經來不及了。

八、鯰魚效應（catfish effect）

一個組織如果人員長期穩定，難免會缺少新鮮感和活力，而產生惰性。主管若請來一條鯰魚，組織裡的「沙丁魚」們立刻產生了緊張感……這樣，工作效率就不斷提高，而組織裡的競爭力就形成了。

九、邁爾斯定律（Miles' Law）

發現組織裡常見的現象有：職位決定立場；權責不相當；向上爭權、向下攬權；侍候多名上司非難事；因為主管愛說不愛聽；各項服務惡化，以致不滿提升。

十、儀式主義（ritualism）

行之多年的典章制度，最後變成例行公事，以致員工缺乏工作彈性與熱誠，無法回應外在的環境。

十一、協商秩序（negotiated order）

指在不同層級中的人員為了工作相關的問題而開會協商。一開始的出發點是為了解決問題，反而在開會或協商的過程中浪費大量的時間。

十二、金魚缸效應（goldfish-bowl effect）

指公共行政（行政人員）應透明公開讓大眾來檢視，所以將政府比喻成金魚缸。

伍、特別常出現在政府

1. 普勒現象（Pogo Phenomenon）：人民容易要求政府增加支出提供
   更多的公共財貨和服務，而難以表達減少公共產出的要求，形成
   「由儉入奢易，由奢返儉難」的情況。

2. Arrow不可能定理：人們很難以投票的方式做出最佳的決策，原因
   是選項多元、選民的偏好多元。舉例而言，選民可能為了排除最不
   喜愛的選項而被迫妥協去選擇多數人支持但卻不一定是自己最喜愛
   的選項。

3. 過度服從（over-conformity，也稱作「訓練有素的無能」）：人員
   因為過度專業化分工，導致工作能力僅限於特定範疇，造成目標錯
   置。

4. 無回應力（unresponsiveness）：在高度控制之下的組織，人員常缺
   乏思辨能力，以致在特殊需求和一般需求之間難以取得平衡，導致
   不滿和糾紛。

5. 無情無義（relentlessness）：人員僅從專業角度思考問題，重視
   理性忽略感情，失去「全人」（the whole person）的價值，久而
   久之容易產生權力鬥爭、人際摩擦，使組織充滿冷酷現象。物化
   （reified）思考常以簡單的思考模式來探討問題，用類化的方式或
   概念化來詮釋問題，忽略問題複雜性並且對於人性產生誤解。

6. 月暈效應（halo effect）：公務員考績評比，常常僅僅以某一優缺
   點來評判此人的整體表現。

註　釋

1 黃煜文（2014）。《美國十二總統傳：從小羅斯福到小布希》。台北：五南。

2 劉毓玲譯（1993）。David Osborne與Ted Gaebler著。《新政府運動》。台北：天下。

3 蕭新煌、官有垣、陸宛蘋主編（2009）。《非營利部門組織與運作》。台北：巨流。

4 彭懷真（2017）。〈家庭服務體系的全盤改進──兩度向監察委員的建言〉。《社區發展季刊》，159，19-33。

5 林力敏譯（2016）。Gillian Tett著。《穀倉效應：為什麼分工反而造成個人失去競爭力、企業崩壞、政府無能、經濟失控？》。台北：三采。

6 蘇文賢、江吟梓譯（2010）。Michael Lipsky著。《基層官僚──公職人員的困境》。台北：學富。

7 康樂編譯（1985）。Max Weber著。《支配的類型》。台北：允晨。

8 史美強譯（1997）。Ralph P. Hummel著。《官僚經驗：對現代組織方式之批評》。台北：五南。

9 Marcuse, H. (2006). *One-Dimensional Man: Studies in the Ideology of Advanced Industrial Society*. Beacon Press.

10 Philipson, I. (2002). *Married to the Job: Why We Live to Work and What We Can Do About It?* Free Press.

11 Mills, C. Wright (2006). *The Sociological Imagination*. Oxford University Press.

12 崔寶英、潘煥昆譯（1991）。Parkinson, C. N.著。《帕金森定律》。台北：中華企管。

13 Ritzer, George (1983). *Sociological Theory*. Alfred A. Knopf, Inc.

14 吳嘉苓、趙瑜瑞譯（1995）。Laurence J. Peter著。《彼德金字塔》。台北：遠流。

15 蔣雪芬譯（2005）。Harold J. Leavitt著。《從生存到升遷：讓你成為領袖的三段思考》。台北：商周。

16 同註14。

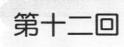

第十二回

各種新的行政與管理訴求

討論政府的角色是政治學、行政學、管理學等過去二十多年來非常熱門的議題,許多都針對原有理論提出修正的見解,因此有各種「新」的說法。本回合挑選最重要的五個加以簡介。

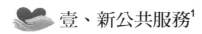

壹、新公共服務[1]

新公共服務是對政府所應採取作為的一種觀點,新公共服務是公共治理的一種途徑,可以說是對公共治理內涵的特定觀點或理念。從市場和經濟學的角度重塑行政的理念和價值,從而建立了一整套全新的行政理論體系。

新公共服務的核心主張扼要整理如下:

1. 政府的職能是服務,而不是掌舵:政府職能更側重於決策層面,而非執行層面。當前許多行政官員都更加關注「掌舵」,更努力成為一個考慮私有化新政府的企業家,而政府的工作重點應該是服務。

社會福利行政

2. 追求公共利益：公共利益不是公民個別利益的集合，而是公務員和公民共同的利益和共同的責任，是目標而不是副產品。行政官員必須致力於建立集體的、共同的公共利益觀念，要創造共用利益和共同責任。政府應該致力於為公眾營造一個無拘無束、真誠的對話環境，使公民能夠清楚地表達共同的利益及價值觀念，使公共利益居於主導地位，並鼓勵公民為了公共利益採取一致行動。

3. 為公民服務，而不是為顧客服務：認為政府與公民的關係不同於企業與顧客的關係，因此政府服務的對象是全體公民。顧客的需求有先後之分、利益有長期和短期之分，然而對於公民，政府重視其需要和利益，要以公平和公正為原則提供服務，沒有先後之分。

4. 重視人，而不只是重視生產率：透過人進行管理，公共組織及其所參與的網絡要在尊重不同人口群的基礎上，經由合作和分享領導權來運作。如果要求公務員具有責任心、奉獻精神和公民意識，那麼政府高層主管和民意代表首先要善待這些公務員。公務員既不是只需要保障和組織的官僚體系的雇員，也不只是市場的參與者，他們渴望自己要得到承認和支持，希望能夠自我實現。

5. 公民權和公共服務比企業家精神更重要：企業家總是注意提高生產率和增加企業利潤，而公共行政官員不應採取這樣的行為和思維方式，公務員不是公共機構的所有者，政府的所有者是公民。公務員有責任扮演公共資源的管理者、公共組織的監督者、公民權利和民主對話的促進者、社區參與的催化劑以及基層領導等角色來為公民服務。因而，公務員必須將其在解決和治理公共問題的角色定位為負責任的參與者。

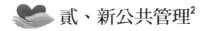 ## 貳、新公共管理[2]

　　新公共管理（New Public Management, NPM）是當代行政改革的重要觀點，既指一種試圖取代傳統公共行政學的管理理論，又指一種新的公共行政模式。

　　各國政府管理相繼出現嚴重危機，傳統科層體制的公共行政已經不能適應迅速變化的資訊社會，無法解決政府所面臨的日益嚴重的問題，新公共管理因而日益重要。主張在政府公共部門採用民間成功的管理方法和競爭機制，重視公共服務效率。核心主張強調下列重點：

1. 在解決公共問題、滿足公民需求方面增強有效性和回應力。
2. 使由上而下的統治性權力與自下而上的自治性權力能交互增強。
3. 政府與公民社會的協商與合作。
4. 政府運作低成本。
5. 提高公共服務的質量和最終成效。
6. 引進企業管理的機制和方法來改革政府。
7. 顧客第一和消費者主權。
8. 政府職能簡化、組織結構降低科層化、作業流程電子化。

　　與傳統行政模式將公共行政的管理方法侷限於政治規則不同，新公共管理模式著力於經濟規則。政府不再是凌駕於社會之上或封閉的官僚機構，而是負有責任的「企業家」，公民則是其「顧客」或「客戶」。「企業家」在新公共管理思想中有其特殊的涵義，作為「企業家」的政府並非以營利為目的，要把經濟資源從生產效率較低之處轉移到效率較高的地方。因此，企業家式的政府應該提供較高服務效率。為了實現這一目標，政府服務應該以顧客需求或市場為導向。對公共服務的評價，應以顧

客的參與為主體，公務員應換位思考，透過顧客的角度，保證公共服務的提供機制符合顧客的偏好，並能產出高效率的公共服務。

政府組織是典型層級分明的結構，以致政府機構無法對新情況適時反應。政府組織需要對不斷變化的社會做出迅速的反應，企業界採取分權的辦法，透過減少層級、授權和分散決策權的辦法做出反應，從而有效地解決問題。因此，政府也應該透過授權或分權的辦法來對外界變化迅速做出回應。

在社會福利領域，政府應將社會服務與管理的許可權透過參與或民主的方式下放給社會的各部門，如社區、家庭和志願者組織等，讓他們自我服務、自我管理。當家庭、志願組織和企業公司健全時，整個社區也會健康發展，而政府最基本的作用就是引導這些社會機構和組織健康發展，健康而有活力的社會基本單元構成健康而有活力的國家。

與傳統公共行政排斥企業部門管理方式不同，新公共管理理論強調政府廣泛採用企業部門成功的管理手段和經驗，如重視人力資源管理，強調成本—效率分析、全面品質管理、降低成本和提高效率等。政府應根據服務內容和性質的不同，採取相應的供給方式。

新公共管理強調政府應廣泛引進競爭機制，取消公共服務供給的壟斷性，讓更多的民間部門參與公共服務的供給。根據交易成本理論，認為政府應重視管理活動的產出和結果，應關心公共部門直接提供服務的效率和品質，應能夠主動、靈活、低成本地因應外界情況的變化以及不同的利益需求。政府管理的資源配置應該與管理人員的業績和效果連結。

新公共管理理論反對傳統公共行政看重遵守既定法律法規、忽視績效測定和評估的做法，主張放寬原本嚴格的行政規制，實行嚴明的績效目標控制，確定組織的具體目標，並根據績效目標對情況進行測量和評估。

在看待公務員與政務官員關係的問題上，新公共管理與傳統公共行

政存在明顯分歧。傳統公共行政強調政治與行政的分離，強調公務員保持政治中立，不參與黨派鬥爭，不得以黨派偏見影響決策等。新公共管理則認為，鑒於行政所具有的濃厚政治色彩，公務員與政務官員之間的相互影響是不可避免的，與其迴避，倒不如正視這種關係的存在。

新公共管理理論主張對部分高級公務員實行政治任命，讓他們參與政策的制定過程並承擔相應的責任，以保持他們的政治敏感性。政策制定與政策執行不應截然分開，正視行政機構和公務員的政治功能，不僅使公務員盡職盡責地執行政策，還能使他們以主動的精神設計公共政策，使政策能更有效發揮社會功能，重視激勵、鼓勵公民參與的取向。

作為一種思潮與實踐模式，重點在使政府追求4E，內容整理如**表12-1**。

表12-1　政府績效管理4E指標

指標	意義
經濟（Economy）	指如何使投入項目做最經濟有效的利用，也就是以「最低的可能成本，供應維持既定服務品質的公共服務」。
效率（Efficiency）	指投入與產出之比例或投入轉化為產出的比率。
效能（Effectiveness）	指公共服務符合政策目標的程度，公共服務確實達到團體的目標。
公平（Equity）	指接受服務的團體或個人是否受到公平的待遇。

資料來源：汪正洋（2015）。《圖解行政學》。台北：五南。

新公共管理產生很多正面的影響，例如服務優先導致特權和特權意識的弱化；顧客至上改變了原先行政體系的中心主義；由於實行公共服務的公開競標，增加行政行為的透明度，使不透明行使公共權力的機會最小化，建立以公共利益為中心的管理體制。

參、新政府運動

《新政府運動：如何將企業精神轉換至公務部門》，提出企業型政府運作的十項原則，整理如下[3]：

1. 發揮指導性（catalytic）：政府少划槳，多指揮。正如球賽中，做啦啦隊，少下場做球員。

2. 提倡社區自主性（community-owned）：多授權，少服務。鼓勵當地政府機構及民間社團熱心參與地方事務。

3. 發揮競爭性（competitive）：將競爭機制注入服務內容，用各種辦法鼓勵良性的市場競爭、行業競爭以及地區競爭。

4. 任務為驅動力（mission-driven）：制度導向改變為使命導向，避免一成不變地做事情，要有制度的彈性和工作的靈活性，能夠接受和完成指派的工作任務。

5. 發揮結果導向性（results-oriented）：要注重產出，而不是投入，成效比成本更重要。

6. 發揮客戶導向性（customer-driven）：政府的顧客就是人民，而不是官僚機構本身，人民的權益和需求比政府自身的方便重要的多。

7. 發揮企業家精神（enterprising）：除了節流，更要注重開源。

8. 發揮預見性（anticipatory）：與其亡羊補牢，不如防患於未然。

9. 發揮權力分散性（decentralized）：轉變中央集權的做法，在適當監督下，鼓勵地方政府或機構的參與性，發揮因地制宜的功能。

10. 發揮市場導向性（market-oriented）：透過市場力量促成變革，鼓勵民間扮演過去由政府扮演的角色。

在預防方面，指政府應具有防範未然的能力，能以遠見來治理國

家，重視事前問題的預防以取代事後的補救。在後資本主義社會，世界變化的速度加劇，從政者短視近利的壓力就會越大，預測未來就變得越重要。因此，企業型政府不僅要致力於眼前問題的解決，更須對未來的需求和問題預做因應。

相關名詞[4]

Citizen-centered Government　公民為中心的政府
Community-owned Government　社區型政府
Competitive Government　競爭型政府
Customer-driven Government　顧客導向型政府
Entrepreneurial Government　企業型政府
Market-oriented Government　市場導向型政府
Mission-driven Government　任務導向型的政府
Results-oriented Government　結果取向的政府
Steering Government　導航式政府
Anticipatory Government　預防性政府／前瞻性政府

 肆、新公共行政

　　傳統公共行政的活動侷限於組織內部的管理，過於追求效率，而忽略公共行政的「公共性」。新公共行政則強調審時度勢，可視為「變化萬端的行政」。在**表12-2**呈現新公共行政和傳統的公共行政之比較，顯示兩者的明顯差異：

表12-2　傳統的公共行政和新公共行政之比較

傳統的公共行政	新公共行政
政治與行政二分	政治與行政相互關聯
行政中立	倫理責任
效率與生產力	有效的問題解決
集權和控制	分權和參與
功能維持	功能與職責的重新設計
理性的計畫	參與性的計畫
被動性的問題解決、變遷和學習	主動因應問題解決、變遷和學習
事實與價值二分	事實與價值的批判檢視
強調特殊利益團體的影響	強調多元和參與的民主
注重專家在政策分析中的角色	著重公民參與社區問題的解決
垂直性的協調與權威關係	水平性的合作與人際的互動網路
在資源豐富下達成組織成長	在有限資源下追求卓越成就
資訊累積	資訊分享與網路交流

資料來源：修正自汪正洋（2015）。《圖解行政學》。台北：五南。

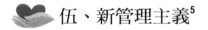

伍、新管理主義[5]

　　新管理主義採用企業管理的技術，強化服務導向及顧客導向，引介市場機制及競爭功能到公共管理體系內。新管理主義的提出是對管理及行政發展的反省，包含兩項主要的方向：一是管理主義（Managerialism），另一是新制度經濟學（New Institutional Economics）。管理主義強調即時服務、專業管理、明確的標準及績效測量，主張透過管理的過程產出可預期的結果、顧客至上、重視金錢價值等原則。新制度經濟學則提出更為激進的管理改革風潮，強調誘因結構與服務提供要結合、官僚體制要分化、簽約外包、準市場操作、顧客選擇、競爭機制。這些想法在企業界早已普遍被推廣，進而影響政府部門與社會福利機構組織。社會行政也深受這些理念衝擊，各項社會服務愈來愈重視績效，並且把非營利組織經營地

有如企業（run nonprofit like a business）一般。

重要的信條包括：「著重管理、績效評鑑及效率；公共科層轉為處理基於使用者付費的機構；運用準市場和契約外包扶植競爭；刪減政府預算；強調輸出標的；限定項目契約；重視財務和經營自由的管理型態。」

新管理主義特別強調經濟——經費投入的極小化；效率——投入與產出的比例要理想；效益——方案的結果能符合最初的目標。具體做法包括：

1. 推行民營化，將服務私有化。強調將政府管制與市場機能結合，對於無法直接轉移到準市場（quasi-market）機制的公部門，大膽採用如同市場的機制（market-like mechanism）。

2. 引用準市場與購買式服務的概念做法，強化競爭。

3. 推動組織精簡（downsizing），裁併功能重疊的部門或人員。

4. 採行企業化組織結構與企業化服務目標，以公共服務使用者為導向，強調充分授權與顧客至上，關注個別服務使用者的需求與期待。依此改變組織文化與人員的服務態度，採取由下而上的參與性決策。

5. 健全財務結構，考量成本效率關係，以改善財務狀況為目標。

6. 以組織重整或調整為方法。

7. 透過不斷宣傳，達成改善服務品質的目標。

8. 改革管理制度，包括以目標與任務為導向、組織內部充分授權、分工、簡化行政程序、鬆綁預算與法規、建立客觀的績效評估標準、財務管理、稽核等。

 社會福利行政

陸、治理與公共治理

「治理」通常被運用在各類制度脈絡中，藉以探討權力運用的情形。政府統治基礎的力量主要有三：(1)武力（force）：以暴力威脅強迫人民服從；(2)權力（power）：主要來自個人，是讓對方不得不服從的力量；(3)權威（authority）：來自職位所賦予的職責，具有合法性與正當性，但有權力者的意志須受限制，不可以為所欲為。對社會福利組織來說，不可能用武力，主要是權力與權威。治理一詞在政治學領域，通常指國家治理，即政府如何運用國家權力（治權）來管理人民[6]。

治理的核心問題在於權力的行使、利益的分配及責任的歸屬。凡是組織界定、政策及決策過程的建構、權力分配機制的建立、執行任務程序的過程設定等決定或行動均屬治理的內涵[7]。

聯合國全球治理委員會總結治理有四個特徵：(1)治理不是一整套規則，也不是一種活動，而是一個過程；(2)治理過程的基礎不是控制，而是協調；(3)治理既涉及公共部門，也包括私人部門；(4)治理不是一種正式的制度，而是持續的互動。聯合國開發計畫署認為治理的基本要素是：參與和透明；平等和誠信；法制和負責任；策略遠見和成效；共識；效率。治理的目的是社會公正、生態可持續性、政治參與、經濟有效性和文化多樣化。Laughlin與Andringa指出，良好的治理為各組織最核心的議題，所有的問題都靠良好治理來化解。Phillips與Smith也提醒，治理就是定規則（regulation），透過規則，讓組織持續實現理想[8]。

若從「開放系統」的角度看，治理可分為組織對內管理及對外的連結活動，藉此決定組織使命、進行目標規劃、確保組織財務健全、協調內部的衝突。對外募款、提升公共形象、與各部門建立良好關係等。

公共治理著重規劃、組織與管制等管理功能，以及對人員、財務、

物材、設備、資訊與政治資源的管理。還包括了「政策途徑」，探討政策如何運作和管理，公共政策是政府機關對社會價值作權威性的分配（authoritative allocation of values），也表示政府選擇作為或不作為的相關活動（whatever governments choose to do or not to do）[9]。

公部門的組織往往過分龐大，而且不重視資源，組織不但未能減少，還持續增加。因此應防止行政權力腐敗，致力於：(1)以服務為定位，希望特權消失和特權意識減弱；(2)顧客至上改變了原先行政體系的主體中心主義；(3)實行公共服務的公開競標，增加行政行為的透明度，使不透明行使公共權力的機會最小化。建立一種以公共利益為中心的管理體制有三個層次[10]：

第一層，對原有的以科層為核心的公共行政制度、機制、做法的重新審視和評估，總結經驗、發現問題、解決其中的關鍵問題。

第二層，從技術層面來解釋和解決既有公共管理的時代問題，試圖透過採納經濟學、管理學、行政學等學科的新知識和新成果，在決策、規劃、執行、監督、考核評估等方面引入新的技術方法和手段，進而提高公共部門適應新時代變化的能力。

第三層，重新審視政府與市場、政府與社會的關係，進行公共部門結構與制度的再設計，一方面增強公共部門內部效率，另一方面加速公共部門對社會的回應性，縮小與社會的距離。

基於上述，針對以下議題進行檢視[11]：

一、公部門的規模

有很多國家已開始重視政府必須率先節約能源、減少人員和減少預算等，我國政府也積極推行節約能源，如規定各政府單位開小車，換公務新車時不得購買大型車等。不過政府部門的冗員仍相當多，特別是中央部

會不斷增加人員，導致人事費用不斷增加。地方雖受限於規定無法大量進用正式人員，但仍聘用相當多的臨時人員，造成相當大的人事負擔，有些鄉、鎮公所甚至發不出薪資。

二、公部門的管理範圍

自1980年代，英國首先進行國營事業民營化，雖遭受不少爭議，但民營化已成為世界的潮流。政府在各方壓力下，必須要有更遠的眼光去面對。公部門的管理範圍，將應該會愈來愈小。

三、公部門的官僚化制度

政府的做事方法，常被抨擊為官僚化而不便民，層層限制更是毫無效率，因而不受人民支持。政府為了對此制度進行必要的改革，提出了公辦民營，如高鐵採BOT方式。政府組織的扁平化與功能的效率化、民主化等，將是趨勢。

四、公部門的經濟解釋

從經濟學的理論分析，一般認為政府本身就是限制經濟成長與自由經濟的最大阻礙，為此有些學者提出了「小政府的理論」，希望政府能從「總體經濟學」的角度，改善社會福利。人民不再是政府的「奴隸」，政府管得愈少愈好，市場的「顧客」、「自由」與「選擇」取代過去政府對人民的高姿態。在市場法則下，企業每一個層面皆較政府更具優勢。「新古經典經濟學」（neo-classical economics）或是「經濟理性主義」（economic rationalism）認為，市場經濟思想長期影響公共官僚政府，相

當多的政策來自於市場的供需原理。

五、資源依賴的理論

資源依賴理論（Resource Dependence Theory, RDT）探討組織與所處的外在環境之互動，組織間形成的互賴關係對合作策略的影響。從權力的觀點來看資源，各類組織為減少對資源的依賴，須具有獲取和維持資源的管理能力。

Scott分析：環境是「在特定的範圍內，所有個體、群體、組織及其交互關聯所形成的特定行動場域」。組織為了要生存、進行長期性的發展，須瞭解環境中的變數，必然與其生存所在的任務環境（包括競爭者、顧客、供應商、通路等）與制度環境（institutional environment，包括經濟、文化、社會、政治等）進行程度不等的互動[12]。

Pfeffer與Salancik提出了四個重要假設：(1)組織最重要的是關心生存；(2)為了生存，組織需要資源，而組織自己通常無法生產這些資源；(3)組織必須與所倚賴的環境中各種元素互動；(4)組織的生存是建立在控制自身與其他組織關係的能力基礎之上[13]。

資源依賴理論假定，任何組織處於開放系統之中，需與其他組織互動互賴、取得所需資源。由於各組織本身資源並不充足，又無法產生組織內部所需的所有資源，組織欲存活的話，勢必要在該環境中與他者的資源互通有無[14]。台灣社會福利組織普遍面對資源不充足的處境，必須以更開放的運作模式與其他部門互動。

資源依賴理論的其他重要概念，整理如下[15]：

1.取得資源的形式可以透過交易、交換或是權力的控制。組織在資源不能完全自主的限制之下，必然會和環境中的其他組織產生依賴。

2.對於控制決定性資源的組織或團體應更多更快的回應。主管應嘗試管理外在的依賴關係,除確保組織的生存以外,也希望突破外在限制並獲得更多的自主性。

3.依賴關係可以分為結果的與行為的。結果的互賴指藉由一個社會行動者與另一個行動者的互賴關係,達到所要的結果;行為的互賴則是活動本身須依賴另一個社會行動者的行動。

4.在競爭的依賴中,有競爭的互賴和共生的互賴之別,前者競爭的雙方處於你死我活的零和(zero-sum)狀態。共生關係對於維持組織的持續是必要的,主要的差異是依賴程度的多寡。

5.在競爭資源的過程中,組織擁有關鍵性資源多寡與權力控制程度之間存在高度的相關。因此,組織為了擴張其資源利基(niche),經常會採取各種策略,與其他組織建立盟約,位居於網絡的集中性位置者,其權力的影響力大。

　　從資源交換的角度,交換行為的本質是兩個行動者之間基於強化互惠原則所產生的互動關係。組織經常處於不確定的環境,資源缺乏的情形普遍存在,因而限制了組織目標的達成。因此,與其他組織建立交換關係是組織克服困境的重要策略。

註　釋

1　吳定等著（2009）。《行政學析論》。台北：五南。

2　孫本初（2009）。《新公共管理》。台北：一品。

3　劉毓玲譯（1993）。David Osborne與Ted Gaebler著。《新政府運動》。台北：天下。

4　孫本初、賴維姚（2008）。《行政學辭典》。台北：一品。

5　黃源協（1999）。〈新管理主義、社區照顧與社會工作〉，《社區發展季刊》，85，200-213。

6　參考Weber, M. (1978). *Economy and Society*. University of California Press. Schluchter, Wolfgang. (1981). *The Rise of Western Rationalism: Max Weber's Developmental History*. University of California Press.

7　吳當傑（2004）。《公司治理理論與實務》。台北：財團法人孫運璿學術基金會。

8　Phillips, Susan D., & Smith, Steven Rathgeb (eds.) (2011). *Governance and Regulation in the Third Sector: International Perspectives*. Routledge.

9　孫本初（2005）。《公共管理》。台北：智勝。

10　同註2。

11　參考張定綺譯（1998）。Scott Adams著。《呆伯特法則》。台北：經典傳訊。魚凱（2016）。《公門菜鳥飛》。台北：大塊。

12　Scott, W. R. (1987). *Organizations: Rational, Natural, and Open Systems*. Prentice Hall.

13　俞慧芸譯（2007）。Jeffrey Pfeffer與Gerald R. Salancik著。《組織的外部控制——資源依賴觀點》。台北：聯經。

14　同註13。

15　王仕圖、官有垣、李宜興（2010）。〈非營利組織的相關理論〉。載於蕭新煌、官有垣、陸宛蘋主編，《非營利部門：組織與運作》，13-34。台北：巨流。

Part 2

結構與公務員組成

第十三回

整體認識社會福利行政組織

　　社會福利行政是在政府體系裡運作，社會福利行政人員是在政府裡工作，每一位公務員都是「組織人」（organizational person）。組織形成框架，限制著其中的成員；組織有如舞台，在組織裡上班的人有各種角色，所以認識行政應該充分瞭解組織。

　　現代憲政民主國家為防止專制獨裁地政體復活，依權力分立（separation of power）理論來組織政府。權力分立又分為垂直的權力分立及水平的權力分立。垂直的權力分立指將政府的權力分屬兩個層級以上的政府組織分別行使；水平的權力分立則是指將某一層級的政府權力分配給同一層級之不同政府機關行使[1]。20世紀後期，隨著福利國家的形成與行政國家化的發展，各國政府的行政活動範圍與內容不斷擴大、增加，倘若僅靠中央政府的行政組織來提供直接的服務，自然無法迅速滿足多元的民眾需求，因而須仰賴較貼近民眾的地方政府與之協力[2]。

　　我國政府體系大致分為中央與地方，中央以行政院為行政的主體，設有許多二級機關（部會），部會之下又設立了三級單位，以署、局為主及附屬的司或處。地方則是各自治團體，首長均為民選。民選的直轄市、縣市、鄉鎮市長等任命社會局或處的局長處長，在局處裡有各科、各

中心，實際推動社會福利業務。

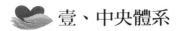 壹、中央體系

一、五院及行政院

我國採用五權分立體制，劃定政府部門的功能與業務，中央政府部門並非全部都屬於行政院管轄。由於中央行政機關均由行政院管轄，因此在中央層級法律中，多以「行政院」來指所有的中央行政機關，如《行政院功能業務與組織調整暫行條例》。規範中央行政機關整體架構的法律，除了《中華民國憲法》之外，主要是以《行政院組織法》和《中央行政機關組織基準法》作為準則，並以《中央政府機關總員額法》規範各機關的員額總數。

在1949年政府遷台後修訂的《行政院組織法》中，明文設置的中央行政機關僅有8部2會。自1970年代起，行政院以其附屬之委員會、局、署等形式來擴增中央部門。但這些機關的設置法源未必與中央行政機關的母法──《行政院組織法》相對應，過多的組織機關反而不利於政務的推行，例如行政院屬下具有部會地位的委員會，曾高達21個之多。

自1990年代起，行政院就著手規劃進行組織改造計畫，首先於2004年6月23日公布制定《中央行政機關組織基準法》，確定行政院及各部會組織規模及部會數目上限，並展開《行政院組織法修正草案》立法工作。2010年陸續修訂《行政院組織法》、《中央行政機關組織基準法》、《中央政府機關組織總員額法》及《行政院功能業務與組織調整暫行條例》（合稱「中央政府組織再造四法」）。

二、行政院的機關

以中央行政機關的組織調整計畫（法定名稱為「行政院功能業務與組織調整」）為基準，2010年2月通過的行政院組織再造計畫規定設以下單位：

- 14部：內政、外交、國防、財政、經濟及能源、教育、法務、交通及建設、勞動、農業、衛生福利、環境資源、文化、科技等。
- 11會：國家發展、金融監督管理、海洋、大陸、僑務、原住民族、客家、國軍退除役官兵輔導委員會，以及中央選舉、公平交易、國家通訊傳播委員會等三個獨立機關。
- 2總處：行政院主計總處、行政院人事行政總處。
- 2所屬機關：中央銀行、國立故宮博物院。

如此總計29個機關，行政院另設有7-9名不管部會的政務委員。院本部增設消費者保護處、性別平等處、發言人室。

截至2018年底，行政院所屬之中央政府部門，共有12部、8會、3委員會、1署、6獨立機關、1行、1院、2總處。其中的10部6會3獨立機關1行1院2總處，是《行政院組織法》明文設置的部門機構；其他部門則以個別法律，作為其擁有中央政府機關之地位的法源依據。至2019年初，尚未確立的有：行政院環境保護署升格為「環境資源部」；行政院農業委員會將升格成農業部；經濟部改組為經濟及能源部、交通部改組為交通及建設部。行政院原子能委員會降為行政院三級機關「核能安全委員會」；行政院公共工程委員會將直接裁撤（業務分別併入交通及建設部、財政部）。

行政院之下設置部來負責各領域的政務，跨領域的政務（如民族事務、中國大陸事務等）則設置委員會；部與委員會之下可再設局、署等機關，以處理技術性或專門性業務。行政院是一級單位，上述29個機關是二級單位，以下還有三級和四級單位。據《中央行政機關組織基準法》，中央行政機關的層級架構整理如**表13-1**。

表13-1　中央行政機關的層級架構及性質

級別	機關名	內部單位名稱	性質
第一級	行政院	處、室、會	國家最高行政機關，協調各部會的運行與政策統合
第二級	部、委員會	司、處、室	實際負責政務的施行
第三級	署	組、處、室	擁有自行規劃政策的權力，職權較局為大
第三級	局	組、處、室	執行上級機關交辦業務
第四級	分署	科、處、室	執行上級機關交辦業務
第四級	分局	科、處、室	執行上級機關交辦業務

　　在龐大的組織體系內，有些根本就是社會福利行政單位，有些中度相關，有些低度相關。在**表13-2**中整理了各中央政府與社會行政有關的單位，也說明與社會福利行政的關聯性。

表13-2　中央政府與社會行政有關的單位

二級單位	三級單位	附屬的司	相關性
衛生福利部	社會及家庭署		高
		社會救助及社會工作司	高
		保護服務司	高
		心理及口腔健康司	中
		護理及健康照護司	中
		社會保險司	中
		綜合規劃司	中
內政部	移民署		低
		合作及人民團體司籌備處	中
勞動部	勞動力發展署		低
	勞工保險局		低
國軍退除役官兵輔導委員會		就養養護處	低
行政院原住民委員會	社會福利處		中
行政院內政衛福勞動處※			中
行政院性別平等處※			中

說明：※表示為行政院院本部的幕僚單位

資料來源：作者整理

貳、地方組織

　　地方政府是得到授權的公共組織，在一個國家中相對較小的領域範圍內[3]，依據憲法或中央法令之規定，自行處理地方區域事務、決定和執行有限的公共政策，建立在管轄區域民意基礎上而無主權之地方統治機關，地方政府具有其特殊功能[4]。

　　1998年，配合修憲實施省虛級化，省喪失地方自治團體的地位。為整體規範地方制度基本法律，立法院於1999年制定《地方制度法》。所謂的地方自治團體指依該法實施地方自治，具公法人地位。省政府為行政院派出機關，省為非地方自治團體。所謂的自治事項，指地方自治團體依憲法或《地方制度法》規定，得自為立法並執行，或法律規定應由該團體辦理之事務，而負其政策規劃及行政執行責任之事項。

　　在法律的位階方面，自治條例與憲法、法律或基於法律授權之法規或上級自治團體自治條例牴觸者，無效。委辦規則與憲法、法律、中央法令牴觸者，無效。所謂的委辦事項指地方自治團體依法律、上級法規或規章規定，在上級政府指揮監督下，執行上級政府交付辦理之非屬該團體事務。

　　中央與地方的關係，主要是對事情的核定與備查。核定指上級政府或主管機關，對於下級政府或機關所陳報之事項，加以審查，並作成決定，以完成該事項之法定效力。備查指下級政府或機關間就其得全權處理之業務，依法完成法定效力後，陳報上級政府或主管機關。此外，直轄市政府、縣（市）政府、鄉（鎮、市）公所為辦理上級機關委辦事項，得依其法定職權或基於法律、中央法規之授權，訂定委辦規則。

　　在層級方面，該法規定：地方劃分為省、直轄市。省劃分為縣、市；縣劃分為鄉、鎮、縣轄市。直轄市及市均劃分為區。鄉以內之編組為

村；鎮、縣轄市及區以內之編組為里；村、里以內之編組為鄰。

我國目前有226個地方自治團體，包括：6直轄市（152區、6原住民區）、3市（12個區）、11個縣（146鄉，含24山地原住民鄉）、38鎮、14縣轄市、35鎮、115鄉、24原住民鄉。福建省有2個縣（3個鎮、7個鄉）。

按照「地方行政機關組織準則」，地方行政機關，指直轄市政府、縣（市）政府、鄉（鎮、市）公所、直轄市山地原住民區（簡稱山地原住民區）公所及其所屬機關。但不包括學校、醫院、所屬事業經營、公共造產性質機關（構）。各級地方政府應依該準則擬訂組織自治條例，經各該級的民意代表機關通過後，報行政院備查。直轄市政府應依該準則及各該組織自治條例，訂定所屬機關組織規程。

地方行政機關組織自治條例或組織規程，其內容應包括下列事項：(1)機關名稱；(2)設立之法源依據；(3)權限及職掌；(4)首長職稱；置副首長者，其職稱及人數；(5)一級單位名稱；有所屬一級機關者，其名稱；(6)首長辭職及代理程序；(7)其他有關組織運作規定。

地方行政機關之內部單位得依其組織與職能運作之需要，分設：(1)業務單位：指執行本機關目的之組織；(2)輔助單位：指負責秘書、總務、人事、主計、法制、研考、資訊、政風、公共關係等工作，以配合遂行本機關目的或提供服務之組織。社會局處，屬於業務單位。

縣（市）政府一級單位主管及所屬一級機關首長，除主計、人事、警察、稅捐及政風之主管或首長，依專屬人事管理法律任免，其總數二分之一，得列政務職，其職務比照簡任第十二職等，其餘均由縣（市）長依法任免之。也就是說，業務單位的首長，包括社會局、社會處等首長，由縣市首長任命。

表13-3　地方政府的行政機關及社會福利行政單位

級別	名稱	行政機關	社會福利行政單位
1	省	（虛級化，非地方自治團體）	
	直轄市	市政府	社會局
2	縣	縣政府	社會處（局）
	市	市政府	社會處（局）
3	鄉 山地鄉	鄉公所	社會課／民政課
	鎮	鎮公所	社會課／民政課
	縣轄市	市公所	社會化／民政課
	山地原住民區	區公所	民政課／社會福利館

資料來源：作者整理

　　社會福利行政是直轄市自治事項，該法第18條規定了關於社會服務事項如下：

1.直轄市社會福利。

2.直轄市公益慈善事業及社會救助。

3.直轄市人民團體之輔導。

4.直轄市宗教輔導。

5.直轄市殯葬設施之設置及管理。

6.直轄市調解業務。

　　第19條規定縣市的業務，與上述相同。第20條規定鄉鎮市層級的，業務比較少，因為沒有鄉鎮層級的人民團體，也無須負責宗教管理，只要負責下列四項：

1.鄉（鎮、市）社會福利。

2.鄉（鎮、市）公益慈善事業及社會救助。

3.鄉（鎮、市）殯葬設施之設置及管理。

4.鄉（鎮、市）調解業務。

第83條有規定山地原住民區自治事項，其中關於社會服務事項如下：

1.山地原住民區社會福利。
2.山地原住民區公益慈善事業及社會救助。
3.山地原住民區殯葬設施之設置及管理。
4.山地原住民區調解業務。

各地方行政人員依法行政，執行的主要是這些業務。

註　釋

1　林子儀、葉俊榮、黃昭元、張文貞（2003）。《憲法：權力分立》。台北：元照。

2　林淑馨（2015）。《行政學》。台北：三民。

3　陳義彥主編（2004）。《政府學（上）》。台北：五南。

4　彭懷恩（2013）。《地方政府與地方自治Q&A》。台北：風雲論壇。

第十四回

衛生福利部的組織

　　衛生福利部掌理全國衛生及福利業務，是主管公共衛生、醫療與社會福利事務的最高主管機關，同時監督各縣市政府衛生局與社會局。102年7月由衛生署、內政部社會司等單位組成，成為中華民國政府遷台後第二個新組成的部，原內政部社會司的社福業務移置衛生福利部成立社會救助及社工司、保護服務司、社會保險司，內政部兒童局與教育部的國立中國醫藥研究所依法改隸衛生福利部，分別改制為社會及家庭署、國家中醫藥研究所。整個組織系統如**圖14-1**，與社會行政有關的編制表如**表14-1**。

　　在六個行政院三級單位的署之中，主要是醫療衛生的，只有「社會及家庭署」是社會福利行政體系的，該署將在下一回詳細介紹。

　　各部會原則上所直屬的司原則上不能超過八個，因此衛生福利部之中出現一些奇怪的組織規劃現象，例如心理衛生與口腔放在一起，又如長期照顧很重要，多位部長希望有專門的「長期照顧司」，但如何減少一個已經設立的司呢？經過長期協調才設置。各司按照與社會福利行政的關聯，大致可以分為三級，以下說明主要業務。關聯度高的，說明較為仔細：

社會福利行政

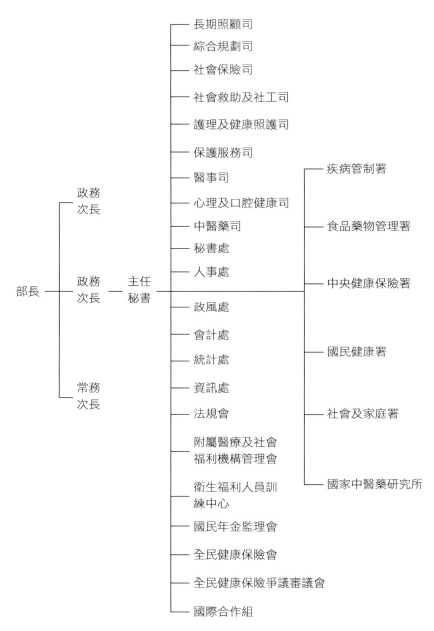

圖14-1　衛生福利部組織圖

表14-1　衛生福利部中與社會行政有關的編制

職稱		官等	職等	員額	備考
部長				一	特任，為組織法律所定
政務次長				二	比照簡任第十四職等，為組織法律所定。其中一位是社會福利背景的
主任秘書		簡任	第十二職等	一	本職稱之官等職等，為組織法律所定
參事		簡任	第十二職等	八	其中一位是社會福利背景的
司長		簡任	第十二職等	八	綜合規劃司、社會保險司、護理及健康照護司、醫事司、心理及口腔健康司、中醫藥司等
副司長		簡任	第十一職等	八	
專門委員		簡任	第十職等至第十一職等	十四	
科長		薦任	第九職等	五十五	
秘書		薦任	第八職等至第九職等	十四	內七人得列簡任第十職等至第十一職等
視察		薦任	第八職等至第九職等	二十三	內十一人得列簡任第十職等至第十一職等
專員		薦任	第七職等至第九職等	五十八	
科員		委任或薦任	第五職等或第六職等至第七職等	一一九	
助理員		委任	第四職等至第五職等	二十二	內十一人得列薦任第六職等
辦事員		委任	第三職等至第五職等	六	
人事處	處長	簡任	第十二職等	一	
	副處長	簡任	第十一職等	一	
	專門委員	簡任	第十職等至第十一職等	一	
	科長	薦任	第九職等	四	
	視察	薦任	第八職等至第九職等	二	內一人得列簡任第十職等至第十一職等
	專員	薦任	第七職等至第九職等	四	
	科員	委任或薦任	第五職等或第六職等至第七職等	十一	
合計				五八九	

說明：

一、編制表所列職稱、官等職等，應適用「甲、中央機關職務列等表之十一」之規定。

二、合計五百八十九人，包括衛生與社會福利領域的，不包括社會及家庭署。

三、僅列出人事處，政風、會計、秘書等處，與人事處相近。

社會福利行政

一、關聯度最高的兩個司——是社會福利行政的重要實踐場域

1. 社會救助及社工司，執行以下任務：
   (1) 低收入戶與中低收入戶救助政策之規劃、推動及相關法規之研擬。
   (2) 遊民服務政策之規劃、推動及相關法規之研擬。
   (3) 災民收容體系與慰助之規劃及督導。
   (4) 急難救助與公益勸募政策之規劃、推動及相關法規之研擬。
   (5) 社會工作專業、人力資源、社區發展與志願服務政策之規劃、推動及相關法規之研擬。
   (6) 社政業務系統與社會福利諮詢專線之規劃、管理及推動。
2. 保護服務司，執行以下任務：
   (1) 家庭暴力、性侵害、性騷擾防治與老人、身心障礙者、兒童、少年保護政策之規劃、推動及相關法規之研擬。被害人保護服務方案之規劃、推動及督導。被害人保護之教育宣導及研究發展事項。保護網絡合作、協調之規劃、推動及督導。
   (2) 性騷擾事件申訴、調查、調解制度與調查、調解人才資源庫之規劃、推動及督導。
   (3) 兒童及少年性交易防制、高關懷少年處遇輔導政策之規劃、推動及相關法規之研擬。

二、部分關聯

1. 心理及口腔健康司：與社會福利行政有部分關係，相關業務包括：
   (1) 心理健康促進與自傷行為防治政策之規劃、推動及相關法規之研訂。

(2)精神疾病防治與病人權益保障政策之規劃、推動及相關法規之研訂。

(3)精神醫療、精神復健機構及其業務之管理。

(4)毒品及其他物質成癮防治政策之規劃、推動及相關法規之研訂。

(5)家庭暴力、性侵害、性騷擾與老人、身心障礙者、兒童、少年保護事件之加害人處遇及預防服務方案之規劃、推動及督導。

2.護理及健康照護司：與社會福利行政只有部分的關係，如身心障礙鑑定與醫療輔具服務之發展、推動及相關法規之研擬。

3.長期照顧司：長照政策、制度與人力發展之規劃、推動及相關法規之研擬。長照服務網絡、體系與偏遠地區長照資源之規劃及推動。

4.社會保險司：與社會福利行政只有部分的關係，執行國民年金、全民健康保險等政策之規劃、推動、業務督導及相關法規之研擬。

5.綜合規劃司：是與各司、處、署都有關聯，和社會福利行政有關的包括政策與施政計畫之研擬、規劃、管制、考核及評估。行政效能提升與便民服務業務之規劃、推動、督導及考核。評估及考核本部與所屬機關、地方衛生機關等的績效。

三、與社會福利行政沒有什麼關聯──醫事司、中醫藥司

另外設立秘書處、人事處、政風處、會計處、統計處、資訊處。統計處與資訊處很重要，各項社會福利行政的統計及資訊，要靠這兩處呈現。

衛生福利部有一個社會工作者可能去服務的常設性任務編組──附屬醫療及社會福利機構管理會，該會辦理本部附屬醫療與社會福利機構之管理及監督事項，負責管理所屬之部立醫院26家及超過13,700位員工。

　　這些醫療機構包括：基隆、台北、桃園、苗栗、豐原、台中、彰化、南投、嘉義、朴子、新營、台南、旗山、屏東、恆春旅遊、澎湖、金門、台東、花蓮、玉里等醫院，還有八里療養院、樂生療養院、桃園療養院、草屯療養院、胸腔病院、嘉南療養院等26家。為達成全民健康與社會福祉共享，該會結合來自醫療及衛生政策之資源，透過所屬機構與全體成員，推動多元化之公共衛生任務與服務。

　　該會是任務編組單位，負責管理並整合所屬醫療機構之醫療衛生資源，包含營運組、資財組、資訊組、品質組及企劃研考組等五組，輔導所屬醫療機構之運作，推動公共衛生及醫療政策，擔任資源管理重要角色。設有一位執行長，三位副執行長。

　　13家社會福利機構——老人福利機構（北區老人之家、中區老人之家、南區老人之家、東區老人之家、澎湖老人之家、彰化老人養護中心）、身心障礙福利機構（南投啟智教養院、雲林教養院、台南教養院）、兒童福利機構（北區兒童之家、中區兒童之家、南區兒童之家）、少年之家，自從102年7月起由社會及家庭署代管。

　　衛生福利部另外有幾個常設性任務編組：(1)法規會：辦理相關法制、訴願及國家賠償事項；(2)衛生福利人員訓練中心：辦理衛生及福利人員訓練事項，考上公職社會工作師來此受訓；(3)國民年金監理會；(4)全民健康保險會；(5)全民健康保險爭議審議會；(6)國際合作組。

第十五回

社會及家庭署

　　「中央行政機關組織基準法」規定三級機關包括各部會的署、局、處等單位，共有一百二十七個，卻沒有一個單獨以家庭為名的單位。衛生福利部改組新設時，只有一個社會福利的三級單位──「社會及家庭署」，令社會福利界大感失望。在中央政府福利規劃與服務的核心是社會及家庭署，該署掌理下列事項：

1. 老人、身心障礙者、婦女、兒童、少年福利服務政策之規劃、推動與執行及相關法規之研訂。
2. 老人、身心障礙者、婦女、兒童、少年福利人力資源之規劃、推動與執行及相關法規之研訂。
3. 老人、身心障礙者、婦女、兒童、少年權益保障、社會參與之規劃、推動及執行。
4. 老人、身心障礙者、婦女、兒童、少年福利機構業務之監督及輔導。
5. 家庭支持制度與服務之規劃、推動及執行。

　　「社會及家庭署」分成：(1)婦女福利及企劃組；(2)兒少福利組；

(3)身心障礙福利組；(4)老人福利組；(5)家庭支持組，這五組都分三科辦事。從服務輸送的有效性來看，應能努力使「社會及家庭署」分成兩個署，促使家庭署得以設立，其中有專門法令的兒少福利、身心障礙福利、老人福利較適合留在社會署，另兩個沒有專門法令，但與眾人都有關的性別、家庭，另外為一個署。

依衛生福利部社會及家庭署組織法、處務規程，設署長一人、副署長二人，主任秘書一人，分設五組，並設立秘書室、人事室、政風室及三計室。108年度預算員額一百一十四人，包括職員九十三人、工友一人、技工一人、駕駛一人、聘用十四人及約僱四人。組織圖如**圖15-1**。

另外，有「行政院社會福利推動委員會設置要點」，主要任務是關於社會福利政策及重大措施之協調、諮詢、審議及規劃事項，以及關於社會福利工作執行情形之督導事項、協調及推動事項等。該會執行長由行政院政務委員兼任，副執行長一人，由衛生福利部次長兼任。幕僚作業，由衛生福利部社會及家庭署負責。

壹、婦女福利及企劃組

掌理事項如下：

1.婦女福利服務政策之規劃、推動及相關法規之研擬。

2.婦女權益保障、社會參與政策之規劃及推動。

3.婦女福利之教育宣導及研究發展。

4.施政方針、施政計畫與目標之研訂、策劃及協調。

5.綜合企劃、管制考核、政策宣導與國際合作之規劃及推動。

6.社會福利補助業務、社會福利慈善事業基金會、社會福利基金、公

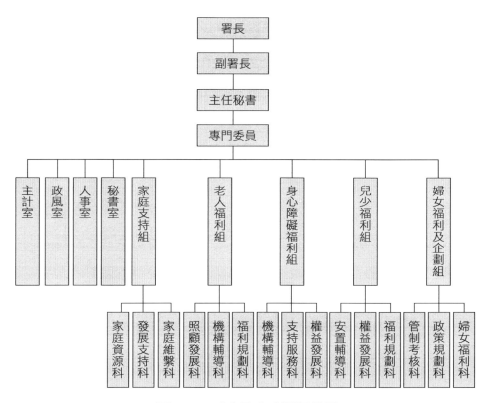

圖15-1　社會及家庭署組織圖

益彩券與設算經費之運用、管理及查核。

7.社會役役男之規劃、運用及管理。

由此可以看出改組的業務很複雜，除了婦女福利之外，還需管理大批經費的公益彩券、管理大批人力的社會役，更要負責整個署的施政方針、施政計畫與目標、綜合企劃、管制考核、政策宣導等。

以對地方政府的監督考核來看，該組是主要執行單位，按照「中央對直轄市與縣（市）政府計畫及預算考核要點」、「公益彩券發行條例」、「公益彩券盈餘運用考核及追回款項保管及運用辦法」等，衛生福

利部與財政部要執行「中央對直轄市與縣（市）政府執行社會福利績效實地考核實施計畫」，目的在協助、引導各地方政府擬訂社會福利施政發展方向及重點，提升社會福利補助經費、公益彩券盈餘之使用效能，增進辦理社會福利績效。考核項目有十大重點：(1)社會救助業務；(2)兒童及少年福利服務；(3)婦女福利及家庭支持服務；(4)老人福利服務；(5)身心障礙福利服務；(6)社區發展工作；(7)志願服務制度；(8)社會工作專業制度；(9)保護服務業務；(10)公益彩券盈餘分配運用及管理。

　　以上有兩大項都是「婦女福利及企劃組」負責的，首先是公益彩券盈餘分配，另外是婦女福利方面的。

貳、兒少福利組

　　掌理事項如下：

1.兒童及少年福利服務政策之規劃、推動及相關法規之研擬。
2.兒童及少年權益保障、社會參與政策之規劃及推動。
3.兒童及少年經濟安全政策之規劃、推動及相關法規之研擬。
4.兒童及少年福利機構之規劃、推動及相關法規之研擬。
5.兒童及少年福利之教育宣導及研究發展。
6.少子女化趨勢因應對策之規劃、推動及執行。

　　針對最後一項，由於台灣的生育率不斷下降，為解決少子化的問題，衛福部2017年4月正式成立「少子化辦公室」，集合各部會資源與人才，全力搶救生育率，與此議題相關的單位包含醫事司、保護服務司、社會及家庭署、國民健康署等。

　　兒少福利組是「行政院兒童及少年福利與權益推動小組」的主要幕

僚單位，該小組任務是：(1)涉及兒童及少年福利與權益保障相關事項，經主管機關協調機制處理後，仍需協調之重大事項處理；(2)重要兒童及少年福利與權益保障政策及重大措施，經行政院指示之跨部會研商及推動；(3)兒童權利公約及其施行法之協調、研究、審議及諮詢並辦理相關事項。

《兒童權利公約》是一項有關兒童權利的國際公約。聯合國在1989年11月20日的會議上通過該有關議案，1990年9月2日生效，是具法律約束力的國際公約，並涵蓋所有人權範疇，保障兒童在公民、經濟、政治、文化和社會中的權利，這公約共有一百九十六個締約國，得到絕大部分聯合國成員國承認。我國也遵循，按時提交執行成效報告。公約強調所有關於兒童之事務，無論是由公私社會福利機構、法院、行政機關或立法機關之作為，均應以兒童最佳利益為優先考量。承諾為確保兒童福祉所必要之與保護和照顧，應考量其父母、法定監護人或任何對其負有法律責任之個人之權利與義務，並採取一切適當的立法和行政措施。確保負責照顧與保護兒童之機構，服務與設施符合主管機關所訂之標準，特別在安全、保健、工作人員數量與資格及有效監督等方面。

《兒童權利公約》的落實為「執行社會福利績效實地考核實施計畫」之中關於兒童及少年福利服務的考核項目重點，該類的項目及配分整理如**表15-1**。

表15-1　108年度兒童及少年福利服務縣（市）政府評量表

考核項目	配分
總計（100分、扣分題-7分）	100
一、兒童權利公約	**9**
(一)兒童權利公約全面法規檢視	3
(二)兒童權利公約教育訓練	3
(三)兒童權利公約宣導	3

社會福利行政

（續）表15-1　108年度兒童及少年福利服務縣（市）政府評量表

考核項目	配分
二、特殊兒少受教權	**3**
觸法及家外安置兒少轉銜及復學教育措施	3
三、少年就業權益	**5**
少年就業相關輔導政策措施、主題宣導及建教合作稽查管理機制	5
四、兒少社會參與權	**3.5**
兒少社會（社區）參與政策及兒少培力工作	3.5
五、兒少文化及休閒娛樂	**2**
兒少文化藝術、休閒娛樂活動規劃及辦理情形	2
六、兒少經濟協助	**4**
(一)弱勢家庭兒童及少年緊急生活扶助	2
(二)父母未就業家庭育兒津貼實施計畫	2
七、兒少安全	**9**
(一)兒童交通載具之稽查與輔導	2
(二)7歲以下兒童接受兒童衛教指導服務平均利用率	2
(三)兒童遊戲場之檢查及管理	3
(四)兒少交通、居家、水域、網路安全宣導	2
八、兒少家外安置	**15**
(一)兒童及少年安置機構行政管理	6
(二)寄養家庭行政管理	4
(三)機構及寄養家庭性侵害事件預防與處理	2
(四)兒童少年安置及追蹤個案管理系統	3
九、早期療育服務	**6.5**
(一)發展遲緩兒童通報率及確診比率	3.5
(二)辦理社區療育服務及提升早期療育機構（含兼辦）服務品質	3
十、托育服務	**15**
(一)三年內辦理托嬰中心評鑑情形、訂定相關規定與評鑑欠佳後續輔導及行政處分	2
(二)督導及查核托育服務收費資訊登載的完整性與正確性	4
(三)托嬰中心及居家托育人員突發或緊急事件處理時效	3
(四)托育服務規劃及提升托育服務正向形象宣導	2
(五)托育資源中心布建情形	2

（續）表15-1　108年度兒童及少年福利服務縣（市）政府評量表

考核項目	配分
(六)公共托育服務布建情形	2
十一、弱勢兒少及家庭福利服務	**27**
(一)弱勢家庭兒童及少年社區照顧服務（含課後照顧）辦理情形	3
(二)兒童及少年高風險家庭關懷處遇服務辦理情形	6
(三)兒少結束家外安置後續追蹤輔導及自立生活服務網絡合作	5
(四)出養兒少權益之維護作為	4
(五)法院交查收養調查訪視及追蹤輔導辦理情形	3
(六)法院交查未成年子女監護權調查訪視辦理情形	3
未成年懷孕處遇服務及防治教育宣導之規劃及辦理情形	3
十二、創新服務	**1**
縣市政府自辦創新、特殊服務項目	1

掌理事項如下：

1.身心障礙福利服務政策之規劃、推動及相關法規之研擬。

2.身心障礙者權益保障、社會參與政策之規劃及推動。

3.身心障礙者經濟安全政策之規劃、推動及相關法規之研擬。

4.身心障礙福利機構之規劃、推動及相關法規之研擬。

5.身心障礙福利之教育宣導及研究發展。

6.身心障礙者需求評估政策之規劃、推動及相關法規之研擬。

該組是「行政院身心障礙者權益推動小組」的幕僚單位，該小組任務包括：

1.執行身心障礙者權利公約施行法（The Convention on the Rights of Persons with Disabilities，簡稱CRPD）第6條第一項所定事項，如公約之宣導及教育訓練、各級政府機關落實公約之督導、國內身心障礙者權益現況之研究及調查、國家報告之提出、接受涉及違反公約

社會福利行政

之申訴。

2.涉及身心障礙者權益保障相關事項，經主管機關協調機制處理後，仍需協調之重大事項處理。

3.重要身心障礙者權益保障政策及重大措施，經行政院指示之跨部會研商及推動。

我國於2014年通過《身心障礙者權利公約施行法》，正式將CRPD國內法化。其中公約第1條所揭示的宗旨：促進、保障並確保所有身心障礙者「充分」及「平等」享有所有人權及基本自由；第3條「一般原則」環繞在平等享有所有人權的核心概念，包括男女平等、不歧視、無障礙與機會均等，尊重差異與尊重身心障礙者的人性尊嚴與自主權，使其能達充分有效參與社會及融合社會。公約也特別強調「融合」（inclusion）的重要性，社會各領域應開放給身心障礙者，使其能充分有效參與社會各領域[1]。

我國身心障礙者的福利政策與立法沿革，從一開始將障礙視為家庭與社會的負擔，僅由社會救助法給予有限的協助，到1980年為維護障礙者的生活，興辦各項福利措施，並扶助自力更生，而制定《殘障福利法》；又於1997年將名稱修正為《身心障礙者保護法》，目的為「維護身心障礙者之合法權益及生活，保障其公平參與社會生活之機會」；進而在2007年再次修訂名稱為《身心障礙者權益保障法》，目的在保障身心障礙者平等參與社會、政治、經濟、文化等機會，促進其自立發展。

在社會福利考核方面，有關項目及配分說明如**表15-2**。

表15-2　108年度身心障礙福利服務縣（市）政府評量表

考核項目	配分
一、身障證明核發	**1.5**
(一)依規定辦理身障戶籍資料比對、資料移轉及異動註記並通知民眾辦理重新鑑定	1.5
二、身心障礙需求評估	**9**
(一)持永久效期手冊換證進度	2
(二)需求評估報告執行效益	3.5
(三)精進專業服務品質	2.5
(四)提供民眾辦理申請身心障礙證明之便民措施	1
三、個別化、生涯轉銜服務	**6.5**
(一)個別化服務	4.5
(二)辦理身心障礙者主動關懷服務創新方案	0
(三)生涯轉銜服務	2
四、個人照顧服務（含居家照顧、社區日間作業設施服務、社區居住、生活重建、日間照顧、家庭托顧、自立生活支持服務）	**33**
(一)擬定計畫及輔導管理機制	4.5
(二)服務品質	12.5
(三)服務提供單位培力	9
(四)服務受益成效	7
五、家庭照顧服務（含臨時及短期照顧、照顧者支持訓練及研習、家庭關懷訪視及服務）	**11.5**
(一)照顧者支持服務資源發展	2.5
(二)服務品質	5.5
(三)服務提供單位培力	2
(四)服務成果	1.5
六、機構管理	**14**
(一)未來五年照顧服務資源規劃情形	2
(二)機構輔導、查核辦理情形	4
(三)機構專業人員培訓及在職訓練	2
(四)輔導轄內機構完整登打機構管理系統	3

社會福利行政

（續）表15-2　108年度身心障礙福利服務縣（市）政府評量表

考核項目	配分
(五)輔導轄內身心障礙福利機構建構老化照顧服務之執行及協助原委託機構安置個案後續轉銜安置情形	2
(六)輔導轄內全日型住宿機構將有社區生活潛能之服務使用者轉銜至社區式服務	1
七、社會參與	9.5
(一)規劃及建立活動參與機制及社會宣導	3
(二)身心障礙者權利公約教育訓練及意識提升	1
(三)提供身心障礙者及陪伴者公民營風景區、康樂場所或文教設施免費或半價優惠	1.5
(四)手語翻譯服務及同步聽打服務	2.5
(五)復康巴士服務	1.5
八、經濟扶助	7
(一)身心障礙者生活補助費、身心障礙者日間照顧及住宿照顧費用補助辦理情形與全國社福津貼給付資料比對資訊系統上傳情形	3.5
(二)未發放非法定現金給付	0.5
(三)歷年重複領取國民年金給付之身心障礙者生活補助及補助收容安置案件會計列帳控管情形	1
(四)身心障礙者生活補助費溢領及重複領取國民年金給付案件發生率	1
(五)身心障礙者生活補助費溢領及重複領取國民年金給付案件追回金額比率（含移送行政執行之金額）	1
九、其他法定福利服務項目	7
(一)專責人力及教育訓練	3
(二)辦理優先採購	2
(三)身心障礙者監護或輔助宣告辦理情形	2
(四)配合推動身心障礙者法律扶助	0
十、創新項目	1
縣市政府自辦創新、特殊服務項目	1

參、老人福利組

掌理事項如下：

1.老人福利服務政策之規劃、推動及相關法規之研擬。
2.老人權益保障、社會參與政策之規劃及推動。
3.老人經濟扶助之規劃、推動及相關法規之研擬。
4.老人福利機構之規劃、推動及相關法規之研擬。
5.老人福利之教育宣導及研究發展。
6.高齡化趨勢因應對策之規劃、推動及執行。
7.居家、社區與機構照顧制度之規劃、推動及相關法規之研擬。
8.居家、社區與機構照顧服務人力、資源發展之規劃、推動及執行。

2007年1月31日修正公布老人福利法架構包括：總則、經濟安全（新增專章）、服務措施、福利機構、保護措施、罰則、附則等七章，合計55條，較修正前條文增加20條。以全人照顧、在地老化、多元連續服務，作為老人照顧服務之規劃原則，希望達到促進長者尊嚴、獨立自主老年生活之政策目標。政府部門的社會福利需更快速回應人口老化所帶來的需求問題，將資源加以有效的整合、分配、運用與管理等，「友善關懷老人服務方案」，以「活躍老化」、「友善老人」、「世代融合」為主軸規劃全方位的服務措施，這些計畫的主要推動單位就是老人福利組。

為建立推動老人福利業務協調聯繫與資源整合機制，內政部於2007年函頒「內政部老人福利推動小組設置要點」，邀集老人代表、老人福利相關學者或專家、民間相關機構代表、團體代表及各目的事業主管機關代表，設置內政部老人福利推動小組，由內政部長擔任召集人。針對老人福利權益相關事宜，定期召開委員會議進行研商討論，以促進跨部會、跨專

業之協調聯繫，期望成為政府與民間團體、老人代表之溝通平台。日後隨著業務轉移到衛生福利部，由部長擔任召集人，由社會及家庭署署長擔任執行秘書，老人福利組擔任幕僚單位。

在社會福利考核方面，有關項目及配分說明如**表15-3**。

表15-3　108年度老人福利服務縣（市）政府評量表

考核項目	配分
總計	100
一、中低收入老人生活津貼	**5**
(一)溢領及重複領取國民年金給付案件發生率	2
(二)溢領及重複領取國民年金給付案件追回金額比率	3
二、中低收入老人特別照顧津貼	**3**
三、補助中低收入老人裝置假牙	**5**
(一)經費執行情形	3
(二)是否辦理滿意度調查，並針對表示不滿意之老人辦理後續追蹤服務	2
四、老人無力負擔健保費、部分負擔費用或保險給付未涵蓋之醫療費用補助	**6**
(一)是否訂定中低收入老人全民健康保險之保險費（自付額）補助規定，並編列補助預算	3
(二)是否訂定中低收入老人部分負擔或保險給付未涵蓋之醫療費用補助規定，並編列補助預算	3
五、老人健康檢查	**2**
六、社會參與	**7**
(一)老人文康活動中心活化比率	3
(二)長青學苑之鄉鎮市區涵蓋率	2
(三)長青學苑課程內容融入在地特色	2
七、社區照顧關懷據點	**16**
(一)107年據點涵蓋增加比率	4
(二)設置之據點位於65歲以上老人人口比率高於14%之村里達成率	2
(三)縣市政府針對轄內據點服務之推動，訂有輔導計畫並確實執行	2
(四)縣市政府每年辦理據點檢核情形	2
(五)本署據點服務入口網站資訊維護情形	4

（續）表15-3　108年度老人福利服務縣（市）政府評量表

考核項目	配分
(六)轄內據點上傳據點服務入口網站感動故事或成果花絮等資料達成率	2
八、中低收入老人重病住院看護費補助	**6**
(一)是否將達最低生活費1.5倍以上，未達2.5倍之中低收入老人納為補助對象及審核申請資格時未有限制條件	2
(二)補助標準	4
九、機構輔導查核及評鑑	**29**
(一)辦理無預警聯合輔導查核情形	4
(二)聯合輔導查核報表按季報署及查有違規或不當之裁處情形	5
(三)災害潛勢區定期套疊及輔導機制	5
(四)定期辦理機構評鑑且將評鑑結果報署並公告於機關網站	4
(五)對評鑑丙丁等機構依規定罰鍰及限期改善，並如期辦理複評，及複評輔導改善成效	5
(六)輔導機構登錄本署老人福利機構管理資訊系統	4
(七)未立案機構之清查及依法處理情形	2
十、低收入戶老人公費安置	**3**
十一、獨居老人服務	**7**
(一)獨居老人清查及關懷服務之辦理情形	3
(二)緊急救援連線服務經費編列及執行情形	2
(三)緊急救援連線系統安裝率	2
十二、老人監護或輔助宣告	**6**
(一)老人監護或輔助宣告職務執行情形	4
(二)老人監護或輔助宣告業務推動情形	2
十三、縣市自選創新或具有特色之項目	**5**
十四、重複領取案件處理之制度化情形	**-1**

💜 肆、家庭支持組

掌理事項包括：

1.家庭政策與方案之規劃、推動、執行及相關法規之研擬。
2.家庭照顧能力服務方案之規劃、推動及執行。
3.家庭親職、家庭關係、適應與維繫服務方案之規劃、推動及執行。
4.單親、外籍配偶、高風險與其他特殊需求家庭扶助方案之規劃、推動及執行。
5.家庭支持服務之教育宣導及研究發展。
6.家庭支持服務資源之整合、協調及運用。

　　各項社會福利偏向於以人口群為主的政策，所以針對老人、兒童、身障者等都有單獨的立法。以家戶為主體的政策，最主要是社會救助方面的，計算家戶所得以確定是否及該如何予以協助。其餘各項法令，很少以家庭為單位。

　　至今，沒有一個家庭法、沒有一個家庭政策、沒有一個主管家庭業務的部會。家庭已經夠小了，還拆解成不同的法律、命令。如此一來，過度分工，欠缺整體的服務。家中的老人、兒童、身障者等各有主管機關，各自按照法律、行政命令、辦法準則來推動，一個案家可能面對好幾種背景的社工。不同社工都在畫家庭圖，都做個案服務的計畫，都進行處遇。家庭的業務，欠缺整體性[2]。

　　在社會福利考核方面，有關項目及配分說明如**表15-4**。

表15-4　108年度婦女及家庭福利服務縣（市）政府評量表

考核項目	配分
總計	100
一、經費編列情形	4
二、辦理婦女福利服務	20
(一)運用近五年度婦女生活／需求狀況調查之研究結果與建議規劃及落實婦女福利政策	5
(二)運用婦女團體盤點及資料分析結果，培力婦女團體提升能量，辦理婦女福利服務／方案及參與婦權會	9
(二)依不同宣導對象，辦理多元性的婦女福利及權益維護相關觀念宣導	6
三、強化婦女福利服務中心功能	9
(一)服務對象及服務形式之多元性	6
(二)建立專業的外部督導	3
四、性別意識培力與性別分析	11
(一)依據對象需求規劃不同層次之性別意識培力課程及進行方案成效評估	5
(二)重要婦女活動方案運用性別統計分析結果	6
五、建構婦女福利業務人才資料及督導機制	6
(一)建立在地性別人才資料庫，並針對婦女福利業務外聘專家學者進行業務督導	3
(二)辦理婦女福利業務人員在職訓練課程	3
六、特殊境遇家庭扶助	15
(一)特殊境遇家庭申請延長補助案件派員訪視執行情形（子女生活津貼、兒童托育津貼、緊急生活扶助）	6
(二)審核作業	4
(三)扶助資訊之宣導與人員訓練	5
七、單親家庭個案服務	6
單親家庭個案處遇服務品質	6
八、社會（家庭）福利服務中心辦理家庭支持服務推動成效	20
(一)家庭支持服務方案服務對象與服務形式之多元性	8
(二)社會（家庭）福利服務中心建置情形與訪視服務涵蓋率	12
九、辦理新住民（外籍配偶）支持性服務	5
新住民（外籍配偶）社區服務據點個案轉介與資源網絡運用情形	5
十、創新服務	4
依據轄內婦女人口特性、家庭型態及需求提供相關服務措施	4

<h1 style="text-align:center">註　釋</h1>

1　彭懷真（2017）。〈家庭服務體系的全盤改進──兩度向監察委員的建言〉。
《社區發展季刊》，159，19-33。

2　彭懷真、王媄慧（2018）。《以共生社區概念探討台中市身心障礙者多元發展
之可能性》。台中市政府委託研究報告。台中：中華民國幸福家庭促進協會。

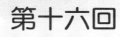

第十六回

衛生福利部其他組織

 壹、社會救助及社工司

　　民國69年，《社會救助法》通過；民國87年，《社會工作師法》通過；民國95年，《公益勸募條例》通過。這幾項法律的主管機關都是衛生福利部，由社會救助及社工司所負責相關業務，此外，災害救助也是該司重要業務。依據衛生福利部的組織，該司職掌如下：

1. 低收入戶及中低收入戶救助政策之規劃、推動及相關法規之研訂。
2. 遊民服務政策之規劃、推動及相關法規之研訂。
3. 災民收容體系與慰助之規劃及督導。
4. 急難救助及公益勸募政策之規劃、推動及相關法規之研訂。
5. 社會工作專業與人力資源、社區發展及志願服務政策之規劃、推動及相關法規之研訂。
6. 社政業務系統與社會福利諮詢專線之規劃、管理及推動。

該司的組織分四層，第一層：司長；第二層：副司長；第三層：專

門委員、簡任視察;第四層:第一科、第二科、第三科、第四科。按各科依序介紹組織及業務:

第一科:主管社會救助,包括:政策規劃、法制工作、推動計畫及督導、研究發展,還有相關之調查、統計、資訊系統規劃事項,預決算規劃執行事項等。近年的重點是兒童及少年未來教育與發展帳戶規劃及推動事宜,還有福利諮詢專線之規劃、管理與推動等。

兒童及少年未來教育與發展帳戶是蔡英文競選總統時的政見,日後由該司主責推動。實施對象是民國105年元旦以後出生,未滿18歲具低收入戶、中低收入戶兒童及少年,以及長期安置二年以上的兒童及少年。政府依參加者自存款的多寡,採一比一方式相對提撥。例如兒少帳戶存入1,000元,政府也相對存入1,000元,自存款及政府提撥款每人每年以15,000元為上限。帳戶存款免列入「家庭財產」計算,不影響開戶家庭的低(中低)收入戶資格及福利。以每月儲蓄為原則,鼓勵兒少、法定代理人或最近親屬定期儲蓄;對長期儲蓄者,提供獎勵金及獎勵措施。三至六個月內未有存款者,請社工人員進行輔導,提供可能的誘因,鼓勵持續參加。若發現兒少有發展遲緩、托育、醫療、保護等需求時,提供福利服務措施;若發現家戶內具有工作能力未就業者,提供就業服務、以工代賑或工讀機會。

按照憲法增修條文第10條第八項規定,政府應優先編列社會救助支出。依社會救助法第36條第二項規定,行政院主計總處自100年度起於各縣市獲配之定額設算社會福利經費中匡列社會救助經費,並規定縣市應專款專用於低收入戶家庭與兒童生活補助、就學生活補助、以工代賑等社會救助支出。

在社會救助類的縣(市)政府評量表整理在**表16-1**。

第二科:主管災害防救與公益勸募,在災害防救方面,包括措施推動及督導;災害災情資料統計、彙報事項;災害救助及慰問核定;研習訓

表16-1　社會福利考核中社會救助項目及配分情況

考核項目	配分
總計	100
一、預算編列與執行情形	**14**
(一)家庭（含兒童）生活扶助、就學生活扶助及以工代賑預算來源	7
(二)社會救助業務整體預算執行情形（總執行率）	7
二、低收入戶及中低收入戶調查	**2**
三、脫離貧窮措施	**12**
(一)脫離貧窮措施執行情形（含脫貧方案執行績效、執行人員進行教育訓練或督導）	6
(二)是否依社會救助法第15條第一項及第二項積極辦理相關就業服務與補助	4
(三)低收入戶及中低收入戶依社會救助法第15條及第15條之1參與相關措施，所增加之收入及家庭財產，得免計入總收入及家庭財產之辦理成效	2
四、兒童及少年未來教育與發展帳戶辦理情形	**6**
五、遊民輔導措施之推動	**11**
(一)遊民（走動式、定點式）服務之推動情形	2
(二)高、低溫時期是否啟動高、低溫關懷機制並回報執行成果	2
(三)是否結合衛政、警政、民政、法務、勞政及住宅單位定期召開遊民輔導聯繫會報	2
(四)辦理遊民生活重建服務之成效	3
(五)設籍外縣市遊民個案服務情形	2
六、縣市辦理社會救助通報流程及處理時效	**5**
(一)是否每年檢討六大類責任通報人員之通報情形，據以規劃辦理相關宣導強化措施	3
(二)106、107年接受通報個案服務概況	2
七、實物給付服務辦理情形	**5**
八、災害救助項目	**10**
九、急難救助辦理情形	**21**
(一)縣市急難救助106及107年度經費編列及運用之合理性	7
(二)106及107年度馬上關懷（急難紓困專案）執行情形	14
十、特殊項目救助及服務、創新方案辦理情形	**10**
(一)產婦及嬰兒營養補助、租金補助、住宅借住、房屋修繕補助、喪葬補助、教育補助，托兒（育）補助、居家服務、三節慰問金、營養午餐、生育補助其他必要之救助及服務	5

社會福利行政

（續）表16-1　社會福利考核中社會救助項目及配分情況

考核項目	配分
(二)創新項目辦理情形	5
十一、健全社會福利津貼給付資料比對庫落實情形	3
十二、未設籍新住民社會救助辦理情形	1

練、宣導；災害救助相關之調查、統計、資訊系統規劃事項等。

在公益勸募方面，包括：政策規劃、法制工作、推動計畫及督導、研究發展，相關之調查、統計、資訊系統規劃事項，預決算規劃、活動輔導管理事項等。

第三科：主管與社會工作與社區發展有關的事項，在社會工作方面包括：政策規劃、法制工作、推動計畫及督導、研究發展，相關之調查、統計、資訊系統規劃事項。與社會工作人員關係最密切的是社會工作年資審查證明核發及社會工作師證書核發之事項，社會工作人員考核、獎勵、表揚事項，社工人力資源管理系統規劃執行等事項。

在社區發展方面，包括小康計畫小本創業貸款督導清結呆帳轉銷事項，與社區發展有關的政策規劃、法制工作、推動計畫及督導、研究發展，還有相關之調查、統計、資訊系統規劃事項。社區發展各項補助、獎勵計畫之核定、變更、保留事項，各項經費之撥款及核銷事項。

表16-2　社會福利考核中社區發展項目及配分情況

考核項目	配分
總計	100
一、社區發展年度工作計畫與經費之執行及編列	15
(一)訂定符合政策及地方需求之計畫及策略	8
(二)社區發展年度經費預算之編列及執行	7
二、社區發展協會輔導之執行及績效	22

（續）表16-2　社會福利考核中社區發展項目及配分情況

考核項目	配分
(一)建立並更新轄內社區發展協會有關資料及會務、財務輔導相關事宜	10
(二)盤點社區發展協會運作能力，並實施個別化—分級輔導培力策略	8
(三)對轄內社區發展協會辦理選拔、認證、評鑑或考核	2
(四)配置專責社會工作或社會行政人員輔導社區推動各項工作	2
三、督導、考核或評鑑鄉（鎮、市、區）公所推動社區發展工作之執行績效	8
四、社區人才培育：縣市政府自辦、委託或補助辦理社區發展工作人力培訓、觀摩等績效	10
五、推動福利社區化、辦理社區發展工作項目及資源運用績效	35
(一)輔導社區發展協會辦理福利社區化之相關績效	15
(二)辦理社區發展工作項目	10
(三)強化社區活動中心功能，善用社區公共空間活化運用之情形及績效	3
(四)與各有關機關單位及其他資源、專業團隊之協調聯繫、配合	7
六、辦理社區發展創新業務及特殊績效	10
(一)辦理聯合社區方案（如：旗艦計畫等跨社區合作方案等）	2
(二)其他自辦創新業務績效	5
(三)轄內社區發展協會參加本部辦理選拔（或評鑑）且績效良好	2
(四)近二年（106-107年）承辦本部規劃之全國性社區發展工作之活動	1

　　第四科：主管急難救助及志願服務。在急難救助方面，包括：政策規劃、法制工作、推動計畫及督導、研究發展，相關之調查、統計、資訊系統規劃事項，預決算規劃執行事項、急難救助評鑑、獎勵、表揚、觀摩事項，急難救助金額核定轉介個案等相關事項。近年增加協辦地方毒品防制中心視導考核及毒品防制會報，毒品防制成人藥癮者家庭支持服務推動規劃、督導、研習訓練、宣導等，毒品防制成人藥癮者家庭支持服務預決算規劃執行等。

　　另一大項業務是志願服務，包括：政策規劃、法制工作、推動計畫及督導、研究發展，相關之調查、統計、資訊系統規劃事項。志願服務評鑑、獎勵、表揚事項，服務資訊管理系統規劃執行事項。

表16-3　社會福利考核中志願服務項目及配分情況

考核項目	配分
一、志願服務政策規劃及推動 規劃志願服務政策並訂定年度計畫（含中央主管機關重要推動政策項目，如高齡志工、企業志工、多元志工等）	5
二、主管機關經費預算編列及執行 主管機關經費預算編列及執行率（含公務預算及公益彩券經費）	6
三、志願服務之宣導及資源運用管理 依據志願服務願景及推動策略訂定宣導目標、行銷策略及執行成效；社會資源連結、運用及管理	8
四、志願服務聯繫會報辦理成效 (一)主管機關邀集該縣市各目的事業主管機關召開志願服務聯繫會報之主持人層級及成效	5
(二)目的事業主管機關邀集志願服務運用單位召開志願服務聯繫會報之成效	5
五、志願服務紀錄冊之發放及管理 服務紀錄冊之發放、查核及志工基本資料建置	10
六、志工量能 志工人數成長	6
七、志願服務評鑑 (一)辦理目的事業主管機關志願服務評鑑及成效	6
(二)辦理運用單位志願服務評鑑成效	6
(三)全國評鑑建議事項辦理情形	3
八、志工教育訓練規劃與辦理情形	5
九、志願服務獎勵及志工保險 (一)辦理志願服務表揚獎勵	5
(二)辦理志工保險達成率	5
十、志願服務工作具特色、研發與創新作為 推動具特色、研發與創新志願服務措施及施行成效	15
十一、鼓勵長者參與志願服務推動成效	10

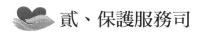 貳、保護服務司

　　業務範圍涵蓋原內政部家庭暴力及性侵害防治委員會、社會司及兒童局之保護性業務，掌理家庭暴力、性侵害、性騷擾防治與老人、身心障礙者、兒少保護及兒少性剝削防制政策規劃、法規研訂與被害人保護服務方案、教育宣導及研究發展之規劃、推動及督導事項。組織的第一層：司長；第二層：副司長；第三層：簡任視察；第四層：五科——第一科：性別暴力防治；第二科：成人保護；第三科：性侵害及性騷擾防治；第四科：兒童及少年保護；第五科：兒童及少年性剝削防制。這五科的業務職掌，整理如**表16-4**。

表16-4　保護服務司的分科及工作項目

科	項次	工作項目
第一科 性別暴力防治	1	性別暴力防治研究
	2	性別暴力預防宣導教育
	3	性別暴力防治網絡與資源發展
	4	保護性社工人力資源管理
	5	單位預算及人事管理
	6	其他綜合事項
第二科 成人保護	1	成人保護法規研擬及政策規劃與推動
	2	成人保護政策評估與研究發展
	3	家暴高危機案件管理與跨網絡服務模式推動與研究發展
	4	家暴被害人多元服務方案規劃與推動
	5	老人及身心障礙者保護服務模式建構、研究發展與推動
第三科 性侵害及性騷擾防治	1	性侵害及性騷擾防治法規研擬及政策規劃與推動
	2	性侵害及性騷擾防治政策評估與研究發展
	3	性侵害被害人司法權益維護，含減述作業、陪同偵訊、專家鑑定等相關作業流程制（修）訂、政策規劃與推動
	4	性侵害被害人創傷復原服務推廣計畫

社會福利行政

（續）表16-4　保護服務司的分科及工作項目

科	項次	工作項目
第三科 性侵害及性騷 擾防治	5	113保護專線與保護資訊系統維運管理
	6	反性別暴力資源網及本司網站管理
第四科 兒童及少年保 護	1	兒少保護法規研擬及政策規劃與推動
	2	家內兒少虐待防治政策評估與研究發展
	3	家內兒少保護事件相關評估工具研發與推廣
	4	家內兒少保護事件家庭處遇與親職教育資源發展與推廣
	5	兒少保護個案親屬安置服務推廣
第五科 兒童及少年性 剝削防制	1	兒少性剝削防制法規研擬及政策規劃與推動
	2	家外兒少性侵害預防輔導政策規劃與推動
	3	藥物濫用兒少預防輔導政策規劃與推動
	4	兒少接觸網絡不當內容防制政策規劃與推動
	5	防範兒少接觸不良物質之預防宣導教育

表16-5　社會福利績效考核中保護服務項目及評分

項目（配分）	考核指標
一、個案服務流程管 　　控（16分）	(一)兒童及少年保護案件處理時效（6分） (二)辦理目睹家暴兒少輔導處遇情形（3分） (三)身心障礙者保護案件處理時效（1分） (四)性侵害案件處理時程管控及服務提供情形（4分） (五)兒少性剝削防制業務與案件處理情形（1分） (六)性騷擾再申訴案件依限完成調查之達成率（1分）
二、個案服務品質 　　（30分）	(一)兒少保護個案處遇服務品質（12分） (二)家庭暴力個案處遇服務品質（8分） (三)性侵害個案處遇服務品質（6分） (四)老人保護個案處遇服務品質（3分） (五)身心障礙者保護個案處遇服務品質（1分）
三、專業建構 　　（16分）	(一)兒童及少年保護方案建構及評估工具推動情形（9分） (二)家庭暴力案件多元處遇服務資源建構及服務成效（5分） (三)性侵害案件多元處遇服務資源建構及服務成效（2分）

（續）表16-5　社會福利績效考核中保護服務項目及評分

項目（配分）	考核指標
四、網絡合作（17分）	(一)兒童及少年保護跨域合作效能（8分） (二)家庭暴力高度風險個案跨網絡合作機制（3分） (三)性侵害案件減少被害人重複陳述作業制度落實情形（2分） (四)機關、部隊、學校、機構、僱用人訂定性騷擾防治措施之查核情形（3分） (五)定期召開老人保護聯繫會報，發揮平台功效（1分）
五、推廣宣導（5分）	家庭暴力初級預防社區宣導辦理情形（5分）
六、保護性社工評核機制（1分）	保護性社工專業久任機制（1分）
七、衛政個別項目（10分）	(一)家庭暴力加害人處遇計畫執行情形（4.5分） (二)性侵害加害人社區處遇執行情形（5.5分）
八、警政及教育個別項目（5分）	(一)婦幼安全工作專業人員認證推動情形（1分） (二)落實性侵害防治作為（1分） (三)落實家庭暴力防治作為情形（1分） (四)防治中心知會學生遭受家暴（含目睹）、性侵害、性騷擾事件之處理情形（2分）

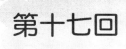

第十七回

衛生福利部社會福利機構

　　衛生福利部所屬社會福利機構有老人之家五個、兒童之家三個、教養院三個、少年之家一個、老人養護中心一個。原來隸屬內政部，配合行政院組織調整，自102年7月23日改隸衛生福利部。每一類型機構介紹的重點有三：(1)關於機構；(2)關於組織編制；(3)社工做什麼。

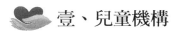 壹、兒童機構

　　兒童之家有北區、中區、南區三個。以北區兒童之家為例：

一、關於機構

　　民國35年11月1日，台灣省兒童保育院正式成立，為台灣光復後第一所由政府規劃設立的專業性兒童保育機構，為台灣地區的兒童福利服務工作奠定一個重要的基石。民國37年1月，台灣省政府為積極推行行政院令頒「民族保育政策綱領」，加強收容教養孤苦無依兒童，於台中另行創設

社會福利行政

「台灣省立台中育幼院」，「台灣省育幼院」同時改制為「台灣省立台北育幼院」，辦理有關孤苦無依兒童的收容教養業務。仍置育嬰、幼稚、小學等三部，民國37年6月開始辦理家庭補助，擴大對貧困兒童的補助。

台灣省立台北育幼院依據台灣省議會的決議，於民國79年1月改名「台灣省立桃園育幼院」，民國79年9月配合政府政策加強推展兒童保護政策，以現有專業保育人員及設施，成立「受虐兒童緊急庇護所」，提供社區內受虐待兒童緊急庇護服務和身心輔導重建工作。開始收容受虐兒童，但仍以孤苦無依的兒童為主。民國88年7月1日中央政府精省，台灣省政府社會處及所屬機構改隸內政部，成立內政部中部辦公室。台灣省立桃園育幼院更名為「內政部北區兒童之家」。

民國90年內政部兒童局積極輔導公私立育幼機構收容轉向之兒童及少年，民國92年開始收容轉向兒童及少年。民國93年12月公布「兒童及少年福利機構設置辦法」與「兒童及少年福利機構專業人員資格及訓練辦法」，規定專業人力比，在社工員、保育員專業人力不足的情況下，僱用臨時社工員、保育員充抵之，現有臨時社工員二人、臨時保育員七人。民國97年開始推動兒童自立生活方案使之及早適應社會生活。民國98年行政院核定內政部所屬兒童之家編制表，秘書改兼行政室主任、增置衛保課課長、對生活照顧工作者改為輔導員、助理員、保育員、書記等職稱。配合行政院組織調整，改隸衛生福利部，機關更名為衛生福利部北區兒童之家。

二、關於組織編制

1. 北區兒童之家：行政院核定編制表員額四十一名，原本稱社會工作課、保育課，改設社會工作科、保育科，置科長，行政輔導員二名改置社會工作員，衛生保健課併入保育科，衛生保健課課長改置行

政室主任，課員改置科員。

2.南區兒童之家：編制人員四十三人、約聘僱人員四人、技工工友八人，合計五十五人。

三、社工做什麼

社工科負責安置業務、個案管理、心理輔導、就學與就業協助、社會聯繫及志願服務等事項。科內有科長、五名社工、二位心理輔導員，保育科也有一名社工員。

業務職掌主要服務：

1.無依兒童及少年。

2.有《兒童及少年福利與權益保障法》第52條第一項第一款或第二款規定，經盡力禁止或盡力矯正而無效果之兒童及少年。

3.有《兒童及少年福利與權益保障法》第56條第一項各款規定情事應予保護、安置者。

4.有《兒童及少年福利與權益保障法》第62條第一項，家庭發生重大變故致無法正常生活於其家庭者。

5.兒童、少年及其家庭有其他依法得申請安置保護之情事者。

6.前項各款之安置須經直轄市、縣（市）主管機關委託安置。

社會福利行政

貳、身障機構

一、南投教養院

(一)關於機構

　　南投啟智教養院前身為「財團法人私立低能兒童教養院」，民國67年9月該教養院因故無法繼續經營，捐給台灣省政府接辦，改名為「省立台中育幼院草屯分院」。71年10月改制為「省立南投啟智教養院」，啟用後之院區占地約2.7公頃。88年7月1日，因省政府組織功能及業務調整改隸內政部，更名為「內政部南投啟智教養院」。

　　民國88年9月21日遭逢台灣中部大地震，該院草屯院址位於車籠埔斷層帶上，院舍嚴重毀損、傾斜、位移、地表開裂，服務對象的安全飽受威脅。經評估後選定南投縣名間鄉番子寮段國有地，並獲行政院921震災災後重建委員會特別預算補助及自由時報報系允諾以921愛心專戶捐款認養部分重建工程，至93年10月28日遷院名間鄉現址，新院區占地約7.6公頃。102年7月23日更名為「衛生福利部南投啟智教養院」。

　　持續提供啟智教育、展能教育訓練、技藝陶冶訓練、作業活動訓練（歡喜兒麵包坊、思源工坊、心苗農場）、支持性就業安置、社區生活訓練、休閒育樂與醫療復健等個別化服務。對象為年滿18歲以上之重度、極重度智能障礙者，提供生活服務、展能訓練、作業活動、技藝陶冶、支持性就業、休閒娛樂活動及醫療保健等服務，以全面提升其生命品質。

(二)關於組織編制

　　設院長、秘書、教保科、社會工作科、保健科、行政室、人事、主計。職員六十六人、約聘僱人員十三人、技工四人、監護工三十二人、駕

駛四人、工友四人、非典型人員六十七，合計一百九十人。

(三)社工做什麼

1.社會工作計畫之擬訂、規劃與執行。

2.辦理服務對象入退院、轉銜工作事項及服務對象死亡喪葬事宜。

3.辦理服務對象個案工作、家庭工作、團體工作及各項服務方案。

4.服務對象基本資料之建立及管理。

5.服務對象之權益促進。

6.服務對象各項活動方案之規劃及執行。

7.志願服務業務之推展及社會資源之結合與運用。

8.社會各界及相關社團之參訪。

9.社會福利諮詢服務。

10.其他有關社會工作事項。

(四)業務人員職掌

1.科長：(1)社會工作計畫之擬訂及規劃；(2)社工實習督導；(3)個案個別化服務及個別化家庭服務事項；(4)諮詢服務及社會資源應用；(5)社工業務之研究發展及考核。

2.社會工作員：(1)服務對象個案工作、家庭工作、團體工作及執行各項服務方案；(2)服務對象各項活動方案之規劃及執行；(3)住宿式照顧契約簽訂、費用申請及綜合業務；(4)志願服務事項；(5)諮詢服務及社會資源盤點運用。

二、台南教養院

最早是日治時期的青年團道場，至民國35年國民政府將之改制為縣

立孤兒院，再於民國65年改制為縣立育幼院與仁愛之家合併。

台灣省政府社會處為加強推展身心障礙福利業務及因應智能障礙者安置教養需求之日益殷切，於70年2月將台南縣立仁愛之家改制成立「台灣省立台南教養院」，為台灣省第一所公立成人智能障礙者教養機構。民國88年7月配合政府組織精簡，改隸內政部所轄，更名為「內政部台南教養院」；復於民國102年7月更名為「衛生福利部台南教養院」。

台南教養院的編制與官等表呈現在**表17-1**，各衛生福利所屬社會福利機構大致如此。

三、雲林教養院

成立於民國37年，原名「台灣省立婦女教養所」，以收容貧苦無依或老弱、身心障礙、遊民、暗娼及受虐婦女等傳授技藝為主；59年遷至雲林縣斗南鎮現址，更名「台灣省立婦女習藝教養所」，並配合省府小康計畫，增辦低收入婦女技藝訓練。

為因應社會急遽變遷，組織與業務歷經數次變革。72年1月更名為「台灣省立雲林女子習藝中心」；78年1月起配合少年福利法之公布施行，辦理違反該法少年之觀察輔導及教育，同年7月起，兼辦18歲以上中、重度、極重度智能障礙婦女收容教養業務，並於80年5月奉准改制為「台灣省立雲林教養院」。86年8月起配合兒童及少年性交易防制條例之施行，辦理違反該條例少女之輔導及教育，復於86年9月依內政部及教育部決議辦理不幸少女多元模式中途學校業務。88年7月改隸內政部，更名為「內政部雲林教養院」；102年7月更名為「衛生福利部雲林教養院」。

表17-1　衛生福利部臺南教養院編制表

中華民國103 年12 月5 日衛生福利部衛部人字第1032261722 號令修正，並自102 年7 月23 日生效

職稱		官等或級別	職等	員額	備考
院長		簡任	第十職等	一	本職稱之官等職等暫列
秘書		薦任	第八職等至第九職等	一	
科長		薦任	第八職等	三	一、本職稱之官等職等暫列 二、保健科科長，必要時得依醫事人員人事條例規定，由師（二）級之相關醫事人員擔任
室主任		薦任	第七職等至第八職等	一	本職稱之官等職等暫列
社會工作員		委任或薦任	第五職等或第六職等至第七職等	五	本職稱之官等職等暫列
輔導員		委任或薦任	第五職等或第六職等至第七職等	三十七	
科員		委任或薦任	第五職等或第六職等至第七職等	二	
護理師		師級		四	列師（三）級
物理治療師					
護士		士（生）級		二	
助理員		委任	第四職等至第五職等	九	內四人得列薦任第六職等
辦事員		委任	第三職等至第五職等	一	
書記		委任	第一職等至第三職等	二	
人事機構	人事管理員	委任至薦任	第五職等至第七職等	一	
	辦事員	委任	第三職等至第五職等	一	
主計機構	主計員	委任至薦任	第五職等至第七職等	一	本職稱之官等職等暫列
	辦事員	委任	第三職等至第五職等	一	
合計				七十二	

附註：

一、　本編制表所列職稱（列師級、士（生）級者除外）、官等職等，應適用「甲、中央機關職務列等表之十三」之規定；該職務列等表修正時亦同。

二、　本編制表自一百零二年七月二十三日生效。

參、少年之家

一、關於機構

37年成立時是習藝所、70年改為仁愛習藝中心、86年起稱為少年之家，102年起改為現在名稱。

二、關於組織編制

設主任、秘書、社工科科長、社工員、生活輔導員。輔導科科長、社工員、心理輔導員、生活輔導員、助理生活輔導員、護理人員。行政室室主任、科員、辦事員、書記、技工工友。主計機構主計員，人事機構人事管理員。

三、社工做什麼

由身心障礙職業訓練機構蛻變為少年福利機構暨合作式中途學校，設有輔導科及社工科，輔導科負責學員生活照顧輔導、心理及行為輔導、衛生保健業務、親職教育服務及返家準備暨專業人員在職訓練等。社工科掌理學員就學與課業輔導、職能培訓、入住評估與安排、志願服務業務、社會資源連結運用及學員追蹤輔導等事宜。

服務對象：

1.依《兒童及少年性剝削防制條例》經法院裁定交付主管機關安置於少年福利機構或中途學校之少年。

2.依《少年事件處理法》由法院裁定交付安置於適當之福利或教養機

構輔導之少年。

3.依《兒童及少年福利與權益保障法》由縣市政府委託安置於本家之少年。

 肆、老人機構

一、彰化老人養護中心

(一)關於機構

　　於78年7月所設立，為國內第一所專事提供失能老人照顧之養護機構，88年7月改隸內政部，102年7月再改隸衛生福利部。服務對象逐步擴大，86年開辦社區獨居老人居家服務，95年3月開辦日間養護及臨時養護服務，同年7月開辦長期照護服務，104年8月再開辦失智照顧服務，成為一所提供多層級連續照顧服務之長期照顧機構。

(二)關於組織編制

　　本中心負責人為主任，下設秘書，再設三科一室二機構，分別為保健科、護理科、社會工作科、行政室、人事機構及主計機構。

(三)社工做什麼

　　長者入住家庭調查及訪視、個案輔導、團體活動規劃及執行、參訪活動聯繫及接待、社會資源開發及運用、社會福利諮詢服務、志願服務推展等。

社會福利行政

二、北區、中區、南區、東區老人之家

以中區老人之家為例:

(一)關於機構

於民國63年7月成立,最初專辦低收入公費老人安養收容,後來陸續開辦自費老人安養、公自費老人養護、公費長期照護、遊民收容及社區照顧等業務,充分發揮機構長期照護的功能,建立連續照護的機制。

(二)關於組織編制

設主任、秘書、人事管理員一人、主計員一人、行政室室主任、科員二人、辦事員一人、書記一人、工友(含技工、駕駛)共十八人。遊民收容科科長、輔導員四人、助理員一人、駐警衛四人。養護科科長、輔導員二人、社會工作員一人、助理員一人、護理師二人、護士一人、約僱護士一人。社會工作科科長、社會工作員二人、約聘社服員一人、約僱事務員一人。

(三)社工做什麼

編擬工作計畫與執行;入院申請之調查訪視與建立與保管院民個案資料;志願服務業務;外界慰問參觀之聯繫協調;推動社會福利社區化與外展服務工作;低收入複查作業;處理緊急救助案件。

遊民收容科掌理事項如下:

1.安老:
　(1)編擬遊民收容科工作計畫與執行。
　(2)安老院民團體生活輔導及活動策劃與執行。

(3)安老院民個案及動態登記蒐集與異動。

(4)安老院民生活情緒、思想、言行之訪查與個案資料蒐集及簽
　　辦。

(5)安老院民膳食之監督與改善。

(6)推行生活教育與蒐集教育資料等。

(7)其他有關安老院民事項。

2.遊民收容：

(1)編擬遊民工作計畫與執行。

(2)遊民入院申請之調查訪視。

(3)建立、管理統計分析遊民個案資料。

(4)遊民個案及動態登記蒐集與異動通報、轉介、出院遊民之追蹤
　　輔導。

(5)建置與維護遊民協尋網站，及遊民身分調查、家屬查尋等後續
　　追蹤與聯繫。

(6)蒐集遊民教育資料與編擬教案及實施教學計畫。

(7)輔導遊民參加社會教育活動。

(8)其他有關遊民收容事項。

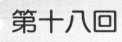

第十八回
基金會及社會安全網

 壹、基金會

一、衛生福利部十大基金會

　　立法院臨時會107年6月通過《財團法人法》，公布後半年實施，將財團法人從《民法》抽出單獨立法規範。所稱財團法人，指以從事公益為目的，由捐助人捐助一定財產，經主管機關許可，並向法院登記之私法人。分「政府捐助」與「民間捐助」兩大類，民間捐助的財團法人採低密度管理，尊重其自治，但也須有會計、稽核等制度，政府捐助的財團法人則採高密度管理。財團法人未經設立登記，不得以財團法人名義對外募集財物、辦理業務，也不能以通謀、詐欺或其他不正當手段，將財產移轉或運用於捐助人或關係人，違者可以處行為人10萬元以上、200萬元以下罰鍰。

　　根據主計總處統計，政府捐助財團法人到2016年為止共有一百六十五個，其中，政府累積捐助金額低於五成者共四十三家，其餘

一百二十二個必須將年度預算送立法院審查。

　　由政府捐助之財團法人在衛生福利體系有十家：國家衛生研究院、醫院評鑑暨醫療品質策進會、器官捐贈移植登錄中心、病理發展基金會、鄒濟勳醫學研究發展基金會、藥害救濟基金會、醫藥品查驗中心、惠眾醫療救濟基金會、賑災基金會及婦女權益促進發展基金會等。這些政府捐助成立財團法人各有其特殊任務或目的，但隨著環境快速變遷，部分任務已達成、設立目的已不復存在或已無營運實益等，卻未建立退場機制；對於性質相同、業務相近者，亦未予以整併，致使政府捐助財團法人繼續存在之正當性與效益性，備受外界質疑。因此立法院通過《財團法人法》，在審查預算時要求加以改進，衛生福利部須將這些財團法人之設置目的、工作計畫、經費運用、財務狀況、營運績效及任務達成等面向之評估報告提送立法院。

　　上述十家中最後兩個基金會偏向社會福利，賑災基金會資本額3,000萬，政府百分之百出資，只捐助一次。婦女權益促進基金會初次捐款3億，然後陸續捐助到10億，政府百分之百出資，基金總數在衛生福利部的基金會排第三。

二、賑災基金會

　　賑災基金會由行政院動支90年度第二預備金支應。基金會捐助章程報經行政院台90內字第053440號函核定，原本內政部為主管機關，102年7月主管機關變更為衛生福利部。董事長由衛生福利部提請行政院核定後指派一人擔任之，近年均由行政院政務委員兼，有十六位董事。另有三位監察人，由行政院選聘財政部、主計總處、審計部代表出任。

　　設立之主要目的以運用社會資源，統合民間力量，協助因天然災害受災地區之賑災為宗旨，希望妥善運用與管理賑災捐款，使受災民眾在各

界愛心關懷之下得以早日度過難關、重建家園。主要業務有：關於災民撫慰、安置、生活、醫療及教育之扶助事項。關於協助失依兒童、少年、老人及身心障礙者之撫育或安（養）護事項，於協助災民住宅重建重購事項。關於重大天然災害賑災、重建相關事項之調查、研究、規劃、活動及記錄、出版等事項。

三、婦女權益促進基金會

為了研議國家利益及整體考量之婦女政策，86年行政院成立「婦女權益促進委員會」，決議以10億元額度成立「行政院國家婦女人身安全基金」，以捐資成立基金會之方式較符合永續發展的原則，並由內政部逐年編列預算挹注。行政院希望藉由基金會的成立，開啟民間與政府對話的視窗，並建構一個婦女資源與資訊交流的中心。

辦理事項包括：(1)婦女權益政策及重大措施；(2)婦女權益相關法令之研議；(3)婦女權益計畫研議事項；(4)重大婦女權益工作之諮詢；(5)婦女權益相關問題之研究；(6)婦女權益措施宣導與人員訓練；婦女國際事務之參與等。

在組織方面，有董事十五至十九人，行政院代表一人，內政部、教育部、法務部、外交部、衛生福利部、勞動部、原住民族委員會之首長，社會專業人士四人至六人和婦女團體代表三人至五人（董事應就行政院性別平等會委員遴聘），由行政院院長聘任。

常務董事五人，由董事互選之，其中董事長為當然之常務董事，由衛生福利部部長擔任。另外有監察人三人，由行政院選聘財政部、主計總處首長及社會公正人士一人共同擔任，掌理基金、存款之稽核，財務狀況之監督，決算表冊之查核事宜。實際運作是正、副執行長，襄助處理會務，由董事長提名，董事會議通過聘任之。執行長是社會及家庭署署長兼

任,副執行長為專任專職,另外視業務需要置工作人員若干人,由執行長提名,董事長核定聘任。

董事會議每三個月召開乙次,如董事長認為有必要或有二分之一以上董事之提議,得召開臨時會議。

董事會之決議,應有過半數董事之出席,以出席董事過半數之同意行之。但下列重要事項之決議應有三分之二以上董事之出席,出席董事三分之二以上之同意,並報請主管機關核准後行之:(1)章程變更之擬議;(2)重大財產及不動產之處分、設定負擔或變更用途;(3)本會之解散或目的之變更。

決算於年度終了後三個月內辦理,並彙整年度績效評估報告,造具下列書表,經董事會議、監察人會議審定後連同會議紀錄送請主管機關核備。書表包括:(1)本會年度業務執行報告書(含績效目標達成情形);(2)決算書;(3)年度經費運用情形概況表;(4)基金收支報告書。

貳、社會安全網

目的是結合政府各部門的力量,建構綿密的安全防護網,扶持社會中的個體於其生活或所處環境出現危機時,保有生存所需的基本能力,進而抵抗並面對各種問題。社會安全網的補強在檢討既有機制的缺漏,透過提升或改善既有體系效能,擴大網絡所涵蓋服務的對象;藉由網絡聯結(linkage)機制的強化,縮小網與網之間的漏洞,以因應社會大眾對於「安全」生活的期盼,共同合作協力(collaboration)推動與執行,從根本減少影響社會安全的各項風險因子。

安全網是近年規模最大的社會福利行政創新計畫,包含了社會福利服務中心、社會救助、保護服務、兒少高風險家庭服務、社工制度、心理

fí

衛生、自殺防治、學校輔導、就業服務及社區治安維護等十項體系，針對體系效能、資源配置、人力資源及配套措施等提出對應策略及改進方法，整體狀況呈現在**圖18-1**。

一、布建社會福利服務中心，整合社會救助與福利服務

目標：對脆弱家庭（指因貧窮、風險與多重問題，造成物質、生理、心理、環境的脆弱性，而需多重支持與服務介入之家庭）服務涵蓋率逐年提升至80%，避免脆弱家庭落入危機家庭（指發生家庭暴力、性侵害、兒少／老人／身心障礙等保護等問題之家庭）。

具體做法：

1.為家庭築起安全防護網：於全國普設154處社會福利服務中心，普

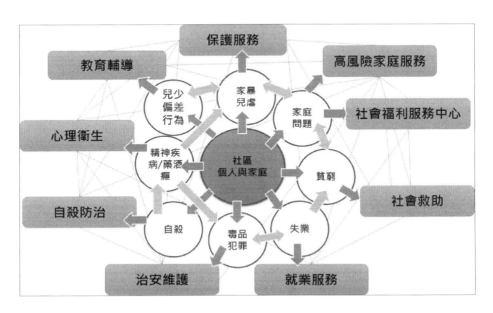

圖18-1　社會安全網跨體系資源連結圖示

203

及社區化服務網絡,對家庭提供及時協助。

2.從扶貧到脫貧自立:強化社福中心提供脆弱家庭服務量能、精進社區脆弱家庭預警機制,以及積極發展脫離貧窮措施。

3.讓社區成為支持家庭的推手:建立因地制宜的社福中心整合服務模式。

二、整合保護性服務與高風險家庭服務

(一)目標

加速處理時效:接獲通報後二十四小時內處理比率從106年的61%提高至100%。降低再發生率:保護性案件結案後再通報率從16%下降至10%。降低受虐兒童少年致死人數:每年受虐兒童少年致死人數逐年較前一年降低10%。提升保護事件開案率:兒少及成人保護開案率每年分別增加10%及5%。

(二)具體做法

1.單一窗口:集中派案中心統一受理各類保護性事件通報,提升通報效率。

2.資訊整合:集中派案中心協助查詢相關服務資訊系統,跨域即時串接家庭風險資訊。

3.快速派案:緊急事件立即派勤;一般事件依案件風險程度及需求分流派案。

4.公私分工:需高度公權力介入案件由公部門處理,低度公權力介入案件由私部門處理。

針對可行性為五種模式(**圖18-2**),由地方政府執行訪視評估及評

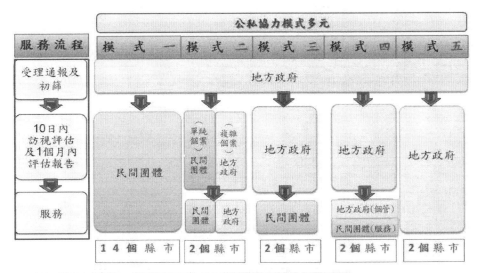

圖18-2　兒少高風險家庭服務公私協力模式圖

估報告，能蒐集更完整家庭資訊，確保開案服務的正確性，後續服務交由民間團體執行。地方政府擔任個管工作，以便適時協助民間團體。

　　案件量大、民間資源較充足的縣市，建議採模式一。案件規模較小、民間資源較不足的縣市，建議採模式二，由公部門主責辦理。惟地方政府人力充足且具服務量能之縣市，可採模式五。

三、整合加害人合併精神疾病與自殺防治服務

(一)目標

　　對加害人合併精神疾病（含自殺企圖）整合性服務涵蓋率逐年上升

至80%。

(二)怎麼做？

1. 降低再犯風險：增聘社工人力，深化加害人（合併精神疾病、自殺企圖）個案服務，以降低暴力再犯及自殺風險。
2. 暴力預防無死角：銜接家暴及性侵害加害人處遇，強化社區監控量能。
3. 提升自殺防治效能：推動多面向自殺防治策略，提升守門人知能，加強高風險個案訪視服務。

(三)建立因地制宜的社會福利服務中心整合服務模式

1. 實體整合模式：政府提供辦公空間協助相關服務單位人力進駐社福中心，以合署辦公的方式就近提供區域內民眾所需的服務，如結合保護性服務、就業服務站、法律諮詢律師等（依區域需求及資源狀況而定）設置。
2. 準實體整合模式：受限於空間或其他條件不足，無法讓相關單位以合署辦公的方式在同一辦公地點（空間）提供服務，政府釋出部分辦公空間給提供立即性服務的資源單位輪流使用的駐點方式。
3. 虛擬整合模式：受限於空間或其他條件不足，以透過虛擬的資訊平台（如透過網路系統交換等方式），將現有區域內需求服務體系整合入社福中心的資源網絡，實際運作，透過個案管理系統，整個運作架構如**圖**18-3。

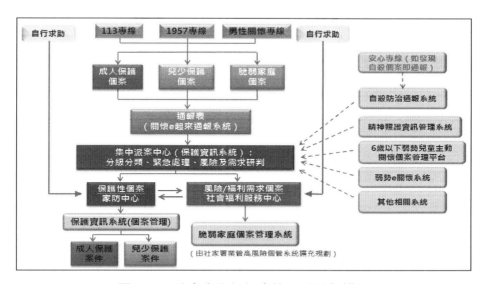

圖18-3　社會安全網個案管理系統架構圖

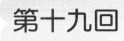

第十九回
與社會福利行政密切相關的中央單位

　　衛生福利部當然是中央政府裡社會福利行政最重要的機關，也是社會行政工作者最主要的服務場域，但社會福利行政絕不僅限於衛生福利部。以下幾個機關之中，也在實踐社會福利的理念，也在推動社會福利行政，都與社會福利業務密切關聯。

 壹、行政院院本部的兩個處

一、內政衛福勞動處

　　行政院院本部有十一個處，大多數對應各部會，其中與社會福利行政關係最密切的是「內政衛福勞動處」，與內政部、衛生福利部、勞動部、原住民委員會有關的業務，由此處做處理。社會行政方面的福利服務、國民年金、社會救助、社會照顧及社區發展等都是該處所協助。

二、性別平等處

　　行政院單獨設立的「性別平等處」負責性別平等基本政策、法案、計畫、工作報告之綜合規劃、協調、審議、宣導、研究發展及督導。性別平等權益促進、性別平等權利保障、性別平等推廣發展、性別主流化等，都是該處主辦，也推動與落實消除對婦女一切形式歧視公約及其施行法國家報告的編纂。還負責行政院性別平等會業務運作、追蹤決議，部會性別平等專案小組及性別聯絡人綜合規劃、協調是該處的業務。

　　行政院性別平等會前身是86年5月成立任務編組的「行政院婦女權益促進委員會」，成立至100年底，歷經八屆委員，共召開三十七次委員會議及五次臨時會議，推動多項婦女政策及計畫措施，如87年決議由內政部捐資成立「財團法人婦女權益促進發展基金會」。101年1月行政院院本部組織改造，為強化推動性別平等工作措施，並呼應國際重視性別平等議題的潮流，於行政院內成立性別平等處，為我國第一個性別平等專責機制，並將「行政院婦女權益促進委員會」擴大為「行政院性別平等會」。由性別平等處擔任性平會幕僚工作，統合跨部會各項性別平等政策，督導中央各部會及地方政府落實性別主流化，使政府整體施政能落實性別平等及納入性別觀點。

　　該會委員二十七人至三十五人，其中一人為召集人，由行政院長擔任，其餘委員包括政務委員一人（兼執行秘書）、相關機關（構）首長十人至十四人、社會專業人士七人至九人、性別及婦女團體代表七人至九人。原則上每四個月召開會議一次，會議由召集人召集並為主席。

　　性平會採三層級議事運作方式，會議類別包含：分工小組會議、分工小組民間召集人會議、專案會議、會前協商會議、委員會議／臨時委員會議及其他相關會議，運作方式如**圖19-1**。

　　進一步說明如下：

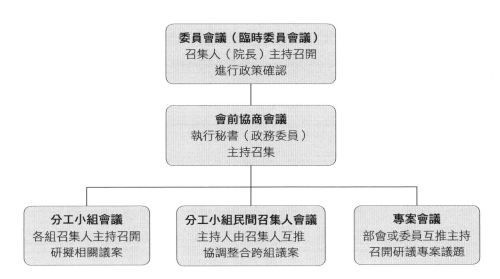

圖19-1　性平會三層級議事運作方式圖

(一)分工小組會議

　　性別平等政策綱領於100年12月19日頒布，有「權力、決策與影響力」、「就業、經濟與福利」、「教育、文化與媒體」、「人身安全與司法」、「健康、醫療與照顧」、「人口、婚姻與家庭」、「環境、能源與科技」等七大核心議題，各分組大致按照核心議題，後來修正為六個分工小組。各辦理秘書業務之單位，由主責之部會指定分工小組秘書單位及相關人員辦理。

　　1.分工小組秘書單位如下：
　　　(1)就業及經濟組：勞動部。
　　　(2)教育、媒體及文化組：教育部。
　　　(3)衛生、福利及家庭組：衛生福利部。

(4)人身安全組：內政部。

(5)國際及公共參與組：外交部。

(6)環境、能源與科技組：科技部。

2.任務：負責分工小組會議幕僚業務及聯繫相關事宜。

分工小組由負責幕僚作業的機關首長或指派副首長以上人員擔任部會召集人，民間委員互推一人為民間召集人，與部會召集人共同召集分工小組會議。成員包括部會委員，如不能親自出席可指派人員代表出席。民間委員得依個人意願選擇二至四個分工小組。分工小組得視議題需要邀請相關部會及民間性別、婦女團體參加。每一個分組都有一位政府部會首長擔任召集人。

(二)分工小組民間召集人會議

1.召集會議：由民間召集人互推一人召集。

2.成員：各分工小組民間召集人，並得視議題需要邀請其他委員及部會參加。

3.工作內容：協調整合及追蹤跨組性質之提案。

4.幕僚工作：由性平處負責。

(三)專案會議

1.召集會議：

(1)性平處或各部會為了執行性平會相關決議事項及推展業務需要，召集專案會議，並邀請委員參與提供意見。

(2)經性平會相關會議決議組成專案小組，互推委員及相關機關組成。

2.成員：由委員互推，並由主責機關邀請相關部會代表參加。

3.任務：討論、追蹤及研議專案議題。

4.幕僚工作：由主責之機關指派單位或人員擔任。

(四)會前協商會議

1.召集會議：由性平會執行秘書（政務委員）召集，執行秘書因故不能主持會議時，由分工小組民間召集人互推一人代理。

2.成員：全體委員，部會委員因故不能親自出席會議，應派熟悉業務之高階主管代表出席。

3.開會時間：於每次委員會議前一個月召開為原則。

4.工作內容：追蹤前次委員會、會前協商會決議事項各相關部會執行情形，討論各分工小組提出的報告事項、討論提案等相關資料。

5.幕僚工作：由性平處負責。

(五)委員會議

1.召集會議：由性平會召集人召開及主持會議，邀請全體委員及相關部會出席。

2.成員：全體委員。

3.開會時間：原則上每四個月開會一次。

4.工作內容：就會前協商會議已協調完成並具有共識之重要政策及方案作最後政策確認。

5.幕僚工作：由性平處負責。

 貳、內政部的兩個單位

一、移民署

設入出國事務組、移民事務組、國際及執法事務組、移民資訊組四個組，秘書室、人事室、主計室及政風室四個室，北區事務、中區事務、南區事務及國境事務大隊四個大隊。其中與社會行政比較相關的是負責移民政策之規劃及推動的移民事務組。該組的任務還有：(1)移民政策相關法規制（訂）定、修正、解釋之研擬及執行；(2)移民輔導、服務之規劃及督導；移民人權保障之規劃、協調及執行；(3)外籍與大陸配偶家庭服務之規劃、協調及督導；(4)人口販運防制之規劃、協調及執行；(5)跨國（境）婚姻媒合管理之規劃、協調及督導；(6)大陸地區人民、香港或澳門居民、台灣地區無戶籍國民與外國人居留、永久居留或定居之規劃及協調；(7)移民業務機構許可、管理之規劃、協調、督導及移民專業人員之訓練；(8)大陸地區人民定居、專案許可長期居留、香港或澳門居民與台灣地區無戶籍國民定居及外國人永久居留之許可。

該署是「行政院新住民事務協調會報」的承辦單位，該會報置委員二十九人至三十一人，學者專家或社會團體代表八人至十人，任期二年。第一屆由院長召集，在民進黨2016年執政後，第二屆以後的召集人由政務委員兼任，幕僚作業由內政部辦理，並置執行秘書一人，由內政部移民署署長兼任；所需工作人員，由內政部派兼之。會報以每六個月開會一次為原則，會議由召集人擔任主席，必要時得由院長擔任主席。

台灣婚姻移民包含大陸、港澳人民與東南亞、日韓及歐美等外籍人士，愈來愈多，為使新住民家庭成為台灣社會新力量，尤其對新住民二代的培力有助於未來開發東南亞國協市場，可拓展青年國際就業視野，提

升競爭力。面對人口結構的變化，尤其因婚姻而移入的新住民持續穩定成長，為台灣社會注入新元素，隨著二代子女的成長，也為國家帶來新資產，新住民事務協調會報負責新住民事務相關政策之規劃、諮詢、協調及整合，新住民事務相關措施之執行、督導及推動。

　　為協助外籍與大陸配偶適應我國生活，並善用其多元文化優勢提升我國競爭力，該署透過跨部會合作推動「新住民照顧服務措施」，進行生活適應輔導、醫療優生保健、保障就業權益、提升教育文化、協助子女教養、人身安全保護、健全法令制度及落實觀念宣導等重點工作，並補助各地方政府辦理生活適應輔導實施計畫，鼓勵其在台共同生活的親屬參與；運用「新住民發展基金」補助公、私部門辦理外籍與大陸配偶照顧輔導服務；建立「通譯人才資料庫」，減少在台外籍人士因語言溝通造成隔閡，保障其權益；設置「外來人士在台生活諮詢服務熱線」；製作新住民輔導及多元文化宣導影片、新住民幸福家庭生活短片、多元文化美食等活動，以宣導建構友善多元文化環境；辦理新住民及其子女培力與獎助學金計畫、新住民二代培力及編印新住民母語教材等；結合各地服務站辦理初入境關懷服務、家庭教育課程、行動服務列車方案及建置關懷網絡等。

二、合作及人民團體司籌備處

　　自102年7月23日以後，社會福利行政業務劃歸衛生福利部主管，原社會司所屬社會團體科、職業團體科、合作行政管理科、合作事業輔導科等，按照行政院決議，暫時成立「合作及人民團體司籌備處」因應。持續秉持落實政府「低度管理、團體高度自治」之施政精神，繼續推動相關法規研修、建置雲端系統等政策。

　　合作及人民團體司籌備處設四科一組，各科、組掌理事項如下：

 **社會**福利行政

1. 社會團體科：關於人民團體法相關法規之研修及解釋、社會團體輔導制度之規劃、推行、指導及監督事項、全國性社會團體之輔導管理、社會團體資訊系統之規劃建置、各社會團體補助經費、查核及評鑑等事項。

2. 職業團體科：關於職業團體相關法規之研修及解釋、職業團體輔導制度之規劃、推行、指導及監督事項、全國性及省級職業團體之輔導管理、全國性職業團體評鑑表揚、辦理工商及自由職業團體聯繫會報、辦理各級人民團體主管機關輔導人員研討會、全國性職業團體資料異動更新與資訊系統建立等事項。

3. 合作行政管理科：關於合作事業政策之規劃、合作法令之擬（修）訂、合作事業獎助規劃、合作事業組織及實務人員之考核獎懲、合作社場之登記與稽查、合作事業宣導、資訊管理系統之建置與管理、辦理國際合作節慶祝活動等事項，另兼辦綜合規劃、管考、預（概）算及決算之彙編暨國會聯繫等事項。

4. 合作事業輔導科：關於儲蓄互助社法制事項、合作事業（農業、工業、消費、保險合作社及儲蓄互助社）之輔導政策規劃與執行、籌組輔導、協調目的事業主管機關、建立合作事業體系、促進社間合作、強化聯合社功能、促進國際合作交流、合作事業教育訓練與經營管理人才培訓等事項。

參、勞動部

　　勞動部的成立比衛生福利部晚了半年多，103年1月，立法院通過《勞動部組織法》、《勞動部勞工保險局組織法》、《勞動部勞動力發展署組織法》、《勞動部勞動基金運用局組織法》、《勞動部職業安全衛生

署組織法》與《勞動部勞動及職業安全衛生研究所組織法》。2月17日，行政院勞工委員會改制升格為「勞動部」。

　　勞動部為全國勞動業務的主管機關，掌理勞動政策規劃、國際勞動事務之合作及研擬；勞動關係制度之規劃及勞動關係事務之處理；勞工保險、退休、福祉之規劃、管理及監督；勞動基準與就業平等制度之規劃及監督；職業安全衛生與勞動檢查政策規劃及業務推動之監督；勞動力供需預測、規劃與勞動力發展及運用之監督；勞動法律事務之處理與相關法規之制（訂）定、修正、廢止及解釋；勞動統計之規劃、彙整、分析及管理；勞動與職業安全衛生之調查及研究等勞動事項。

　　勞動部設有六個業務單位、六個輔助單位、五個次級機關（構）及六個四級機關（構）。業務單位為綜合規劃司、勞動關係司、勞動條件及就業平等司、勞動福祉退休司、勞動保險司、勞動法務司。其中與社工最有關的是勞動福祉退休司，職掌以「提升職場勞工福利」及「落實勞工退休生活保障」兩大面向為主軸。透過強化職工福利，輔導企業辦理托兒服務、員工協助方案，鼓勵企業建立員工工作與生活平衡機制。適時檢視勞工退休制度，監理退休基金運用績效，以保障勞工退休生活。

　　該部次級機關及其業務如下：

1. 勞工保險局：執行勞工保險、就業保險、積欠工資墊償及勞工退休金收支等事項。組織龐大，局內有八個組，各地有二十四個辦事處。

2. 勞動力發展署：執行職業訓練、技能檢定、就業服務、技能競賽與跨國勞動力聘僱許可及管理等勞動力發展運用相關事項，統籌相關政策之規劃。組織龐大，設有技能檢定中心、高屏澎東分署、雲嘉南分署、中彰投分署、桃竹苗分署、北基宜花金馬分署。

3. 勞動基金運用局：統籌管理該部各類基金運用等事項。

4.職業安全衛生署：統籌政策規劃並執行職業安全衛生、勞工健康、職業病防治、職業災害勞工保護、職業安全衛生與勞動條件檢查及監督等事項。

 肆、國軍退除役官兵輔導委員會

　　退輔會聘用了許多社會工作者，也是社會福利行政的重要服務機關。政府為了照顧退除役官兵設立退輔會，有綜合規劃處、服務照顧處、就養養護處、就學就業處、就醫保健處、事業管理處、退除給付處等七個業務處。社會工作者主要在就養養護處服務。

　　該會所屬機構包括三級機構：醫療機構三所（榮民總醫院）、四級機構：服務機構十九所（榮民服務處）、安養機構十六所（榮譽國民之家）、訓練機構、醫療機構十二所（榮總分院）、農林機構六所、勞務機構、工業機構、工程機構等。

　　在安養機構方面，以彰化榮民之家為例，全名是「行政院國軍退除役官兵輔導委員會彰化榮譽國民之家」。前身為空軍田中療養分院，於民國62年11月改制為彰化榮譽國民之家，隸屬於台灣省政府，民國70年7月改隸行政院國軍退除役官兵輔導委員會管轄。榮譽國民之家置主任、副主任各一人，下轄輔導組、保健組、秘書室、人事室、政風室、主計室。社工在輔導組的任務是服務照顧、遺產處理、大陸探親、榮民報到。

 伍、行政院原住民委員會

　　85年11月，立法院審議通過「行政院原住民委員會組織條例」，行

政院12月10日正式成立「行政院原住民委員會」，專責統籌規劃原住民事務。91年1月，立法院審議通過組織條例部分條文修正案，機關名稱於同年3月25日正式更改為「行政院原住民族委員會」，企劃處更改為「綜合規劃處」，衛生福利處更改為「社會福利處」，經濟及公共建設處調整變更為「經濟發展處」及「公共建設處」二處，另增設政風室，合計有六個業務單位、四個輔助單位、一個任務編組。

　　社會福利處掌理事項包括與原住民有關的各事項：(1)健康促進、社會福利、工作權保障政策與法規之規劃、協調及審議；(2)健康促進、全民健保、國民年金與長期照護之協調及審議；(3)工作權保障之推動、協調、審議及督導；(4)就業代金之查核及徵收；(5)就業基金之規劃、管理及輔導；(6)職業訓練及就業促進之協調及審議；(7)急難救助及法律服務之協調及審議；(8)社會福利服務之協調及審議；(9)人民團體之聯繫及服務等。

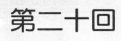

第二十回

六都的社會局

 ## 壹、地方政府在社會福利行政中的特殊性

　　地方政府靠近民眾，在現代政府組織之中，扮演愈來愈重要的角色，大多數的社會福利行政的工作人員在地方政府裡服務。地方政府的特殊功能包括[1]：

1. 減輕中央政府負擔，適應地方特殊環境：一個國家的政務相當複雜，加上各地風俗習慣、地理環境及政治情勢等不盡相同，單靠中央政府運作，欠缺周延性。為求適應地方特殊環境且讓政策實施完整落實，設置地方政府有其必要性。

2. 奠定施政基礎，保障人民權益：地方政府與當地人民生活息息相關，唯有地方政府得以滿足在地人民所需，為落實服務在地化，地方政府負有保障在地人民權益保障之角色。

3. 促進民主實現，培養民主政治人才：民主與自治實為一體兩面，推行自治制度，可促進民主政治，地方政府是推行民主制度的基礎。

4. 發展地方經濟，解決民生問題：地方政府本身負有經濟上的任務，

社會福利行政

解決人民民生問題亦是其主要職權。

地方政府為政策及福利服務輸送的基礎所在，中央制定社會福利政策及相關法規，地方政府再視當地人口特性及民情制定相關之辦法，加以落實。行政措施一方面透過在地化服務，保障在地人民的權益；另一方面以地域的近便性解決基層的民生問題。

地方政府承中央政府之命辦理地方社會福利事務。在直轄市由社會局、縣（市）政府由社會處職掌。地方政府，包括六個直轄市（簡稱六都）、十九個縣、三個市，本回合先介紹六都。六都之中，高雄市的社會福利行政表現一直名列前茅，近年台中市與台北市都不錯。106年度中央對直轄市政府執行社會福利績效考核成績，最好的是台北市，其次是台中市。因此將這兩個直轄市的社會福利行政架構扼要說明如下，先說明人力，再解釋經費。

貳、台北市社會局

一、組織及人力

包含局長、副局長（二人）、主任秘書、專門委員（二人），在這幾位核心主管身邊，還有秘書（二人）、科員、聘用研究員（二人）、社會工作督導（五人）等。

各單位職掌（預算員額數）如下：

1.人民團體科（預算員額：二十四人）：社會團體、工商業及自由職業團體、合作社、社區發展協會及社會福利相關基金會等會務輔導事項。

2.社會救助科（預算員額：七十六人）：弱勢市民生活扶助、醫療補助、急難救助、災害救助、國民年金保險補助、以工代賑、平價住宅管理及居民輔導等事項。

3.身心障礙者福利科（預算員額：九十六人）：身心障礙者有關之權益維護、福利服務與相關機構之監督及輔導等事項。

4.老人福利科（預算員額：七十人）：老人有關之權益維護、福利服務與相關機構之監督及輔導等事項。

5.婦女福利及兒童托育科（預算員額：八十二人）：婦女有關之權益維護、福利服務、性別平權倡導與相關機構之監督及輔導；育兒津貼、兒童托育業務與相關人員、機構之監督及輔導等事項。

6.兒童及少年福利科（預算員額：二十八人）：兒童及少年有關之權益維護、福利服務及相關機構之監督與輔導等事項。

7.綜合企劃科（預算員額：二十一人）：社會福利政策、制度、施政計畫之規劃整合與研究發展、社會福利用地需求評估與開發規劃及社會福利有關基金之管理等事項。

8.社會工作科（預算員額：一百六十人）：社會工作直接服務、遊民輔導庇護、社會工作專業發展、社會工作師管理及志願服務等事項。

由此看出聘僱人數的前三位是：社會工作科、身心障礙者福利科、婦女福利及兒童托育科。

另外有：

1.資訊室（預算員額：十一人）：負責社政資訊系統之規劃、設計、維護及管理等事項。

2.秘書室（預算員額：五十人）：文書、檔案、出納、總務、財產之管理，研考業務及不屬於其他各單位事項。

社會福利行政

3.會計室（預算員額：二十人）：置會計主任、專員、股長、科員、
辦事員及書記，依法辦理歲計、會計及統計事項。

4.人事室（預算員額：十一人）：置主任、專員、股長、科員及助理
員，依法辦理人事管理事項。

5.政風室（預算員額：八人）：置主任、專員、股長、科員及助理
員，依法辦理政風相關業務。

6.附設的老人自費安養中心（預算員額：五十三人）：提供進住中心
老人生活照顧、文康活動、健康指導及相關專業服務等事項。

7.遊民收容中心，辦理遊民庇護工作，置主任一人，所需人員在本局
總員額內調兼。

8.其他單位：陽明教養院、浩然敬老院及家庭暴力暨性侵害防治中
心。

二、經費

六都的預算遠多於其他縣市的預算，以台北市為例，106年歲出
預算編列14,620,686,136元，追加預算2,233,247,097元，動支第二預
備金140,286,255元及扣除所屬機關動支第一預備金1,266,594元，共
計16,992,952,894元。執行結果，決算數15,597,521,075元，占預算數
91.79%，賸餘數1,395,431,819元。

108年度繼續成長，歲出部分共列17,992,637,000元，其中經常門預算
16,840,006,000元、資本門預算1,152,631,000元。重點包括：

1.一般行政業務計列633,022,000元，包括人事費603,487,000元、業務
費25,891,000元、獎補助費3,644,000元。

2.人民團體輔導、經濟安全及平宅服務、身心障礙福利、老人福利、
婦女福利及兒童托育、兒童及少年福利、綜合企劃、社會工作、老

人自費安養及社會保險等業務，計16,279,784,000元，包括業務費843,529,000元、獎補助費15,436,255,000元。

3.建築及設備業務計列822,831,000元，包括營建工程807,276,000元、交通及運輸設備70,000元、其他設備15,485,000元。

4.作業基金計列250,000,000元，投資台北市社會福利發展基金。

5.第一預備金計列7,000,000元。

　　整體來看，一百七十多億的預算之中，人事費六億多元、建築八億多元，各項業務一百六十億元以上。

　　比較特殊的是台北市有專門的「社會福利發展基金」，有助於社會福利的推動。該基金的資金來源包括：社會福利設施（含土地及建物）之權利金及租金等、社會福利用地開發所生之權利金及租金等、市政府循預算程序撥充之款項、對外舉借之款項、本基金孳息等收入。基金之資金應專款專用，用途包括：(1)自償性社會福利設施、設備之興建、購置、租用及修建等；(2)因執行社會福利用地開發案所衍生之安置費用；(3)推動老人、失能者、弱勢市民照顧所需之不動產信託及有關專案等；(4)有關社會福利機構公設民營之研發及推廣等事項；(5)償還對外舉借款項之本息；(6)運作所需之行政管理、事務設備及人事等相關費用之支出等。基金置執行秘書一人，幹事三人，由社會局指派有關單位人員兼任，並聘請約聘僱工作人員若干人，專職辦理本基金業務。

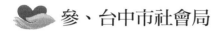

參、台中市社會局

一、人力及編制

　　組織編制及員額呈現在**表20-1**。包括：局長、副局長、主任秘書、

社會福利行政

表20-1　台中市政府社會局編表

職稱		官等	職等	員額	備考
局長				一	比照簡任第十三職等，為地方制度法所定
副局長		簡任	第十一職等	二	
主任秘書		簡任	第十職等	一	
專門委員		簡任	第十職等	二	
科長		薦任	第九職等	八	
主任		薦任	第九職等	一	
秘書		薦任	第八職等至第九職等	一	
專員		薦任	第八職等至第九職等	三	
社會工作督導		薦任	第八職等至第九職等	五	本職稱之官等職等暫列
技正		薦任	第八職等至第九職等	一	
股長		薦任	第八職等	十七	
高級社會工作師		薦任	第七職等至第八職等	十四	本職稱之官等職等暫列
社會工作師		薦任	第六職等至第七職等	八十五	本職稱之官等職等暫列
管理師			五／六／七職等	一	
科員			五／六／七職等	二十七	
社會工作師			五／六／七職等	一	
技士		委任或薦任	五／六／七職等	一	
助理員		委任或薦任	第四職等至第五職等	六	
技佐		委任或薦任	第四職等至第五職等	一	
辦事員		委任或薦任	第三職等至第五職等	六	
書記		委任	第一職等至第三職等	三	
人事室	主任	委任	第九職等	一	
	科員	委任	五／六／七職等	三	
	助理員	委任	第四職等至第五職等	一	
會計室	主任	薦任	第九職等	一	
	科員	委任或薦任	五／六／七職等	三	
	佐理員	委任	第四職等至第五職等	一	
政風室	主任	薦任	第九職等	一	
	科員	委任或薦任	五／六／七職等	一	
合計				一九九	

專門委員、人民團體科、社會救助科、身心障礙福利科、長青福利科、婦女福利及性別平等科、兒少福利科、社會工作科、綜合企劃科、秘書室、人事室、會計室、政風室；所屬機關包括：家庭暴力及性侵害防治中心、仁愛之家。

　　每一科大致有一位科長、一位專員、兩位股長，以及各工作人員。以社會救助科為例，該科的主要業務有：低收入戶及中低收入戶業務、急難救助及馬上關懷業務、災害救助業務、遊民輔導業務、社會救助金業務、國民年金業務、社福慈善財團法人業務、食物銀行業務、全民防衛動員業務、以工代賑及短期促進就業業務、弱勢家戶脫貧方案等。

二、經費

1.歲入部分：歲入預算數1,864,430千元，其中罰款及賠償收入2,015千元，規費收入15,348千元，財產收入1,383千元，補助及協助收入1,682,936千元，其他收入162,748千元。

2.歲出部分：歲出預算數10,892,563千元，依經資門分：

(1)經常門預算數10,633,264千元（占97.62%），包括：人事費509,098千元，業務費537,283千元，獎補助費9,578,883千元；第一預備金8,000千元。其中社會保險703,000千元、社會救濟1,703,968千元、行政管理352,848千元、社會福利7,447,625千元，老人安養79,029千元，家庭暴力及性侵害防治工作87,785千元，兒童及少年保護服務251,009千元，及第一預備金8,000千元。

(2)資本門預算數259,299千元（占2.38%），包括：設備及投資249,046千元，獎補助費10,253千元。其中行政管理預算數944千元，一般建築及設備預算數258,355千元。

 社會福利行政

　　107年度第一次追加減預算追加歲入363,400千元，歲出570,085千元。

　　108年度公益彩券盈餘分配基金預算書基金來源：1,250,828千元，其中徵收及依法分配收入1,248,879千元，財產收入1,949千元。

三、基金用途

1. 社會福利支出計畫1,389,715千元，包括：用人費用130千元，服務費用611,232千元，材料及用品費3,720千元，租金、償債與利息1,100千元，會費、捐助、補助、分攤、照護、救濟與交流活動費773,533千元。
2. 一般行政管理計畫29,792千元，包括：用人費用8,170千元，服務費用20,841千元，材料及用品費781千元。
3. 一般建築及設備計畫34,237千元，包括：購置固定資產、無形資產及非理財目的之投資19,597千元，會費、捐助、補助、分攤、照護、救濟與交流活動費14,640千元。

106年決算歲出部分：

1. 社會保險—社會保險：預算數703,000,000元，決算數678,071,302元，執行率96.45%。
2. 社會救濟—社會救濟：預算數1,888,168,000元，決算數1,712,387,016元，執行率90.69%。
3. 一般行政—行政管理：預算數189,549,645元，決算數173,457,027元，執行率91.51%。
4. 社政業務—社會福利：預算數8,550,767,000元，決算數7,886,161,532元，執行率92.23%。

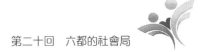

5.一般建築及設備──一般建築及設備：預算數166,592,572元，決算數147,801,679元，執行率88.72%。

6.公務人員退休給付──公務人員退休給付：奉撥實付10,812,208元。

7.公務人員各項補助──公務人員各項補助：奉撥實付1,490,790元。

8.災害準備金──災害準備金：奉撥1,578,839元。

註　釋

1　薄慶玖（2001）。《地方政府與自治》。台北：五南。

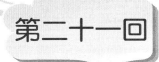

第二十一回

社會局裡的中心

 ## 壹、各地社會局的各服務中心

以監察院102年的報告來看，各地單一功能性之服務中心包括二十九個兒童及少年福利服務中心、四十一個婦女福利服務中心、三十二個原住民家庭服務中心、四十個老人福利服務中心、二十一個身心障礙者福利服務中心、二十六個社會福利服務中心、二十個新移民家庭服務中心、三十八個單親家庭服務中心、三十五個家庭福利（支持）服務中心及十七個其他類型中心，約三百個[1]。近年來，各類型中心快速增加。

106年1月時全國計有一百一十二處家庭（社會）福利服務中心，其中六個直轄市共設置六十九處家庭（社會）福利服務中心。到當年底，台中市又新設了五處中心，高雄市新設了五處。

地方政府所設的社會福利中心林林總總，主要按照福利對象來區分。名稱不一，辦理方式不一。六都的婦女福利服務輸送組織名稱多不相同；包含「婦女中心」、「婦女樂活館」、「婦女福利服務中心」、「婦女服務中心」、「婦女館」、「婦幼館」等六種名稱，營運方式公辦公營有十

家；公辦民營有六家。六都的兒少福利服務輸送組織更多元；名稱有「少
年福利服務中心」、「少年服務中心」、「青少年福利服務中心」、「青
少年中心」、「青少年活動中心」、「兒童青少年福利服務中心」、「兒
童福利服務中心」、「兒童服務中心」等多達十種以上的命名，其營運方
式除前述公辦公營、公辦民營之外；還有私立機構自營的。

以台中市來看，整理**表21-1**。

台中市社會局所屬機關則包括家庭暴力及性侵害防治中心、仁愛之
家，均依法設立。有關地方行政機關設機關則規定有準則：「地方行政機
關依下列規定，分層級設機關：一、直轄市政府所屬機關以分二層級為
限，其名稱如下：(一)局、處、委員會：一級機關用之。處限於輔助兼具
業務性質之機關用之。(二)處、大隊、所、中心：二級機關用之。」所以
不能隨意設置。以台中市政府來看，社會局是一級機關，家庭暴力及性侵
害防治中心、仁愛之家是二級機關。業務最廣泛，聘用社會工作人數最多
的是家庭福利服務中心，依序介紹各單位。

貳、家庭暴力及性侵害防治中心

設有主任一人，下設綜合規劃組、兒童少年保護組、成人保護組、
性侵害保護扶助組、暴力防治組、醫療扶助組、教育輔導組等，分別掌理
下列事項：

1.綜合規劃組：
　(1)規劃工作計畫。
　(2)辦理社工（督導）員教育訓練及督導計畫之發展與規劃。
　(3)辦理各項業務宣導、研究、資訊管理及綜合管考、文書、總務
　　　等。

表21-1　台中市各類福利服務中心的服務對象、數量及辦理方式

	福利對象別	中心名稱	數量	辦理方式
1	身心障礙者	身心障礙綜合福利服務中心	1	公設公營
		生涯轉銜通報中心	1	公設公營
2		輔具資源中心	2	委託辦理
3		社區資源中心	6	委託辦理
4		各區居家服務支援中心	14	委託辦理
5	嬰兒	托嬰中心	1	委託辦理
6		托育資源中心	5	委託辦理
7	兒童	兒童發展通報中心	1	委託辦理
8		兒童發展社區資源中心	6	委託辦理
9		兒童發展啟蒙資源中心	1	委託辦理
10		兒童福利服務中心	1	公設公營
11		兒童青少年福利服務中心	1	公設公營
12	青少年	青少年福利服務中心	1	委託辦理
13	老人	老人福利服務中心	1	委託辦理
14		長青學苑	25	委託辦理
15		失能老人居家服務支援中心	14	委託辦理
16	失能者	長期照顧管理中心	1	衛生局公設公營
17	婦女	婦女福利服務中心	5	委託辦理
18		大甲婦女福利服務中心	1	公辦公營
19	新移民	新移民家庭服務中心（十五個據點）	4	委託辦理
20	單親	家庭福利服務中心（向晴／葫蘆墩）	2	公設民營
21	家庭福利服務中心		14	公設公營
22	志願服務推廣中心		1	委託辦理
23	家庭教育中心		1	教育局公設公營
	小計		111	

資料來源：作者根據陳范青（2016）。《以CORPS模式分析台中市及高雄市社會局第一線的福利服務組織與人力配置》。東海大學社會工作學系碩士論文計畫書。

(4)性騷擾防治業務。

2.兒童及少年保護組：

(1)辦理兒童少年個案危機處遇、調查、評估、個案管理及相關服務事項。

(2)規劃及推展兒童少年保護服務方案。

3.成人保護組：

(1)成人保護個案危機處遇、調查、評估、個案管理及相關服務事項。

(2)規劃及推展家庭暴力相關服務方案。

4.性侵害保護扶助組：

(1)性侵害保護個案危機處遇、調查、評估、個案管理及相關服務事項。

(2)規劃及推展性侵害防治及性剝削相關服務方案。

5.專線及調查組：辦理保護專線之受理通報、派案、追蹤聯繫、資料庫建檔及個案調查。

6.暴力防治組：協助辦理二十四小時緊急救援、危機處遇、保護令申請及執行、加害人追蹤、檔案證物管理及暴力防治教育訓練等事項。

7.醫療扶助組：協助辦理二十四小時緊急診療、驗傷、採證等事項，並協調衛生局整合被害人診療、身心復健資源網絡、加害人身心治療服務及教育訓練等事項。

8.教育輔導組：協助督導公私立各級學校及幼稚園針對疑似家庭暴力及性侵害案件之通報、對遭受家庭暴力及性侵害兒童少年入轉學之協助、教師輔導研習及學生防治宣導辦理等事項。

9.人事管理員：依法辦理人事管理事項。

10.會計員：依法辦理歲計、會計及統計事項。

參、仁愛之家

　　設立於63年，原名為台中市立綜合救濟院。66年更名為台中市立仁愛之家，專責收容孤苦無依、乏人奉養之低收入老人。近年為改善仁愛之家的內部空間，台中市府規劃從市庫與公彩基金中，自籌4億6,010萬餘元興建面積1,342.7坪、地上二至四層樓的多功能大樓，也申請衛生福利部前瞻基礎建設8,100萬元補助。結合機構、家庭與社區功能，讓長輩學習也能獲得多元照顧。

　　該大樓落成後將可擴大服務範圍與對象，除原本安養、養護、日間照護外，更提供擴大專業服務對象，包含長期照顧、安寧照顧，並發展失智照顧專區，營造多層次、連續性的照護團隊，也提供長照人力培訓實務場域，呼應未來長照發展人力需求。這個台中市唯一公立辦的老人養護社群，過去與外界較為隔離，現在結合社區力量讓仁愛之家透過社區力量強化健康促進及活躍老化，長輩們依身體情況獲得多層次與連續性的照顧，避免因身體情況改變被迫在養護之家、醫院或家裡奔波辛勞。

　　仁愛之家除興建新多功能大樓外，也活化與修繕舊園區，提供社區初期預防為基礎，並規劃單人臨時性住宿、社區預防性照護之牙醫診療中心、復健中心、失智家屬喘息空間及家庭照顧者支持服務據點等在地社區服務方案，未來整體園區照顧人數提高至四百二十位左右。

　　仁愛之家分成輔導、總務、保健三組：輔導組主責院民生活照顧、關懷輔導及休閒育樂。總務組掌理文書、印信、採購、出納、修繕等事宜。保健組則負責院民醫療保健、院民急重症住院、衛生教育宣導及膳食給養。

　　社工通常編制在輔導組，正式編制的社會工作師二名、社會工作員一名、組員二名，連同輔導組組長，占正式編制的三分之一。

這些社工的重要工作職掌如下：

1. 養護型院民生活輔導（含紀律委員會、村民會議）等事宜。
2. 院民村長、福利委員會及膳食委員會委員選舉與會議。
3. 每季院民生活座談會、評鑑綜合窗口、社會資源建檔與聯繫（含院外團體訪視接待）、失能暨身障托育養護費用請領、與社會局公費安置簽訂契約、長期住院或安置護理之家院民訪視、辦理殘病老人寄養採購案及相關業務。
4. 隔代融合服務規劃與執行、協助規劃與執行。
5. 公、自費院民候床窗口、入家諮詢、公費訪視。
6. 自治幹部及熱心院民表揚。
7. 志工輔導（招募、研習、管理）。
8. 辦理院民慶生會及生日禮金發放。
9. 懇親會活動（結合母親節及聖誕節）及家屬滿意度問卷調查。
10. 中秋節、端午節、重陽節活動、除夕歲末聯歡活動、統籌獨老寶貝生日關懷活動。
11. 三節慰問金造冊。

肆、家庭福利服務中心

衛生福利部社會及家庭署《家庭福利服務中心工作指引手冊》說明家庭福利服務中心源自於民國93年10月18日行政院社會福利推動委員會通過「家庭政策」，有五大政策目標，其中於「預防並協助家庭解決家庭成員的問題」此項目標中，主張「建立以社區（或區域）為範圍的家庭支持（服務）中心，預防與協助處理家庭危機」，家庭福利服務中心一詞由此

而產生。該計畫期待「依各地區特色與需求之不同，建立以『家庭』為中心、適合在地環境的服務模式，提供近便性、連續性、多元化及整合性的福利服務」；建置家庭福利服務的單一窗口、統籌並充實地方社工專業人力提供服務，也建立區域網絡並整合資源以提供整合性的服務。

　　在家庭福利服務中心此在地化福利服務送組織中，服務人力的組成及來源非單一化，人力多元。在負責人方面，應該具備社會工作督導（薦任八至九職等）或高級社工師（薦任七至八職等）的資格，另以公職社工師（薦任六至七職等）及社會工作員（委任五職等）為主力，再配上約聘僱人員、勞務委託人力、以工代賑人員、工讀生及志願工作者等。

　　政府考量現行各地方政府設置之家庭支持中心配置的區域分布、服務據點密度、服務人口比、組織架構、專業人力需求、經費規劃及社區特性等，未盡相同。又依各地方政府規劃所屬中心之服務取向各有差異，服務模式與工作目標或辦理綜合性福利服務、高風險及保護性服務，因此提供兒少預防性服務、支持性服務等不同取向。此外，家庭支持中心的營運方式多元，採地方政府自行辦理、委託民間團體辦理及公私協營辦理等不同模式營運。目前國內推展之家庭支持系統服務模式呈現多種不同樣貌[2]。

　　在兒童及少年家庭支持服務中心競爭型計畫（101-103年）結束後，社會及家庭署另訂定「家庭支持服務系統建置規劃方案──優先結合單親家庭服務中心」，鼓勵單親中心轉型，逐步整合資源體系。期間委託辦理「結合單親家庭服務中心推展家庭支持服務系統建置──團隊輔導計畫」，以專案輔導方式協助單親中心轉型。104年目標補助至少八處原有中心、十二處新設中心（含六處單親中心轉型），也規劃每年補助四至五處新設置中心，逐年擴充中心設置數及普及度，最終達全國普及之目標。

　　福利服務輸送過程中的有效指標包含下列概念：

1. 可近性：指有需要的案主接近福利服務（得知資訊）的能力。
2. 可及性：指該項服務是存在的，可以馬上滿足需求。
3. 方便性：指有需要的案主容易取得福利服務。
4. 權責性：指中央與地方、政府與民間的權責要清楚、明確，是縱向的概念。
5. 整合性：也就是連續性，指對案主的需求機構間能協調整合來提供服務。
6. 可接受性：指案主接受福利服務的程度。

但現實的狀況卻是：

1. 可近性不高：區域福利服務網絡普及度與服務量能均待提升。
2. 積極性不夠：積極性救助與服務不足，無法發揮及時紓困與脫貧自立的效果。
3. 防護性不全：預防（警）機制及中長期服務資源不足，難以遏止暴力。
4. 整合性不佳：跨網絡服務缺乏整合且不連貫，導致服務出現漏洞。
5. 預防性不彰：資源偏重治療，通報預警與社區服務量能不足，前端預防涵蓋率有限。
6. 服務人力不足：人力待充實，勞動條件與制度待提升。

因此需要透過「社會安全網」來改進，從關懷家庭著手，採取「風險預防」、「單一窗口」及「整合服務」的原則，整合銜接各系統服務。將家庭類型分為一般家庭、脆弱家庭、危機家庭，依個別家庭不同風險程度與需求，提供不同的介入關懷服務。運作構想如**圖21-1**。

台中市設立有十四處家庭福利服務中心，服務對象主要為經濟弱勢個案及家庭。

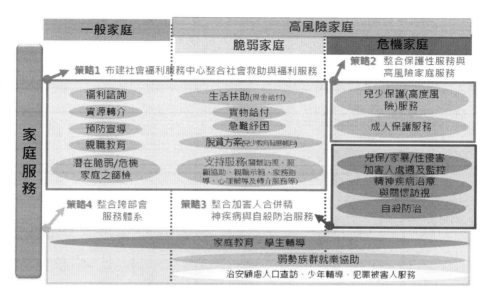

圖21-1　社會安全網以家庭（社會）福利中心為平台的運作狀況

服務項目及方式，說明如下：

1. 個案工作：(1)社會福利諮詢；(2)經濟弱勢家庭訪視評估扶助；(3)兒童及少年高風險家庭關懷處遇服務；(4)弱勢家庭兒童及少年緊急生活扶助個案追蹤訪視。
2. 團體工作：辦理支持性、成長性及主題性之團體。
3. 社區工作：(1)資源連結及轉介；(2)社區資源整合與開發；(3)辦理轄區資源網絡聯繫會議；(4)辦理社區預防性服務方案活動。

高雄市政府社會局共設置十四處社會福利服務中心，將民眾經常性申辦的福利服務窗口，延伸到各社會福利服務中心，落實福利社區化。在**表21-2**中呈現台中市與高雄市設置各類中心的比較。

社會福利行政

表21-2 台中市與高雄市社會局設置各類服務中心法源與組織對照表

法源	法定組織名稱	台中市社會局	高雄市社會局
1.新住民發展基金收支保管及運用辦法第4條 2.新住民發展基金補助作業要點	新住民家庭服務中心	新移民家庭服務中心	新住民家庭服務中心
兒童及少年福利與權益保障法第75條	兒童及少年福利機構	兒童福利服務中心、兒童青少年福利服務中心、青少年福利服務中心	兒童福利服務中心、兒童少年社區照顧服務中心、兒童及少年收出養資源服務中心、少年社區照顧服務中心
身心障礙者權益保障法第62條	身心障礙福利服務機構	身心障礙綜合福利服務中心、身心障礙者生涯轉銜通報中心、身心障礙者社區資源中心、輔具資源中心、身心障礙者居家服務支援中心、各區身心障礙者居家服務支援中心	身心障礙者生涯通報轉銜中心：無障礙之家、身心障礙者生涯轉銜個案管理服務中心、輔具資源中心
老人福利法第34條	老人福利機構	老人福利服務中心、失能老人居家服務支援中心	老人福利服務中心、銀髮家園暨失能老人社區照顧服務支援中心
1.憲法第156條 2.憲法增修條文第10條 3.消除對婦女一切形式歧視公約施行法第4條	無	婦女福利服務中心、大甲婦女福利服務中心	婦女館、婦幼青少年活動中心
社會救助法第28條	社會福利機構、社會救助機構	單親家庭福利服務中心	單親家庭服務中心
（無明確公法規定） 1.家庭政策 2.公益彩券發行條例 3.公益彩券盈餘運用考核與追回款項保管及運用辦法	家庭支持（服務）中心	家庭福利服務中心	社會福利服務中心

（續）表21-2　台中市與高雄市社會局設置各類服務中心法源與組織對照表

法源	法定組織名稱	台中市社會局	高雄市社會局
4.衛福部社會及家庭署之「建構家庭福利服務系統計畫三年實驗計畫」、「社區型兒少及其家庭支持服務中心（系統）計畫」、「補助建置家庭福利服務中心（含單親中心轉型）競爭型計畫」	家庭支持（服務）中心	家庭福利服務中心	社會福利服務中心
志願服務法第23條	推展志願服務之機關、志願服務運用單位	志願服務推廣中心	志願服務資源中心

資料來源：陳菀青（2016）。《以CORPS模式分析台中市及高雄市社會局第一線的福利服務組織與人力配置》。東海大學社會工作學系碩士論文計畫書。

社會福利行政

註　釋

1 監察院調查（102內調88）沈委員美真、劉委員玉山、黃委員武次調查，近年來社會變遷快速，家庭功能日漸弱化甚至解構，進而嚴重影響兒童少年之成長，衍生各類社會問題，尤其兒童虐待案件急遽增加。究相關權責機關有無依兩人權公約規定，投入適當資源及人力且提供必要保護與協助？均有深入瞭解之必要乙案。http://www.cy.gov.tw/sp.asp?xdUrl=./CyBsBox/CyBsR1.asp&mp=1&ctNode=910

監察院（102內調0028）尹委員祚芊、洪委員昭男、趙委員榮耀、錢林委員慧君調查，從政策面與實務面就我國非自然死亡兒童個案進行系統性之調查，全面檢視社會福利資源及兒童保護服務網絡，提供建議具體改善措施，俾提升我國兒童人權保障案。http://www.cy.gov.tw/sp.asp?xdURL=./di/RSS/detail.asp&ctNode=871&mp=1&no=2074

2 彭淑華、黃詩喬等（2013）。《家庭支持系統服務模式建構與行動研究》。內政部兒童局委託研究。台北：台灣師範大學。

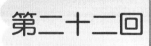

第二十二回
其他地方單位

 ## 壹、市政府與市議會

　　台中市政府有二十九個一級機關、恰巧也有二十九個區公所，二十八個是行政區，和平區為自治區。市長綜理市政，副市長三人，秘書長、副秘書長，襄理市政，置參事、技監、顧問、參議，承市長之命，辦理市政設計、撰擬及審核法案命令、工作計畫，並備諮詢有關市政等事項。市政府本身編制人員共四百七十九人、三名簡任參議，秘書六名，其中三名為簡任，另三名為薦任。業務及幕僚最主要有十二個局、六個室，依序為民政局、財政局、經濟局、教育局、建設局、交通局、工務局、勞工局、社會局、文化局、兵役局、地政局；行政室、新聞室、計畫室、人事室、政風室、主計室。

　　市府的運作，在會議方面主要靠市政會議，市政會議每週一開會，通常先有一項專案報告（例如107年4月23日第337次會議，由建設局、社會局、文化局聯合報告「打造友善親子城市」），然後討論提案。

　　市府各項業務與台中市議會關係密切，議會分成七個委員會，與社會

社會福利行政

局業務最相關的是「民政委員會」，該會審查市政府秘書處、民政局、社會局、勞工局、政風處、人事處、原住民事務委員會、客家事務委員會、研究發展考核委員會、法制局、各區公所等暨其所屬單位有關事項。

另外六個委員會的名稱及業務如下：

1. 財政經濟委員會：審查財政局、地方稅務局、經濟發展局、農業局、主計處等暨其所屬單位。

2. 教育文化委員會：審查教育局、文化局、新聞局等暨其所屬單位。

3. 交通地政委員會：審查交通局、觀光旅遊局、地政局等暨其所屬單位。

4. 警消環衛委員會：審查警察局、消防局、衛生局、環境保護局等暨其所屬單位。

5. 都發建設水利委員會：審查都市發展局、建設局、水利局等暨其所屬單位。

6. 法規委員會：審查市法規等。

貳、勞工局

勞工局是一級行政機關，前身為台中市政府社會局「勞工行政課」與「勞資關係課」。107年底時設有六個科、兩個處。在兩個處方面，「就業服務處」與社會福利的關係較為密切，該處主管求職求才媒合、就業輔導與促進、雇主服務、職業訓練諮詢、就業市場資訊蒐集、特定對象就業促進等就業服務事項的計畫與執行。另一處是「勞動檢查處」，辦理職業安全衛生法及勞動基準法適用範圍之事業單位安全衛生檢查、勞動條件檢查、安全衛生專業檢查、安全衛生輔導、教育訓練及健康檢查、危險機械

監督及安全衛生宣導、輔導、訓練等業務。

　　六個科之中，與社會福利特別有關的是「福利促進科」，該科辦理勞工福利、職工福利委員會設立輔導、身心障礙者定額進用及職業重建服務、職災勞工個案服務、勞工育樂中心、文康休閒推廣辦理等事項。其餘五科的名稱及業務如下：

1. 勞資關係科：辦理工會組織、會務評鑑、勞資爭議、勞資會議、大量解僱、團體協約、勞工保險、勞健保費補助、法制等事項。
2. 勞動基準科：辦理勞動基準法等相關勞動條件事項、勞動契約、勞動檢查處督導等事項。
3. 綜合規劃科：辦理資訊、志願服務、統計、勞動教育、國際組織、綜合規劃等事項。
4. 外勞事務科：辦理外勞查察、諮詢、外籍勞工勞資爭議之協調、終止聘僱關係驗證及管理、外勞安置庇護、外籍勞工及外國人工作之管理與檢查、私立就業服務機構（外國人部分）等事項。
5. 就業安全科：辦理勞工大學、就業服務、就業歧視防制及認定、創業諮詢輔導、職業訓練及生活津貼審核、性別工作平等法、就業安定基金運作、人力資源統整及提升事項、就業服務處督導、私立就業服務機構及職業訓練機構設立及管理等事項。

　　勞工局的主要責任是基於勞工行政之知能，對勞工政策之擬訂、勞動人力規劃、勞動檢查、勞動條件、勞資關係、勞工福利、勞工保險、勞工安全衛生、職業訓練、技能檢定、就業輔導與促進、勞工統計、勞工團體、國際勞工事務及外勞管理等，從事計畫、研究、擬議、審核、督導及執行等工作。

社會福利行政

💙 參、衛生局

　　衛生局除了局長、副局長，置主任秘書、專門委員、科長、主任、技正、專員、股長、衛生稽查員、科員、技士、技佐、辦事員、書記。該局下設食品藥物安全處、各區衛生所。主要運作靠六個科，與社會行政比較有關的是：

1. 長期照護科：護理機構管理、長期照顧服務規劃發展與管理、身心障礙醫療鑑定業務、醫療扶助等事項。
2. 心理健康科：心理衛生、精神衛生、家暴及性侵害防治、毒品危害防制等業務之規劃、推展、監督、考核及個案管理等事項。
3. 其他還有醫事管理科、保健科、企劃資訊科等。

💙 肆、原住民族委員會

　　業務是：原住民族自治及傳統部落組織之輔導、原住民族教育政策與法規之研議、歲時祭儀與傳統技藝之研究傳承、傳播媒體與教育文化團體之聯繫與相關活動之輔導及獎助、原住民族語言之振興、原住民專門人才及學生之獎補助、原民會國際交流之規劃推動、都市原住民生活輔導計畫彙整、原住民失業扶助、社會救助、法律服務、原住民就業代金及公益彩券回饋金補助事項、志願服務之推動、就業狀況調查之規劃及其他文教、原住民族福利服務、住宅事項等事項。

　　設有文教福利組、經濟建設及土地管理組、綜合企劃組、人事管理員、會計員。組織編制包括主任委員、主任秘書、專門委員、組長、專員、組員、技士、技佐、助理員、辦事員、書記。

伍、研究發展考核委員會

　　社會局的各項業務，以及各項研究案，都與研考會有關。該會有主任委員、副主任委員、主任秘書、專門委員各一名，設有研究發展組、綜合規劃組、管制考核組、為民服務組、工程品質管理組、話務管理組、秘書室、人事室、會計室及政風室，設有資訊中心。研究發展組工作重點為：市政發展研究、辦理民意調查、召開研究委員會議、自行委託研究報告審議、出國報告與其他有關市政研究發展等事項。管制考核組掌理年度標案列管、標案進度管制會報、議會決議案件管制追蹤、公文時效管制與稽核及各項專案控管等事項。

第二十三回

社會課及縣市社會處

　　社會福利是靠近民眾的服務,社會福利行政人員落實到地方,深入到基層的鄉鎮市區公所之中,連村里幹事都要協助許多政府推動的社會福利業務。縣市政府表揚社會福利有功人員時,有些村里幹事也列入受獎名單。在這一回之中,先介紹除了六都以外縣市社會處的情形,接著說明六都的區公所社會課狀況,然後簡介縣市之中的鄉鎮市公所社會福利業務運作。

♥ 壹、縣市社會處

　　縣市的局處數目有很大的差異,按照103年9月公布的「地方行政機關組織準則」。縣(市)政府一級單位為處。一級單位及所屬一級機關,除主計、人事及政風單位依專屬人事管理法律設立外,按照縣(市)人口依下列規定設置:

　　1.未滿五萬人者,不得超過十三個處、局。

2.在五萬人以上，未滿二十萬人者，不得超過十五個處、局。

3.二十萬人以上，未滿四十萬人者，不得超過十七處、局。

4.四十萬人以上，未滿七十萬人者，不得超過十八處、局。

5.七十萬人以上，未滿一百萬人者，不得超過二十一處、局。

6.一百萬人以上，未滿一百二十五萬人者，不得超過二十二處、局。

7.一百二十五萬人以上者，不得超過二十三處、局。

各局處的編制員額依規定設置，人口未滿五萬者，不得低於十人。人口在五萬人以上，未滿二十萬人者，不得低於十五人。人口在二十萬人以上者，不得低於二十人。縣（市）政府所屬機關以分二層級為限，其名稱如下：(1)局：一級機關；(2)隊、所：二級機關。

鄉（鎮、市）公所、山地原住民區公所所屬機關以一層級為限，其名稱為隊、所、館。

以人口數最多的彰化縣來分析，除了縣長為民選，有副縣長二人及秘書長一人，府內單位（十九處）：民政處、財政處、建設處、教育處、工務處、水利資源處、城市暨觀光發展處、農業處、社會處、地政處、勞工處、新聞處、行政處、計畫處、人事處、主計處、政風處、法制處、經濟暨綠能發展處。一級機關（六局）：警察局、衛生局、消防局、環境保護局、地方稅務局、文化局。二級機關：戶政事務所（十五所，業務受民政處指導）、地政事務所（八所，業務受地政處指導）、衛生所（二十七所，業務受衛生局指導）等。彰化縣是106年度各縣市社會福利考核成績最優的，得到7特優、2優、1甲。

縣（市）政府一級單位或所屬一級機關，編制員額在二十人以上者，得置副主管或副首長一人，所以有的地方社會處有副首長，有的沒有。縣（市）政府一級單位下設科，最多不得超過七個；其所屬一級機關下設科，科之人數達十人以上者，得分股辦事；其所屬二級機關下得設課、

股、組、室，最多不得超過八個。所以彰化縣社會處只有七個科，組織架構包括：

1. 社會發展科：主管人民團體管理、籌辦社會運動、推行社區發展。
2. 社會工作及救助科：主管照顧低收入戶民眾生活、社會救助、災害補助、急難救助及辦理志願服務等。
3. 兒童及少年福利科：負責推展兒童、青少年福利相關業務。
4. 身心障礙福利科：輔導身心障礙福利機構設施、辦理身心障礙者補助及其他福利、手冊換發及資料建立、收容安置等。
5. 長青福利科：辦理中低收入老人生活津貼、老人居家服務、輔導老人安養護機構設置及推動各項老人福利業務。
6. 保護服務科，包括：(1)彰化縣家庭暴力及性侵害防治中心；(2)兒童及青少年服務。
7. 婦女及新住民福利科。

　　宜蘭縣社會處的成績也很好，獲得4特優、2優、3甲。分為社會工作、社會救助、老人及身心障礙福利、兒少及婦女福利、社區發展及合作等五個科，另設有宜蘭縣社會福利館。

　　三個市（基隆市、新竹市、嘉義市）的成績都普通，以緊鄰宜蘭縣的基隆市來看，只有2特優、3優、3甲，還有2項乙等。基隆市社會處有處長、副處長，領導社會行政科、社會工作及救助科、婦女兒少福利科、老人福利科、身心障礙福利科、勞工行政科、勞資關係科，勞工行政也歸社會處主管。比較特別的是婦女兒少福利科設有國際家庭服務中心。

　　在離島，金門縣於89年1月1日公布施行新制，增設社會局、工務局、觀光局、計畫室等四局室，社會局由民政局獨立，下設社會行政、勞工行政二課。93年8月組織修編增設社會福利課，將原屬社會行政課業務之社會救助、社會保險、社會福利劃歸社會福利課業務執掌。102年再次組織

 社會福利行政

修編，局改為處、課改為科，並增設婦幼社工科、鄉親服務科。因為只有五科，還包含勞工行政科，所以人力吃緊，每一位工作人員監管的業務很龐雜。

 ## 貳、六都區公所社會課

按照103年9月公布的「地方行政機關組織準則」，直轄市之區設區公所，置區長一人、主任秘書一人；人口在二十萬人以上之區，得置副區長一人，除法律另有規定外，均由市長依《公務人員任用法》任免之。前項區公所內部單位不得超過九課、室，但區人口在四十萬人以上，未滿五十萬人者，不得超過十課、室；人口在五十萬人以上者，不得超過十一課、室。

以台中市為例，訂有「台中市各區公所組織規程」（104年8月修訂），區公所得設下列課、室，分別掌理各有關業務及市政府授權事項。其中執行社會福利業務的是「社會課」，負責社會行政、社會福利、社會救助、全民健康保險、國民年金、社區發展及其他有關社政事項。另有民政課、農業及建設課、公用課、人文課、秘書室。在編制、職等及員額方面，以中區公所為例，說明如**表23-1**。

參、鄉鎮市公所

鄉鎮市公所的規模小，組織不宜複雜，早在還有台灣省政府時就訂立「台灣省鄉鎮縣轄市公所組織規程準則」，鄉鎮公所之組設單位，按照人口數：

1.十萬以上者，設民政、財政、建設、兵役四課及人事室、政風室、

表23-1　台中市中區區公所編制表

職稱		官等	職等	員額
區長		薦任	第九職等	一
主任秘書		薦任	第八職等至第九職等	一
課長		薦任	第七職等至第八職等	四
主任		薦任	第七職等至第八職等	一
課員		委任或薦任	第五職等或第六職等至第七職等	九
里幹事		委任	第四職等至第五職等	四
技佐		委任	第四職等至第五職等	一
助理員		委任	第四職等至第五職等	三
辦事員		委任	第三職等至第五職等	二
書記		委任	第一職等至第三職等	
人事室	主任	薦任	第七職等至第八職等	一
會計室	主任	薦任	第七職等至第八職等	一
政風室	主任	薦任	第七職等至第八職等	一
合計				三十

主計室。

2.一萬以上未滿十萬者，設民政、財政、建設、兵役四課及人事室（或人事管理員）、政風室、主計室（或主計員）。

3.未滿一萬者，設民政、財經、兵役三課及人事管理員、主計員。

近年，鄉鎮公所沒有單獨的社會課，多由民政課辦理。各單位分掌事項大致是：

1.民政課：掌理一般行政、調解服務、自治、地政（山地鄉除外）、禮俗宗教、公共造產、教育文化、環境衛生、一般社政、社區發展、醫療補助、急難救助、山胞生活改進及協助民防等事項。

2.財政課：掌理財務、公產、出納及協助稅捐稽徵等事項。

3.建設課：掌理土木工程、都市計畫、公共建設、交通、觀光、水

利、簡易自來水、營建管理、違章建築查報、市場管理、公用事業、小型排水設施、簡易工商登記及二樓以下建築管理事項。

4. 農業課：掌理農林漁牧生產、農業推廣、糧食、農產運銷及農情調查等事項。

5. 兵役課：掌理兵役行政有關事項。

6. 人事室（人事管理員）：掌理人事管理有關事項。

7. 政風室：掌理政風業務事項。

8. 主計室（主計員）：掌理歲計、會計及統計等事項。

文書、庶務、印信、法制、國家賠償、研考、便民服務及不屬各單位事項，由秘書承鄉鎮長之命、指定人員辦理。秘書的人力也有規定，人員編制按照鄉（鎮、市）人口數：

1. 未滿三萬人者，置秘書一人。

2. 三萬人以上，未滿六萬人者，置主任秘書一人、秘書一人。

3. 六萬人以上，未滿十萬人者，置主任秘書一人、秘書一人、專員一人。

4. 十萬人以上，未滿二十萬人者，置主任秘書一人、秘書一人、專員二人。

5. 二十萬人以上，未滿三十萬人者，置主任秘書一人、秘書一人、專員三人。

6. 在三十萬人以上，未滿五十萬人者，置主任秘書一人、秘書一人、專員四人。

第二十四回

各縣市社會福利業務的比較

　　由第十四回到第二十三回這十回之中，呈現社會福利行體系的廣泛，顯示社會福利行政的複雜，存在著諸多差異，例如中央與地方、六都與非六都、資源充足與資源不足等。若再加上民選縣市長的政黨背景、對社會福利的理念、社會局處首長的背景等因素，都使社會福利行政的運作，出現各種差異。在本回之中，綜合整理了人力、經費、考核成績三方面的情況。

壹、人事

　　106年6月底，各地方政府社會工作員額數分配於各縣市總人口數，也就是每一位社會工作員平均服務人數，以現有社會工作人員數（3,143名）分配於全國總人口數（23,552,470人），每一位社會工作員平均服務人數為7,494人。與104年每一位社會工作員平均服務人數為7,557人，106年比104年略為減少63人。

社會福利行政

　　每一位社會工作員平均服務人數，以新北市11,782人為最高，次為台南市9,339人、依序為台中市9,164人、桃園市8,705人、彰化縣8,340人、新竹縣8,327人。由此看來，前四位都是直轄市，顯示直轄市雖然資源較為豐富，但因人口眾多，社工的平均服務人數量還是偏高。尤其是人口超過四百萬的新北市，每年都大量遞補公職社工師，但離職率仍然高。

　　平均服務人數介於8,000人至5,000人之間之縣市依序為：台北市、高雄市、新竹市、苗栗縣、嘉義縣、雲林縣、屏東縣、宜蘭縣、基隆市。平均服務人數於5,000人以下依序為：嘉義市、金門縣、南投縣、花蓮縣、連江縣、台東縣、澎湖縣，這些都是人口總數較少的縣市。

　　社會福利行政主管是否為社會工作或社會福利背景的呢？整理各縣市社會局（處）長、副局（處）長、主秘、專門委員等簡任人員、科長（主任）、課（股）長、組長具社會福利及社會工作專業背景人數比率：屏東縣100%、新竹市100%、台中市96.33%、台南市91.67%、高雄市89.83%、台北市88.67%、基隆市83.33%、新北市82.67%、彰化縣80.00%、金門縣75.00%、桃園市74.33%、雲林縣71.50%、嘉義縣66.67%、苗栗縣66.50%。這些地方超過六成五，其餘不到六成。

　　在第一線的社工人力方面，社會工作人員從事直接服務之比率依序為：台北市83.83%、台南市83%、新北市82.67%、連江縣80%、桃園市78.50%、台東縣77.67%、彰化縣76.67%、金門縣74.83%、台中市72.50%、高雄市69.50%、南投縣68%、雲林縣67.67%、屏東縣65.50%、新竹市62%、花蓮縣61%。這些超過六成，其餘不到六成。

　　編制內社會工作人員占現有社會工作人員之比率：以台北市81.86%為最高，次為南投縣80%、新北市79.29%、台中市76.43%、桃園市73%、彰化縣71.29%、高雄市70.43%、台東縣67.71%、嘉義縣66%、雲林縣63.43%。未達60%至30%之間之縣市依序台南市、屏東縣、基隆市、苗栗縣、嘉義市、連江縣、宜蘭縣、新竹市、金門縣、花蓮縣；30%以下之縣

市依序為新竹縣及澎湖縣。

　　截至106年3月底，各地方政府自行進用之社工人力計1,983人，包含編制內社工（督導）員人及社工師1,191人，府內自籌約聘社工員（含公彩盈餘補助）792人。以102年社福績效考核之員額數為基準，其總員額為1,919名，預算員額扣除衛生福利部專案補助兒少保護、家暴及性侵害防治之社會工作員人數計2,244人，22縣市社工員額數較104年增加325人。

貳、財務

　　所謂「社會福利預算」（社會福利支出）包含「社會保險支出」、「社會救助支出」、「福利服務支出」、「國民就業支出」及「醫療保健支出」等五項政事別分類。在中央，社會福利預算通常在23%以上，但在地方，社會福利預算都沒有超過20%者，有的縣市甚至只有7%，在**表24-1**呈現各直轄市、縣（市）政府社會福利預算編列情形。超過15%者，屬於「高」；低於13%者，屬於「低」；介於兩者之間的，屬於「中」。

表24-1　105 年度各直轄市、縣（市）政府社會福利預算編列情形

項目 機關單位	政事別為社會福利支出（單位：千元） 小計（e）=（b）+（c）+（d）	社福支出占 歲出總額比率 （f）=（e）/（a）	高／中／低
合計	165,477,091	15.68%	高
新北市	20,216,015	12.54%	低
台北市	31,126,942	19.42%	高
桃園市	15,684,857	16.55%	高
台中市	18,908,428	14.97%	中
台南市	11,755,560	15.23%	高
高雄市	20,209,353	16.79%	高

社會福利行政

（續）表24-1　105 年度各直轄市、縣（市）政府社會福利預算編列情形

項目 機關單位	政事別為社會福利支出（單位：千元） 小計（e）=（b）+（c）+（d）	社福支出占 歲出總額比率 （f）=（e）/（a）	高／中／低
宜蘭縣	2,435,622	11.92%	低
新竹縣	3,591,535	14.03%	中
苗栗縣	2,864,055	15.06%	高
彰化縣	6,939,671	16.90%	高
南投縣	3,486,543	16.18%	高
雲林縣	4,432,057	15.95%	高
嘉義縣	3,494,229	15.19%	高
屏東縣	5,096,071	16.68%	高
台東縣	2,322,699	15.04%	高
花蓮縣	2,489,096	13.85%	低
澎湖縣	1,278,491	15.05%	高
基隆市	2,868,479	16.40%	高
新竹市	2,895,950	15.66%	高
嘉義市	1,635,437	14.13%	中
金門縣	1,493,819	11.24%	低
連江縣	252,181	7.88%	低

參、考核

　　88年訂頒「地方制度法」，將社會福利劃歸為地方自治事項，並修正「財政收支劃分法」，自89年起建立一般性補助款的定額設算制度，由主計總處依據透明化的公式、指標計算，直接定額撥付地方政府。

　　當中央撥付地方，自然要監督地方是否好好用這些經費，因此結合專家學者、民間社會福利團體與中央主管機關成立「社會福利補助經費設算諮詢小組」，運用議題的公開討論，建構補助制度，社會福利績效考核

是配套措施之一。

　　中央對地方政府補助制度，自90年度起採設算制度。自95年度起經考核相關會議決議改為每兩年採行實地考核，未辦理實地考核之年度，採行書面考核。

　　依照「中央對直轄市與縣（市）政府計畫及預算考核要點」。最近一次函頒修正日期為106年2月。

　　各考核分十組，所得分數占總分權重情況如下：

　　1.公益彩券盈餘分配管理及運用7%。

　　2.社會救助業務10%。

　　3.兒童及少年福利服務13%。

　　4.婦女福利及家庭支持12%。

　　5.老人福利服務12%。

　　6.身心障礙福利服務12%。

　　7.社區發展工作5%。

　　8.志願服務制度5%。

　　9.社會工作專業制度6%。

　　10.保護服務業務18%。

　　各縣市社會局處都非常看重兩年一度的考核，六都在各方面的表現通常比非六都高出許多。透過社會福利績效考核，可以瞭解各縣市的成績，有所比較。

　　社會福利行政在政府體系裡的運作，關鍵在於「有人力有經費」，要把事情做好，足夠的人力與充足的經費都不可少。中央對各地方政府社會局進行分組考核，績效分數等第分別為：90分以上為特優、85分以上未滿90分為優等、80分以上未滿85分為甲等、70分以上未滿80分為乙等、60分以上未滿70分為丙等、未滿60分為丁等。

社會福利行政

　　這六都的社會福利行政，由於人力較為充裕、經費較為寬裕，整體的成績都屬於「特優」，但在各項的差異，還是有些差異。整體的成績呈現在**表24-2**。進一步歸納各縣市從特優到丁等的統計情形如**表24-3**。

表24-2　106年度中央對直轄市與縣(市)政府執行社會福利績效考核成績等第表

縣市別	總平均	公益彩券管理運用	社會救助	兒童及少年福利	婦女及家庭支持	老人福利	身心障礙福利	社區發展	社會工作	志願服務	保護服務
新北市	特優	特優	特優	優	特優	優	特優	特優	特優	特優	優
台北市	特優	特優	特優	特優	特優	特優	特優	特優	特優	特優	特優
桃園市	特優	特優	特優	甲	特優	乙	特優	優	特優	甲	特優
台中市	特優	特優	特優	特優	特優	特優	特優	特優	優	特優	特優
台南市	特優	特優	特優	優	特優	特優	優	特優	特優	優	特優
高雄市	特優	特優	特優	特優	優	特優	特優	特優	特優	特優	特優
宜蘭縣	特優	特優	優	甲	丁	甲	特優	優	甲	乙	特優
新竹縣	甲	特優	乙	甲	乙	甲	甲	甲	乙	乙	甲
苗栗縣	優	特優	特優	優	優	乙	優	甲	乙	乙	優
彰化縣	特優	特優	特優	優	乙	甲	特優	特優	特優	特優	特優
南投縣	優	特優	特優	乙	乙	優	甲	特優	優	甲	優
雲林縣	優	特優	特優	甲	優	乙	優	優	甲	乙	甲
嘉義縣	優	優	優	甲	甲	甲	優	甲	優	優	優
屏東縣	優	乙	特優	特優	特優	優	優	特優	甲	甲	優
花蓮縣	特優	特優	特優	優	乙	甲	優	特優	甲	優	特優
台東縣	優	特優	特優	特優	優	甲	甲	甲	甲	乙	優
基隆市	優	特優	特優	甲	優	優	乙	優	乙	乙	甲
新竹市	優	優	優	優	乙	乙	優	甲	甲	優	優
嘉義市	特優	特優	優	甲	特優	優	特優	特優	丁	乙	特優
澎湖縣	乙	優	甲	丙	乙	乙	丙	特優	丙	甲	乙
金門縣	丙	乙	乙	丁	丁	丁	丁	甲	丁	優	丙
連江縣	丙	乙	乙	丁	丁	丁	丁	甲	丁	丙	丙
小計	10特優、9優、1甲、1乙、1丙	17特優、2優、1甲、2乙	16特優、2優、2甲、2乙	5特優、6優、8甲、1乙、1丙、1丁	6特優、8優、1甲、4乙、1丙、2丁	4特優、5優、7甲、5乙、1丁	8特優、7優、2甲、3乙、1丙、1丁	12特優、3優、7甲	5特優、5優、5甲、4乙、1丙、2丁	5特優、5優、4甲、7乙、1丙	9特優、7優、4甲、1乙、1丙

社會福利行政

表24-3　106年度中央執行社會福利績效考核成績等第的總成績表

縣市別	總平均	總成績
新北市	特優	7特優、3優
台北市	特優	10特優
桃園市	特優	7特優、2甲、1乙
台中市	特優	9特優、1優
台南市	特優	6特優、4優
高雄市	特優	8特優、2優
宜蘭縣	特優	4特優、2優、3甲、1乙
新竹縣	甲	1特優、4甲、4乙、1丁
苗栗縣	優	2特優、2優、1甲、5乙
彰化縣	特優	7特優、2優、1甲
南投縣	優	1特優、3優、4甲、2乙
雲林縣	優	2特優、2優、5甲、1乙
嘉義縣	優	2特優、4優、3甲、1乙
屏東縣	特優	5特優、4優、1甲
花蓮縣	特優	4特優、4優、2甲
台東縣	優	3特優、2優、4甲、1乙
基隆市	優	2特優、3優、3甲、2乙
新竹市	優	2特優、5優、3乙
嘉義市	優	1特優、4優、2甲、3乙
澎湖縣	優	3特優、1優、4甲、1乙、1丁
金門縣	乙	1特優、2優、1甲、2乙、4丙
連江縣	丙	1甲、2乙、2丙、5丁

Part 3

行政之路

第二十五回

公務員與社會行政人員

 壹、公務員的定義與範圍

公務員（civil servant/ public servant），是一種職業，主要在政府機構工作，執行法定職務權限，由國家特別選任，對國家服務，且負有忠實之義務。憲法對於所謂的公務人員，概括為幾種名稱：(1)公務員；(2)公職；(3)文武官員；(4)官吏；(5)司法院與考試人員；(6)文官；(7)公務人員[1]。

和公務員意義接近的名詞，至少有八種，這些名詞的法源，大多來自憲法。如公務員（憲法第24條及77條）、公務人員（憲法第85條及86條）、公職（憲法第103條）、官吏（憲法第28條、75條及108條）、文官（憲法第140條）、文武官員（憲法第41條）；除以上六種名稱外，尚有公職人員（公職人員選舉罷免法）及公教人員（公教人員保險法）[2]。這些名詞的意義和涵蓋範圍各有不同；縱是同一名詞，也可能因法律所規定標的差異，而有不同的意義與範圍。

公務體系結構有共通點，包括編制有所限制、由政府以法律保障其

社會福利行政

身分、薪酬與福利。然而,並非所有在政府工作的人員皆屬於公務員。公職人員與公務員的意義並不完全相同,對公職人員的稱謂共有九種,分別是現役軍人、公務員、官吏、文武官員、政府人員、法官、公務人員、自治人員、文官[3]。公職人員在範圍上[4]:

1. 最廣義指任何服務於政府的人員。不論是否領有俸給(國家賠償法第2條第一項)。

2. 廣義適用公務員服務法的公務員,指領有俸給之文武職公務員及其他公營事業機關服務人員(公務員服務法第24條)。

3. 狹義指「公職人員財產申報法」規定辦理財產申報人員,僅指總統、縣市長、鄉鎮市長、立法委員等經依公職人員選舉罷免法規範的人員。

4. 政府是龐大的體系,法令是動態而複雜的。所以,關於公務員的定義有不同的解釋。在**表25-1**整理了各法規的界定。

「公務員」有刑法上的公務員與行政上的公務員之別,刑法上的指刑法第10條第二項定義的。行政上的則可分:最狹義的「公務員任用法令任用的公務員」、狹義的「刑法上的公務員」。公務員的選任需經考試院隸屬的考選部以國家考試方式錄取,取得資格者,均為廣義的公務員,分成十四職等,由銓敘部核定其職等。

107年6月刑法第10條有關公務員包含的定義為新標準,原來分為三種類型:一為依法令服務於國家或地方自治團體所屬機關而具有法定職務權限者,得稱之為「身分公務員」;二為其他依法令從事於公共事務而具有法定職務權限者,得稱之為「授權公務員」;三為受國家或地方自治團體所屬機關依法委託,從事與委託機關權限有關的公共事務者,得稱之為「委託公務員」。

根據銓敘部的統計,政府公務人員聘僱總數於106年底為349,676

表25-1　各種法規對公務員（或公務人員）之定義

法規名稱	條文	對公務員的界定
國家賠償法	第2條第一項	依法令從事於公務之人員。
刑法	第10條第二項	一、依法令服務於國家、地方自治團體所屬機關而具有法定職務權限，以及其他依法令從事於公共事務，而具有法定職務權限者。 二、受國家、地方自治團體所屬機關依法委託，從事與委託機關權限有關之公共事務者。
公務員服務法	第24條	受有俸給之文武職公務員及其他公營事業機關服務人員，均適用之。
公務人員基準法草案	第2條	於各級政府機關、公立學校、公營事業機構擔任組織法規所定編制內職務支領俸（薪）給之人員。 前項規定不包括軍職人員及公立學校教師。
	第3條	分為政務人員、常務人員、司法審檢人員、公營事業人員及民選地方首長五大類。
公務人員任用法施行細則	第2條	各機關組織法規中，除政務人員及民選人員外，定有職稱及官等、職等之人員。各機關指下列之機關、學校及機構： 一、中央政府及其所屬各機關。 二、地方政府及其所屬各機關。 三、各級民意機關。 四、各級公立學校。 五、公營事業機構。 六、交通事業機構。 七、其他依法組織之機關。
公務人員協會法	第2條	於各級政府機關、公立學校、公營事業機構擔任組織法規所定編制內職務支領俸（薪）給之人員。不包括下列人員： 一、政務人員。 二、各級政府機關、公立學校首長及副首長。 三、公立學校教師。 四、各級政府所經營之各類事業機構中，對經營政策負有主要決策責任以外之人員。 五、軍職人員。

資料來源：甘添貴（2015）。〈新修正刑法公務員的概念〉。《月旦法學季刊》，17，23-34。

 社會福利行政

人，較上年底之347,572人，增加2,104人（＋0.61%），其中中央機關減少1,190人（－0.64%），地方機關則增加3,294人（＋2.04%），且增數多在各直轄市。近五年全國公務人員變動情形，與101年底人數343,861人比較，計增加5,815人（＋1.69%），其中中央機關減少2,718人（－1.45%），地方機關增加8,533人（＋5.46%）。

按機關性質別區分，106年底行政機關為237,834人，較上年底增加2,243人（＋0.95%）；公營事業機構為64,756人，較上年底減少216人（－0.33%）；衛生醫療機構為19,732人，較上年底減少120人（－0.60%）；各級公立學校（職員）為27,354人，較上年底增加197人（＋0.73%）。

以機關層級區分，106年底中央各機關為184,952人，占52.89%；地方各機關為164,724人，占47.11%。

公務人員之平均年齡為43.17歲，較上年底之43.22歲減少0.05歲，其中男性43.60歲，女性42.58歲。平均年資16.18年，較上年底之16.29年減少0.11年，其中男性16.90年，女性15.20年。以工作0-5年者占18.36%最多；5-10年者占17.99%次之；25-30年者占17.16%居第三；年資30年以上者，則占10.64%。

貳、永業制及非永業制

永業制（Career Service，又稱常業制）是行政部門科層體制的特徵之一，公務員只要依法任用後，非依法定事由不得使之降級、免職或令其休職。政府有各種規定，保護、確認公務員在職其間，應給與適當待遇，適當的工作指派，提供升遷發展的機會及適切的保障、退休、撫卹等措施，使之能安心工作，認定公務生涯為畢生事業[5]。

永業制主要原則與特色是對於公務員的保障勝過對任務達成的重視。在永業體系中，公務員的事業是在經過規劃的方向上進行，期望能漸漸往上爬升，在政府組織中不同職位歷練，在各職位上以服務品質與效能，展現其專業才能。

　　永業制提供社會福利行政等專業人士建立一個永業聘僱的保證及保護，這些專業人士在通過考試後立即被延聘，大部分的時間會在同一個職系中度過，隨著經驗與資歷的累積而獲得晉升，促使個人在機關內追求生涯。升遷只需和同僚的競爭，無須與組織外的成員競爭。儘管永業制可能讓機關凝聚出讓局外人不易滲透的團體，但可能阻礙了組織內的創意、創新及冒險精神。

　　政府與企業或非營利組織最大的不同是「政府不會倒，政府必然是永續經營的」，因此政府可以大大方方依據員工及組織兩者的需要來安排組織的人力資源，是充實人力資源、滿足員工和組織雙方面需求的過程。透過生涯發展計畫，組織員工可以設定、創造和完成兼顧個人成長與組織目標實現的計畫。

　　除了永業制的公務員，還有大批其他人力在政府體系服務，尤其是社會福利行政領域，以「定期契約方式進用的約聘僱人員」為主。政府過去主要依賴永業制的公務員，對其他非公務人員之工作者多認定為臨時人力；包括聘用人員、派用人員、機要人員、約僱人員、職務代理人及聘任人員等。由於這些人員不需具備公務員資格，都屬契約人力。政府機關按照季節性或臨時性業務量多寡，彈性運用各種人員、部分工時人員，採契約方式進用，以節省正式公務人員的各種薪資和福利支出。然而，「契約進用公務人力」還是應納入聘用人力管理條例，聘用人力根據契約進用之全職或部分工時人力，仍視為各機關組織法規中所訂的總員額人力。

　　契約性人力的僱用，基本上是雇主（政府）與受僱者事先約定，並且訂定一段時間作為其任用期限，不屬於永業制，所以雙方僱用關係呈現

以「交易」為主的特質；亦即雇主以財貨報酬交換契約性人力所提供的技能與勞務，而受僱者則是以此交換所需。契約性僱用關係的本質是市場交易，不像傳統文官制中相當程度的彼此互信、相互承諾。

契約性公務人力，是指由中央或地方自治團體所屬各機關，以契約方式進用執行公共事務人員，大都屬臨時性、個案性、專業性、技術性，範圍依人力與機關進用法律關係而有不同。廣義而言，泛指機關組織編制內，依法令規定以契約方式進用至各機關，由機關法定預算支付給薪之從事公共事務人員；範圍排除以委託契約方式委託私人或民間團體行使公權力者。狹義而言，專指機關組織編制外，依法令規定以契約方式進用至各機關，由機關法定預算支付給薪之從事公共事務人員；範圍僅包括依聘用人員聘用條例所聘用的人員，以及依行政院暨所屬機關約僱人員僱用辦法所僱用之約僱人員。

約聘人員的學歷通常較高，指由「聘用人員聘用條例」所規範之契約人力，專指較為專門的高級科學技術人才因機關現有人員無法勝任該職位，所以由沒有公務人員任用資格的人員充任，並根據經驗、學歷、比照簡任十至十三職等（博士或碩士學位）或六至九職等（大學或碩士學位）薪資進用。

約僱人員則指相當於公務人員第五職等以下之臨時工作，依據「行政院暨所屬機關約僱人員僱用辦法」進用。其僱用必須基於機關年度計畫已編列之預算，或經專案核准進用。約聘僱制度為因應機關臨時性業務需要所進用之人員的工作內容、性質、報酬期間等項目，均需以契約規定，且一年一聘，至計畫事項完成後，應予以解聘或解僱。

近年來，政府也採用派遣方式找尋人力，是採購法勞務委託的一種。由派遣機構與用人單位（或稱「要派單位」，就是政府）訂定派遣契約，約定由派遣機構僱用員工後派遣至政府某個單位。被派遣員工被派遣至要派單位的工作地點上班，執行工作任務。標準流程是「用人單位」

向「派遣機構」提出人才需求；雙方依人才需求條件招募並篩選適合的「被派遣員工」。三方經由明確的契約訂立，各自執行任務。三者間形成雙重關係（dual relationship）；被派遣員工一方面是派遣機構合法僱用的，另一方面在用人單位提供勞務，並接受用人單位的指揮與監督[6]。

　　派遣關係因為與傳統的僱用關係不同，比較複雜；也可能因為關係較有彈性，而有較大的靈活度。對政府組織而言，因為不需與員工長期維持緊密互動，因此也有較大的空間。派遣機構應給與工作者與正職員工相當的權利，在選、任、用、留、去等人事管理方面也必須符合相關法令。派遣人員與派遣機構必須簽訂勞僱契約，並且受《勞動基準法》的保障。派遣員工適用《勞動基準法》，應享有勞保、健保等基本保障；至於在工作時間、休息時間、延長工時、休假、例假、請假、產假、職災補償等方面，派遣同仁與正職人員的規定均相同。

　　被派遣者與正式員工享有之權益差異在於：(1)定期契約期間屆滿時，原有之勞僱關係即行消滅；(2)勞工期滿離職時，不得向僱主請求加發預告期間工資及資遣費；(3)定期契約期間若短於一年，勞工將無法享受《勞動基準法》第38條規定之特別休假權利；(4)被派遣者的福利制度（例如特休假、三節禮金、年終獎金、績效獎金等福利）取決於政府的用人單位；同樣的工作職位派到不同用人單位，享受到的福利照顧可能不同[7]。

參、職組、職系、職位、職等

　　政府自民國76年開始實施兩制合一的官職併立制度，95年1月16日修訂施行之職系，將159個職系簡併重定為53個職系，並按性質設置26個職組；經多次修正，106年時共設43職組，96個職系。但是根據106年底公務人員納入職系歸類者仍只有188,668人，占53.96%，其中行政類144,299

人，占41.27%；技術類44,369人，占12.69%；無職系者（主要包括警察人員、關務人員、醫事人員、交通事業人員及法官、檢察官）計161,008人，占46.04%。

　　採行職位分類制度後，基本結構，始於以「職位」為中心，依各個職位上主要工作的性質，將其相同相近者歸納成「職系」；另按各職位之主要工作的繁簡難易和責任輕重，將相同相近者歸納成「職等」。進一步將「職等」和「職系」兩者交叉構成「職級」；而每一職級均包括同職等和同職系的全部職位[8]。

　　職系與職等是職位分類制度結構中的兩大根本。就職位分類制度而言，可視需要設置職組，將工作性質相近或可相通或經驗可以互換的數個職系，合成一個職組[9]。

　　職組職系是對職位工作性質所作的分類，為職務配置、選拔人才、人員汲取、工作指派等重要的依據。職組職系的設定，須考量專才專業及分工狀況。原則上，專才專業性質越低，職組職系數目越少；專才專業性質越高，職組職系數目愈多。

　　在代號方面，行政類的代號03，其中普通行政代號是31，又區分為3101一般行政、3102一般民政、3104社會行政、3108戶政、3109原住民族行政、3110社會工作、3111勞工行政。按照「職組暨職系名稱一覽表」，一般行政職系與檔案管理、僑務行政職系視為同一職組，現職人員得相互調任。

肆、文官體制的法規名稱

　　文官體制十分嚴謹，有各種銓敘法規。大致可以分為：組織目／處務目／任用目／俸給目／考績目／進修目／獎懲目／保險目／退休目／撫

衈目／登記目／人事管理目／保障暨培訓目等。這些是大目，在大目之下，又各自分為不同的法令。配合法令，又有施行細節。有些規定是針對某種背景的公務員，有些則廣泛適用。以下簡單整理與社會福利行政公務員有關的法令名稱。有些規定已經走入歷史，但仍在銓敘法規中找得到。每一方面都可稱為目，每一方面以排在第一位者最為重要，通常該法都有施行細則。

一、任用目

- 公務人員任用法／公務人員任用法施行細則
- 聘用人員聘用條例／聘用人員聘用條例施行細則
- 派用人員派用條例／派用人員派用條例施行細則
- 職務歸系辦法
- 職務說明書訂定辦法

二、轉任及改任目

- 現職公務人員改任辦法
- 公務人員留職停薪辦法
- 專門職業及技術人員轉任公務人員條例／專門職業及技術人員轉任公務人員條例施行細則
- 委任公務人員晉升薦任官等訓練辦法
- 公務員服務法
- 公務員兼任非營利事業或團體受有報酬職務許可辦法
- 各機關機要人員進用辦法
- 薦任公務人員晉升簡任官等訓練辦法

社會福利行政

・各機關職稱及官等職等員額配置準則
・涉及國家安全或重大利益公務人員特殊查核辦法
・政府機關（構）改制行政法人隨同移轉繼續任用人員人事管理辦法

三、俸給目

・公務人員俸給法／公務人員俸給法施行細則
・現職公務人員換敘俸級辦法
・行政、教育、公營事業人員相互轉任採計年資提敘官職等級辦法
・公務人員加給給與辦法
・公務人員曾任公務年資採計提敘俸級認定辦法
・退休（伍）軍公教人員年終慰問金發給辦法

四、考績目

・公務人員考績法／公務人員考績法施行細則
・考績委員會組織規程

五、進修目

・公務人員訓練進修法
・公務人員行政中立訓練辦法
・公務人員訓練進修法施行細則
・高階公務人員中長期發展性訓練辦法
・行政院及所屬機關學校公務人員訓練進修實施辦法

六、人事管理目

- 人事管理條例
- 行政院暨所屬機關約僱人員僱用辦法
- 公務人員請假規則
- 獎章條例／獎章條例施行細則
- 各機關人事資料管理規則
- 天然災害停止辦公及上課作業辦法
- 現職公務人員調任辦法
- 各機關學校聘僱人員離職儲金給與辦法
- 行政院所屬各級行政機關、學校事業機構人事人員員額設置標準

七、其他

- 公務人員陞遷法／公務人員陞遷法施行細則
- 公務人員行政中立法／公務人員行政中立法施行細則
- 中央政府機關總員額法
- 行政院及所屬各級機關精簡人員優惠退離辦法
- 中央政府機關員額管理辦法
- 行政院功能業務與組織調整暫行條例施行期間各機關依組織法規聘任人員權益保障處理辦法
- 行政院人事行政總處及所屬機構公務人員交代條例施行細則

　　以104年修正的公務人員任用法為例，有些重點是公務員及有志擔任公職者必須瞭解的。例如品位制與職位分類制重要名詞的基本意義：

　　1.官等：係任命層次及所需基本資格條件範圍之區分。

2.職等：係職責程度及所需資格條件之區分。

3.職務：係分配同一職稱人員所擔任之工作及責任。

4.職系：係包括工作性質及所需學識相似之職務。

5.職組：係包括工作性質相近之職系。

6.職等標準：係敘述每一職等之工作繁、簡、難、易，責任輕、重及所需資格條件程度之文書。

7.職務說明書：係說明每一職務之工作性質及責任之文書。

8.職系說明書：係說明每一職系工作性質之文書。

註　釋

1　吳定、張潤書、陳德禹、賴維堯、許立一（2007）。《行政學》。台北：空中大學。

2　林志忠（2003）。《行政學》。台北：千華。

3　林鍾沂（2005）。《行政學》。台北：三民。

4　甘添貴（2015）。〈新修正刑法公務員的概念〉。《月旦法學季刊》，17，23-34。

5　孫本初、賴維姚（2008）。《行政學辭典》。台北：一品。

6　彭懷真（2010）。〈社會福利直接服務採用人力派遣的理論與實務〉。《社區發展季刊》，129，295-313。

7　彭懷真（2012）。《多元人力管理》。台北：巨流。

8　徐有守（2006）。《官職併立制度的理論與結構》。台北：商務。

9　同註8。

第二十六回

你適合做公務員嗎？

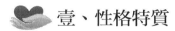 **壹、性格特質**

　　對多數社會科學領域的朋友來說，考上公職成為公務員是令人羨慕的，可以藉此得到一份穩定的工作，通常能得到比民間高一些的薪水及好一些的福利。但是有許多人努力考卻考不上、考上了卻總覺得工作充滿挫折。

　　原因或許可以回到「人類行為與社會環境」這門社工人都修過的課程名稱來思考，政府體制有如某種特定的社會情境，個人的行為未必能適應。政府環境孕育某種組織狀況，在其中工作的成員都是「組織人」（organizational person），有些人的性格適合在龐大組織裡扮演組織人的角色，另一些人沒有那麼適合。政府體制悠久，各種規定特別多，某些成員在社會化的過程中，能夠接受進而尋求發展，某些人卻覺得很難適應。昔日的學歷、經歷及發展經驗，也都影響一個人的性格，進而影響在政府體系裡的適應。

　　個體行為深受性格影響，性格（personality，或譯「人格」）是心理

社會福利行政

系統的動態組合，決定個人適應外在環境的獨特形式，也是個體反應及與他人互動的方式。性格是個體內部的行為傾向，具有整體性、結構性、持久穩定性等特點，是每個人特有的，可以對個人外顯的行為、態度提供重要的解釋[1]。

性格特質描述個體行為的持續性特徵，這些特徵持續出現在不同情境之中。特徵若越一致，常於不同情境出現的話，在形容個體性格時，該特質就越重要。性格特質在甄選員工、搭配工作及員工生涯的抉擇上，十分重要。某些性格特質較適合某種工作，整體的工作績效也能因而提升。

性格類型深刻影響著一個人觀察事物的角度、思考問題的方式、決策的動機、工作中的行事風格，乃至人際交往中的習慣與喜好。不同性格的人在相同的刺激中或在面對相同問題時往往有截然不同的反應。

司奈德（Ben Schneider）認為組織整體也具有某種「性格」，而這個「性格」是不同成員性格的組合。由於組織會吸引相同性格的人來，並且會聘用相同屬性的人，而不具有相同性格的人會漸漸離開。最後，組織將會留下一群性格很類似的人，而這些人形成了組織的典型性格。這樣的過程形成「吸引─選擇─耗損架構」（attraction-selection-attrition framework），簡稱ASA架構[2]。

根據ASA架構，組織會形成某種性格，而且組織的性格與員工的性格會是相對應的。透過「吸引─選擇─耗損」的過程，組織的性格影響員工的行為，甚至影響組織的成敗，進而影響目標的達成。不過，過度的同質性也會產生組織變革的阻礙。具有同樣性格的看問題的角度可能是類似的，以致於無法發現問題的盲點。

以下用七種性格的分類來說明對公務員適合或不適合的性格，具備適合特質的人，在社會福利行政領域投入、付出、持續工作，容易產生如魚得水的感受。當然，這些都只是線索，也只提供部分原因，影響一個人

能在社會福利行政體系裡發展的因素太多了！

貳、各種性格分類

一、行政、立法或司法型

　　立法、行政、司法是政府的三大體系，也是三權分立的基石。在職場上，有些人的工作像是立法者；有些人像行政者；另一些人像司法者[3]。若能依不同的個性發展，比較能在工作中找到自我實現的快樂。在職場上仔細觀察，可能發現有些同事像立委，有些像法官，有多數則像公務員。

　　現代管理和專業化的趨勢主要是培養「行政型」的上班族。行政型聽命行事，樂意接受清楚命令。當上級設計好組織架構後，他們習慣按照框架來做事，按部就班、循序漸進，穩定中求進步。

　　行政型像是班上的模範生，立法型的工作者有點像調皮搗蛋、惹事生非的聰明孩子，看看立法委員的表現就能想像了！立法型的工作者最具創意，要求自主，對做事方法和工作目標自有定見，他們希望設計自己的生活和做事方式，而不一定會恪守上司同事的要求。

　　司法型像是冷靜讀自己的書、不一定配合老師授課進度的學生。他們總是用一雙冷冷的眼看著模範生和壞孩子競爭，再找機會發表自己的看法，並提出一些改善的建議。他們適合審查方案、考核人事、分析研究、顧問督導，較不熱衷於做第一線的工作，對例行的業務容易抗拒。

　　站錯了位置，又做了不適合自己個性的工作，後果嚴重。例如有創意有衝勁者去負責行政業務，甚至擔任行政主管，難免出問題。中規中矩者卻去做該批判現狀的司法性質職務，有洞察反省能力的高手去立法工作……。結果他們可能自己痛苦，組織的運作也頻生問題。

二、五大性格特質

性格特質的構面最著名的是五大（BIG FIVE）性格特質[4]，各特質與員工的工作績效有關聯性，以社會福利行政領域的工作者為例，進一步說明：

(一)外向性（extraversion）

指一個人對於與他人關係感到舒適的程度，以及人際互動的頻率。若一個人對和他人的關係感到越舒適、互動越頻繁，則表示越外向。高外向性的人的特徵為：主動活躍、喜歡表現、喜歡交朋友、喜愛參與熱鬧場合、活潑樂觀等。相對的，是內向性。通常持續面對案主、面對民眾的公務員，在個性上以外向性的較適宜，工作時較為愉快。如果單純做行政，例如做資訊的彙整、負責方案的委託等，內向性的相對順利些。

(二)親和性／友善性（agreeableness）

指對於他人所定下規範的遵循程度。若一個人對主管或是其他人所訂下之規範的遵循程度越高，顯示親和性越高。高和善性者的特徵為喜歡幫助他人、有禮貌、令人信賴、待人友善、容易相處等。社會工作專業是助人的領域，當然要在人際關係上習慣親切、友善。

(三)專注感／嚴謹性（conscientiousness）

指追求目標的專心與集中程度。若一個人目標越少、越專心致力於目標時，則專注感程度越高。專注感的特徵包括努力工作、成就導向、不屈不撓、負責守紀律、循規蹈矩、謹慎、有責任感等。如果負責某項專案，又有必須完成的期限，平日就習慣專注、嚴謹的人較為適宜。

(四)情緒穩定度（emotional stability）

　　與造成負面情感的刺激數目及強度有關，當一個人所能接受的刺激數目越少、強度越低時，情緒穩定度越低。情緒穩定度高者的特徵為心情平和與自信，情緒穩定度低者易焦躁、易沮喪、易緊張、過分擔心、缺乏安全感、不能妥善控制自己的脾氣等。社會行政的公務員，是一種「情緒勞動者」（emotional labor），情緒穩定度要比一般人更高。

(五)對經驗的開放性（openness to experience）

　　指興趣的多寡與深度。若一個人的興趣越多樣化，開放度越高。其特徵為具有開闊心胸、富於想像力、好奇心強、有原創力、喜歡思考及求新求變。公務員依法行政，創新並非工作的核心，如果興趣多元，未必適合。

　　上述五大性格特質對於員工的工作績效有重要的意義。在組織中，外向性有助於預測第一線社會工作者的表現，原因是做家庭訪視、直接處理案主的問題，需要密切地與人接觸，如果性格上不喜歡與人相處，可能造成負面的結果。親和性是樂於在工作中與人相處，為社工特別需要的特質。專注感對於工作績效有正面的影響效果，一個具有高專注感的員工會表現較佳，對需要大量投入學術研究的社會工作者尤其如此。

三、MBTI（Myers-Briggs Type Indicator）[5]

　　將性格依照資訊蒐集和資訊彙整區分為四個面向：

(一)「外向」與「內向」

　　心理能力的來源，指獲得心靈能量的方向。外向型（E, Extroverts）

偏向專注於外在的人和事,傾向將能量往外釋放。內向型(I, Introverts)則專注於自己的思想、想法及印象,傾向將能量往內。

(二)「直覺」與「感覺」

認識外在世界的方法,是人們認識世界的主要方法,即外界知覺,探討人們如何處理接收到的資料。感覺型(S, Sensing)著眼於當前事物,習慣於先使用五官來感受世界。直覺型(N, Intuition)則著眼未來,著重可能性及預感,從潛意識及事物間的關聯來理解世界。直覺對公務員並不特別重要,能著眼於當前的則可貴。

(三)「情感」與「思考」

倚賴什麼方式做決定,情感及思考是下決定時內心所側重的方向。情感型(F, Feeling)偏好透過價值觀及自我中心的主觀評價來作決定。思考型(T, Thinking)使用頭腦來作決定,而情感型則用內心來作決定。思考型偏好用「是—非」及「如果……就」的邏輯來作分析結果及影響,或作決定。概略來分,面對案主的時候,同理心的情感性不可少,面對大量資料時,思考的嚴密更重要。

(四)「判斷」與「理解」

生活方式和處事態度。判斷型(J, Judging)傾向於井然有序及有組織的生活,而且喜歡安頓一切事物。理解型(P, Perceiving)則傾向於自然發生及彈性的生活,對任何意見都抱開放態度。很顯然的,井然有序對公務員來說絕對是最重要的生活習慣。

理解型的外向表現在於其外界知覺(S/N),反之,其決定方式是內向的,形成了右腦主導,從整體看外在的生活方式,依賴主觀的判斷及開放的態度。在與認知功能的關係方面,判斷型的決定方式(T/F)是外向

的，會受外界所影響。判斷型傾向使用左腦主導，由零碎為主的生活方式，依賴外在的規則及程序。

此分類為討論動力質素及各個型態組合的互動時，作為一種工具。以各種型態的併合來分類及比較差異。由四個心理功能組成，分別是ST、SF、NF及NT。如果以欄分組，將會得出IJ、IP、EP及EJ四種態度。還有更複雜的組合，例如感知外界的組合，分別是SJ、SP、NP及NJ[6]。

依照MBTI，可以把人格特質分成四大類型：指揮者、社交者、協調者、思考者，公務員的主管很少是協調者，協調者平易近人，優點是服務人群、樂於傾聽。主管之中，思考者居多，優點為處處事先計畫、重視分析，缺點是過於要求完美、太過吹毛求疵。

四、性格與工作適配理論

根據荷蘭德（John Holland）的分析，不同的工作類型需要不同性格特質的人，提出性格與工作適配理論。有六種性格特質分別與六類型的職業相互配合，這六種性格類型與特徵以及搭配的職業依次如下[7]：

1.實際型：為踏實、實際、穩定、堅持、害羞。合適的職業有機械操作員、工程人員等。

2.研究型：為好奇、獨立、分析、創意。合適的職業有實驗室人員、科學研究人員等。

3.社交型：為親切、合群、善體人意、和藹。合適的職業有社工、中小學老師、心理輔導員等。

4.保守型：為順從、講效率、缺乏彈性。合適的職業有公務員、會計與出納人員、行政人員等。

5.企業型：為自信、野心、好支配、有活力。合適的職業有公關顧問人員、房屋銷售人員等。

6.藝術型：為理想性、不喜條理、情緒化。合適的職業有畫家、作
　　家、室內設計師等。

社會工作者偏向社交型，社會福利行政人員，保守型較適合。

五、A型人格與B型人格

研究心臟血管疾病的專家佛雷德曼等人發現：某些人工作時候相當
急躁、缺乏耐性、口出惡言、易被激怒、疑心，過量的藥物依賴（尼古
丁、咖啡因、酒精、興奮劑等），忽視足以危害身體健康甚至明顯的生理
不適應情形。長期性的處於壓力之下，試圖於不足的時間中完成過量的工
作，常處於與他人及事務的競爭衝突之中，較易罹患高血壓、心肌梗塞
等心臟血管方面的疾病，稱之為A型冠狀傾向行為型態（Type A coronary-
prone behavior pattern），簡稱為A型性格[8]。

佛雷德曼將性格分為A型人格與B型人格。這裡的A型或B型，與血型
無關。所謂A型人格，主要是指：

・Aggressive（攻擊性）

・Active（主動性）

・Apathy（冷漠）

・Achievement（成就感）

歸納來說，「生活中的急迫感」、「對人的敵意」、「一心兩用」
等是生活中常見的表現。A型人格個性急躁、求成心切、善進取、好爭
勝。此種性格的養成，顯然與社會快速節奏有關，大家生活匆忙、處處有
機會、事事要競爭，深怕不努力掌握機會就落伍甚至失敗。很多能力較強
的人，自幼就在家庭與學校的教育歷程中，養成力爭上游的個性。A型人
格對成就有高度的渴望，抗壓性較強，在高壓力的環境下往往會壓抑疲勞

感或是其他阻滯工作完成的因素，以達到期待的目標。能夠在錄取率很低的公職考試中，金榜題名，又能逐漸升遷，以A型人格者居多。

當A型人格者一再遭遇挫敗時，可能比B型人格者更感到無助。B型人格個性溫和、生活比較悠閒，若在一個高壓力的環境下工作，可能較A型人格的表現略遜一籌。因為他們個性隨和、生活較為悠閒、對工作要求較為寬鬆、對成敗得失的看法較為淡薄。B型性格的人會適度放鬆緊繃的神經和肌肉、調整計較利害得失的心態、珍視每一分努力與收穫、樂於開放心情故事與人分享、不以競爭而與人和樂相處，罹患心臟血管等疾病的比例低。

A型性格者，常見以下共同的心理特質：

1. 壓抑的性格。未能覺察情緒的變化，逃避疾病診斷及處置的訊息，可能錯過適當診療的機會，衍生慢性病或使得病情加重，如偏頭痛、下背痛、胃潰瘍。

2. 防衛性高。不善於表露及分享個人內在的情緒經驗，情感較為封閉，思考較為僵化固著，限定於框框而不靈活彈性變通，對現狀常常不滿。

3. 期待獲得較高的社會期許。對自我充滿較高的信心，相信凡事可以盡個人力量完成，以符合「成功」的形象，以獲得非凡成就為努力的目標。覺得休閒是浪費，會認為若能好好利用休息的時間來做更多的事情是一種責任也是必要的犧牲。因此在所處的環境中奮鬥不懈，競爭性強，喜歡具有挑戰性的工作，以追求高成就。

4. 說話速度快、音量大、有活動，以充滿情緒字眼的爭辯、姿勢及表情呈緊張狀態、敵意強、具攻擊性。

六、人際風格指標

依據心理學大師榮格（Carl G. Jung）的分析架構所發展的心理測驗，幫助人們瞭解自己的主要個性，以及與人互動過程中的行為傾向。分為四大類[9]：

1. 分析型：個性的特質有謙虛、容忍、嚴格、考究、謹慎、小心愛思考、好推理、正確，比較能控制自己的情緒，但果斷力卻較弱。通常以精確、深思熟慮和按部就班的方式做事，適合社會行政者。
2. 平易型：個性的特質有溫和、文雅、穩定、有耐心、善良、樂於助人、親切、誠懇、寬大、慈悲。對人與對事物的反應較一般人強，但行事果斷力較弱。較能設身處地為別人著想，但也可能因過於隨和而容易順從或遷就他人，可能因為保守而不知變通。
3. 駕馭型：果斷力強，也較能控制自己的情緒。通常能很快抓住重點，然後簡明扼要表達自己的意見，但也可能因為過分追求效率，而趨向專權或無情。
4. 表現型：果斷力強又熱情，善於情緒化的表達自己，是最搶眼的人際風格。經常喜歡以新奇的方法處理問題，同時也願意冒險來爭取機會及實現美夢。但可能因好高騖遠而較不切實際。

七、自我監控

自我監控（self-monitoring）性格指一個人會調整自己的行為，以因應外在環境的需要。具有高自我監控性格者對於情境特別敏感，能夠充分瞭解他人對自己的期許，會配合環境的改變，調整自己的行為。

高自我監控者會視情況展現出最合適的一面。因此，行銷工作以及社工類工作適合高自我監控者擔任，他們必須時常與不同的人接觸，通常會注意旁人的行為舉止，並且會予以配合，而有較佳的表現[10]。

註　釋

1 Robbins, S. P. (2006). *Organizational Behavior*. Pearson Educational International.

2 陳薇薇譯（2001）。Dr. Roger Birkman著。《性格密碼》。台北：宇宙光。

3 彭懷真（2012）。《工作與組織行為》。台北：巨流。

4 戚樹誠（2010）。《組織行為——台灣經驗與全球視野》。台北：雙葉。

5 黃堅厚（1999）。《人格心理學》。台北：心理。

6 杜玉蓉譯（1998）。Tony Alessandra與Michael J. O'Connor著。《白金定律——新世紀人際關係法則》。台北：臉譜。

7 Robbins, S. P., & Decenzo, D. A. (2005). *Fundamentals of Management: Essential Concepts and Applications*. Pearson Educational International.

8 陳靜惠譯（1991）。Martha Davis、Elizabeth Robbins與Eshelman Matthew McKay著。《跟壓力說再見》。台北：哈佛企管。

9 同註3。

10 Schermerhorn, J. R., Hunt, J. G., & Osborn, R. N. (1998). *Basic Organizational Behavior*. John Wiley & Sons, Inc.

第二十七回

他律與自律

 ## 壹、他律——公務員服務法

「約法三章」是劉邦剛進入咸陽時留下的範例，但歷代政府對於官吏的約束絕對不只三項。我國各項與公務員有關的法令，處處有所約束。以最重要的《公務員服務法》為例，至少提到以下十六點的「不得」：

1. 不得洩密：有絕對保守政府機關機密之義務，對於機密事件，無論是否主管事務，均不得洩漏；退職後亦同。
2. 不得任意發表看法：未得長官許可，不得以私人或代表機關名義，任意發表有關職務之談話。
3. 不得有不好的行為：不可有驕恣貪惰，奢侈放蕩及冶遊、賭博、吸食煙毒等足以損失名譽之行為。
4. 不得假借權力，以圖本身或他人之利益，並不得利用職務上之機會加損害於人。

5.不得畏難規避，互相推諉或無故稽延。

6.不得兼職：公務員除法令所規定外，不得兼任他項公職或業務。依法令兼職者，不得兼薪及兼領公費。依法令或經指派兼職者，於離去本職時，其兼職亦應同時免兼。

7.不得經營商業或投機事業。

8.不得拖延：奉派出差，不得藉故遲延，或私自回籍，或往其他地方逗留。

9.不得擅離職守：未奉長官核准，不得擅離職守。

10.不得遲到早退。

11.離職後三年內，不得擔任與其離職前五年內職務直接相關之營利事業董事、監察人、經理、執行業務的股東或顧問。

12.對於屬官不得推薦人員，並不得就其主管事件有所關說或請託。

13.隸屬關係者，無論涉及職務與否，不得贈受財物。於所辦事件，不得收受任何餽贈。不得利用視察、調查等機會，接受地方官民之招待或餽贈

14.非因職務之需要，不得動用公物或支用公款。

15.職務上所保管之文書、財物，應盡善良保管之責，不得毀損、變換、私用或借給他人使用。

16.與其職務有關係者，不得私相借貸，訂立互利契約或享受其他不正當利益。

該法第22條如此規定：「公務員有違反本法者，應按情節輕重分別予以懲處；其觸犯刑事法令者，並依各該法令處罰。」即使離職了，還可以處罰，第23條規定：「離職公務員違反本法第14條之一者，處二年以下有期徒刑，得併科新台幣一百萬元以下罰金。犯前項之罪者，所得之利益沒收之。如全部或一部不能沒收時，追徵其價額。」即使長官自己沒犯

錯，部屬違法也連帶處分，第24條如此規範：「公務員有違反本法之行為，該管長官知情而不依法處置者，應受懲處。」在**圖27-1**中整理公務員違背行政責任時的課責途徑及懲處方法[1]。

　　公務員原則上是永業的，犯法就不然。該法規定有些人根本沒資格擔任公務員，包括：(1)未具或喪失中華民國國籍；(2)具中華民國國籍兼具外國國籍。但其他法律另有規定者，不在此限；(3)動員戡亂時期終止後，曾犯內亂罪、外患罪，經有罪判決確定或通緝有案尚未結案；(4)曾服公務有貪汙行為，經有罪判決確定或通緝有案尚未結案；(5)犯前二款以外之罪，判處有期徒刑以上之刑確定，尚未執行或執行未畢。但受緩刑宣告者，不在此限；(6)依法停止任用；(7)褫奪公權尚未復權；(8)經原住民族特種考試及格，而未具或喪失原住民身分；(9)受監護或輔助宣告，尚未撤銷。

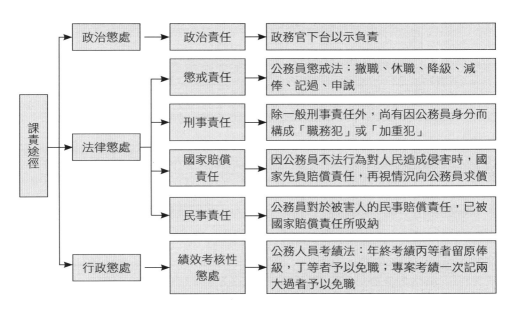

圖27-1　課責途徑

資料來源：汪正洋（2015）。《圖解行政學》。台北：五南。

　　公務人員於任用後，有前項第一款至第八款情事之一者，應予免職；有第九款情事者，應依規定辦理退休或資遣。任用後發現其於任用時有前項各款情事之一者，應撤銷任用。前項撤銷任用人員，其任職期間之職務行為，不失其效力；業已依規定支付之俸給及其他給付，不予追還。但經依第一項第二款情事撤銷任用者，應予追還。

　　貪汙是公務員被判刑的最普遍原因，在行政體系長久以來都是問題，部分公務員的操守不佳，違反法令。2013年7月，Transparency International（國際透明組織）公布The Global Corruption Barometer（全球貪腐趨勢指標），統計107個國家，114,270人的調查報告指出，台灣的貪腐指數高達36%，亦即每100人中，就有36人在過去一年曾以賄賂取得公共服務，名列世界第十八名，遠超過全球平均值（27%）。近年有所改善，該組織公布2017年的指標，受訪者認為各類政府官員或領導者中，較可能涉及貪腐的人員以立法委員（49%）、縣市議員（48%）較高，超過民眾傳統印象中之警察（18%）、一般公務員（16%）與稅務人員（13%）。過去一年與公部門有接觸經驗民眾裡，送紅包或送禮物給公部門人員的比例平均數為6%，戶政人員為零。至於政府打擊貪腐的表現，54%的受訪者對政府打擊貪腐的成效並不滿意，29%的受訪者表示滿意，有23%受訪者認為貪腐情況有減少，26%認為貪腐情況有增加。

　　經統計我國貪瀆定罪率，自2009年7月國家廉政建設行動方案實施以來至2016年12月為止，因貪瀆起訴判決確定者4,783人，其中以貪瀆罪起訴經判決有罪者2,411人，以非貪瀆罪起訴經判決有罪者1,038人，判決有罪者3,449人，定罪率達72.11%。在貪瀆犯罪率部分，每十萬期中人口中，有4.8人以貪瀆罪名起訴，2008年最高為6.4，之後大致呈現下降趨勢，至2016年已降為3.3。整體趨勢為：貪瀆犯罪率下降、定罪率則時升時降。

　　另外，法務部統計指出，2010年開始，每年各地檢署的貪瀆相關案

由起訴人數大致都維持在一千多人左右，2014年是高峰，多達1,648人，但2016年降至997人，2017年只有703人。根據歷年統計，最常觸犯貪瀆案件的公務員，大部分是基層委任人員和中層薦任人員。以2017年為例，分別有146名基層委任人員、159名薦任人員遭起訴，高層簡任人員只有27人遭起訴。

2010年因涉貪瀆案被判決有罪定讞者有167人，判決無罪者僅30人，定罪率達84.8%，之後幾年涉貪瀆案的人數變多，定罪率大致維持七成，但2015年定罪率掉至66.6%，2016年定罪率更只有62.9%。

貳、行政倫理

公務員並不自由，比起大多數職業不自由。孫中山老早就提出有四種人：學生、軍人、官吏和不及二十歲未成年的人，都是沒有自由的。官吏就是今日的公務員，受到比較多的約束。外在有種種法令等著處罰違反者，內在有倫理的限制。

倫理是人群關係的準則，是人們應該遵守的行為規範，建立人與人之間互動時的關係，基本原則是「尊重他人」。倫理是人與人關係中應有的條理和合理秩序，衍生出了具體的道德要求和規範。公務員的行政活動必然涉及個人與個人、個人與社會、組織與組織等各種關係，而倫理正是調節這些關係為規範的工具。公務員應該具有清楚的倫理價值，而倫理則可以使行政工作順利[2]。

社會福利行政的工作者受到雙重的倫理限制：行政倫理和社工專業倫理。在組織內部應該與上司、同事、部屬等維持合理的關係，並遵循「行政倫理」；在組織外部，應該幫助組織承擔社會責任。以社會福利行政來看，政府頒布「社會工作倫理守則」是依據。其中，對社會大眾方面

 社會福利行政

的倫理守則包括：

1. 應促進社會福利的發展，倡導人類基本需求的滿足，促使社會正義的實現。
2. 應致力於社會公益的倡導與實踐。
3. 面對因災害所致社會安全緊急事件，應提供專業服務，以保障弱勢族群免於生命、身體、自由、財產的危險與意外風險。
4. 應努力實踐社會的公平正義，提供弱勢族群合法的保障，協助受壓迫、欺凌者獲得社會安全保障。
5. 應促使政府機關、民間團體及社會大眾履行社會公益，落實案主合法權益保障。

行政倫理（administrative ethics）包含面向很多，單以行政程序來看，行政倫理指執行工作的過程中所應有的價值、行為規範、義務及其完成的方法。最重要的是與組織制度相聯繫的倫理原則和行為規範。具體而言，表現在三方面[3]：

1. 程序公正：公務員在履行行政職能及推動工作的過程中遵循既定的規章、條例、辦法等，所作所為都是為公共，而不是為了個人謀取私利。
2. 組織信任：組織在分工基礎上進行合作。合作不僅是正式的權力體系，更要建立人與人之間、部門與部門之間和諧的信任關係。
3. 制度激勵：經由建立組織內部合理公正的制度來激發組織成員的積極性，進而推動組織活動。

就政府體系而言，行政倫理是個別公務員道德規範和行政機關群體價值規範的綜合表現，是公務員在行政過程之中是非對錯的判斷。其結果影響行政主體行動的正當性與合理性，牽涉到領導、決策、指揮、執

行、協調和控制等行政活動的合法性問題。它包括公務人員在行政工作的道德觀念、道德活動與道德規範，也包括行政主體應遵循的價值規範[4]。

　　常常被提到的行政倫理包括：公務員負責任、守紀律、忠於職務等倫理條件。公務員在進入行政系統後，對國家、對民眾、對機關、對單位均有行為準則，在機關內對長官、同事、部屬應有合宜的角色分際。

　　行政倫理從消極的有所不為而無害於人（如不貪汙、不怠忽職守）到積極的有所為而有益於人（如為國效命、為民謀福的各種服務），使行政符合公平正義原則。當公務員做出違反忠貞及價值行為時，因而損害了大眾對政府的信心信賴；或為了私利而犧牲了公眾的福祉或效益，就違反行政倫理[5]。

　　行政倫理也稱「公務道德」、「服務道德」或「服務倫理」，透過執行呈現任務，展現價值的選擇及行為的標準，是在行政體系中公務人員在角色扮演時應掌握的分際及應遵守的行為規範，主要包括以下幾方面[6]：

1. 個人品德：公務活動中表現出對公共行政職業價值觀的認同及相聯繫的積極態度。公務員是一種職業，更是一種事業，有其崇高的價值，應對公共行政價值觀產生認同，將之內化為自己的行為目標。在品格方面，須遵循道德意識、道德意志和心理習慣等行為規範。公務員思想品德的內容，除了包括日常人們所追求的個人美德，如謙恭、仁慈、智慧、誠懇、忠實等，還應該包括行使公共行政職權所必須具備的樂觀、勇氣和公正。

2. 職業道德：是從事公務的人們在其特定的工作中行為規範的總和，用以確保道德原則和道德規範，處理公共利益和個人利益之間的關係。公務員職業道德的內容包括：維護公共利益、遵守法律法規、忠於國家利益、勤勉、負責、認真、不得懶惰拖查、玩忽職守。

 社會福利行政

3. 組織倫理：主要指與組織制度和組織規範相聯繫的倫理原則和行為規範，表現在程序公正、組織信任、民主責任與制度激勵等方面。

4. 政策倫理：公共政策的本質在於對社會利益和價值進行權威性的分配。如果政府的公共政策選擇偏離了公共利益的軌道，後果不堪設想。公共政策倫理涉及正義價值，也就是如何做到社會利益和社會責任的合理分配。政策倫理要求政府部門制定公共政策的時候，必須以大眾利益為重，慎重選擇政策取向，最大限度地增進公共利益。

 參、角色及義務

一、公務員的角色及義務

在角色及義務方面，公務員與其他職業不同[7]：

1. 鉅觀面：秉承立國精神與國家目標擬訂相關政策。公務員是國家政策、維護民主憲政、政策方向的執行者。

2. 中介面：須以人民之權益為整體考量，不得以一己之私利，損及服務機關之形象與功能。政策之推動不僅是單一機關之責任，更需要多方聯繫與溝通，讓政策順利推動。例如長期照顧法的推動牽涉衛政及社政單位、兒童及少年權益保障及福利法之推動更涉及社政、教育、戶政、警政及衛生等單位，政策推動之橫向聯繫與溝通十分重要。

3. 微視面：將公務員視為政策執行者。政策之落實有賴公務人員認真執行，執行過程中如何發現問題，進而修正。例如兒童少年性剝削防制條例而言，因為人口販運問題之影響，可以將受害兒童及少年

安置於機構中，加強保護。因家庭功能不彰、社會價值觀扭曲之影響造成兒童少年性交易問題，時空背景不同，未成年人淪為性交易者的情況亦不同，依法執行之公職社工應發現政策落實所衍生之問題，向上反映，重新修訂政策，以維護兒童少年最佳利益。

二、社會工作師的角色及義務

單以社會工作師來看角色與義務，重點如下[8]：

1. 鉅觀面：社工者於鉅觀面之角色應為倡議者。針對環境中對弱勢者不利之結構環境、政策法規等，聲援服務使用者，以改變目前不利之現況。

2. 中介面：社會工作人員具有教育者、諮詢者、資源媒介者等角色。生態系統理論認為人與環境之互動是密不可分的。社會資源應從所處之社區環境中獲得，社會工作者應評估案主所處之環境優劣勢，並從中找到適合的資源，加以媒合到個案的服務中，也應該教育案主如何運用資源，避免資源之濫用與浪費。

3. 微視面：社工具有問題解決的角色。強調社會工作者應能針對適應不良問題加以改善，使其改變問題現況、適應環境，於有限時間內提供評估及有效之處遇。尤其是家庭暴力暨性侵害防治中心之社工，應於法定時間內完成評估、處遇等工作，避免案主受到更不利之傷害。

 ## 肆、行政倫理的難題

行政倫理的層次有三，分別是公共政策倫理、行政決定倫理與個人

行為倫理，三個層次皆會產生不同的倫理議題。以下是公務員常常遇到的考驗[9]：

1. 餽贈、招待：餽贈與招待之分際不清，正常社交禮俗標準又在哪裡，是否要訂定一最高限額？最高限額又是多少？

2. 財產之公布：財產公布是否能有效防止公務人員以濫權枉法而獲得不正當收入？

3. 業務機密之公布：公務人員是否可為了公眾之利益、揭發政府內部的弊端或機密資料？當發現原有資料遭到偽造或竄改時，是否可公布原有資料？機密資料是否永遠不能公布或一定期限後得予公布？期限又如何訂定？

4. 吹哨：組織弊病應否揭發？獨善其身或請求他調或同流合汙？

5. 如何認定公眾利益：行政倫理中最基本的價值就是公眾利益。此種利益是最大多數人最大利益，但如何呈現？

6. 行政中立：民主政治就是政黨政治，公務人員是否有參加政治活動的權利？選擇效忠某個政黨或嚴守行政中立？行政中立之分際又何在？

7. 團結權與申訴制度：民主時代，傳統「特別權力」關係式微，公務人員能否透過結社與政府抗爭？抗爭事項如何限制？

8. 圖利他人或便民：公務人員的任務是為民服務，有時候某人因特殊狀況需要，而給與特別迅速服務或通融處理，是否違反公平性、圖利他人？選擇對人民有便利的施政方法是否引來圖利他人之嫌？經常困惑公務人員。

9. 關說、請託：公務人員是否完全不能接受或為他人關說、請託？關說、請託有時是表達民意，並不涉實質干預，僅在要求程序正當、速度加快，有何不可？應如何謹守分寸？

行政倫理困境（ethical dilemmas of public official）指公務人員在從事公務時，於倫理面向上所產生兩難的情境。公務倫理困境的產生，與所處的地位、所負的責任和所扮演的角色有關。換言之，公務人員的倫理問題皆由其職權而來[10]。

　　在政府體系，公務員為了所謂的國家利益未必能處處誠實。特別是身處強大控制性的國家機器之中，人員有強大的壓力去服從紀律以致於可能沒說誠實話，因而種種弊端缺失，無法杜絕。

　　在組織行為的研究中，將告密、爆料、揭發組織內部隱私的人稱之為「吹哨者」（whistleblowers），也可廣泛指「組織中提出尖銳不同意見的成員」。他們可能對組織內外「吹哨」。在媒體如此活躍、網路如此發達、通訊如此便利的今日，有些小規模的吹哨會在瞬間曝光，產生不可預料的結果[11]。

　　社會福利行政有一些特別的倫理難題，例如社工常被認為是有愛心的天使，但保護性業務的社工必須具備法律知識與各項資源的運用能力，才可協助遭遇家庭暴力、性侵害、性騷擾的被害人度過危難。許多保護性社工常在一通緊急電話響起，就必須立即出門協助驗傷、製作筆錄，無論是白天或深夜。

　　只要個案有需要，保護性社工就算三更半夜也要趕到，對案主負有責任。長時間、高壓力對社工的健康造成危害。除了整個職業結構的因素，也有許多是主管必須面對的倫理議題。如果管理者能正視並預防，許多悲劇與社工過勞的問題不至於如此嚴重。

　　每位社工員手邊的個案量幾乎都很大。服務高風險等各類型社工更是勞心勞力，每一個個案家庭要服務、電訪、家訪、會談，回來後要打個案紀錄及做報告。除了辛苦，還有案主可能施暴的人身安全考驗。但有些主管仍然持續地增加社工員的案量及各種工作，忽略了社工員能夠承擔工作的極限。

整體而言，社工人員對勞動條件，雖不完全滿意，還可以接受；但是，對薪資、定期契約、部分工作內容（例如核銷作業），仍有各種的不滿和質疑。以薪資為例，社會福利行政工作者比其他專業（例如律師、醫師或心理師）的薪資普遍要低。

然而，社會福利體系內有許多弊端，未能善用各種資源，同樣是令人心痛的，會使案主不但無法獲得原本應有的協助，又難以獲得應得的資源。

社會福利行政多做管理，難免走向「為文件工作」（paper-work）掛帥、刻意追求績效，也可能遠離「為人工作」（people-work）的社工理念，少了些人性和人本，關懷不足。

行政工作總是在理想與現實中掙扎，理想是期待達成的目標，現實是面對有限的資源，完成目標得靠資源的掌握。倫理不應唱高調，必須考慮使命、目標資源等因素，予以綜合判斷。社會福利行政單位應常檢視以下幾個根本的問題[12]：

1. 我們想要實現什麼？——這是目標的決定。
2. 我們能夠實現什麼？——需要考慮內部與外部因素；外部因素主要是任務環境的支援，內部因素主要是技能、資源和生產力。
3. 我們需要哪些資源來完成期望實現的目標？——包括人員、場地、設備、物料。每一部分的欠缺都得補足，以完成目標。
4. 我們負擔得起哪些資源？——透過對資金與資源的盤點，確認是否足以完成目標。
5. 付出這些資源後的成效如何？——期待以更少的資源達成相同的目標，或以相同的資源來達到更高的目標。

完成目標有賴對資源盤點、落實管理，謹守底線，不違背使命，是社會行政主管須牢記的。

　　社會工作者擔任管理者承受許多壓力。「孤立無援」是社會行政普遍的感受。「分身乏術」則是第二個普遍的考驗,第三個考驗是「無暇成長」,成功的行政人員必須不斷地成長,對於成為一位有效的行政公務員持續承諾。

註　釋

1　汪正洋（2015）。《圖解行政學》。台北：五南。

2　王永慈、許臨高（2002）。《社會工作倫理應用與省思》。台北：雙葉。

3　王永慈（2002）。〈檢視社會工作管理的倫理議題〉。《台灣社會工作學刊》，1，1-44。

4　邱瑞忠（1990）。《規範性行政倫理》。台中：東海大學公共行政系碩士論文。

5　繆全吉（1989）。〈行政倫理的困境與強化〉。《行政管理論文選集第四集》，408-416。

6　孫本初、賴維姚（2008）。《行政學辭典》。台北：一品。

7　蘇俊丞（2018）。《當社工師遇到政府科層——公職社工師職業社會化歷程》。台中：東海大學社會工作學系博士論文。

8　同註7。

9　同註4。

10　陳勁甫、許金田（2010）。《企業倫理：內外部管理觀點與個案》。台北：前程。

11　彭懷真（2012）。《工作與組織行為》。台北：巨流。

12　彭懷真（2012）。《社工管理學》。台北：雙葉。

第二十八回

考試與分發

壹、考公職與做直接服務不同

　　考試院有考選部及銓敘部，考選者，以考試的方法為國家選拔人才。政府為推行公務，採用公開、客觀、公正、科學的方法，測量並衡鑑拔擢合乎標準之所需人員，進而錄用的一套制度。在公務體系中，由於人員職位之等級、類別不同，所需人才特性、標準亦有不同，需按照單位的特性運用考試方法與技術拔擢適格人才。

　　考選有考有選，挑選人才的方法多元，考試方法與內容關乎考選之成敗，考選必須同時保有效度（validity）、信度（reliability）、客觀性（objectivity）與廣博性（comprehensiveness）。考選的方法分為筆試、口試、調查、審查著作或發明、知能有關學經歷證明、實地考試等[1]。然而，與社會福利行政有關的公務人員考試、特種考試皆以筆試法為方法。筆試又可分論文式及測驗式，論文式以長篇論述回答對考卷上問題的看法，並表達應試者具有的知能。測驗式的筆試，亦稱直達式筆試，或客觀筆試法。在這種情況下，應試者沒有太多的機會表達個人的意思，通常

只能就已編妥的試題中，作辨別、選擇或補充的填答。

考試與應用應該更緊密結合，然而社會福利行政有關考試並不如此。針對各種職業的難易度進行分析指標主要有三：處理與人（people）有關的、處理與事（thing）有關的、處理與資料（data）有關的[2]。這三大類，都可以區隔由簡單到困難，社會工作顯然是處理與人難度極高的職業，想想家庭暴力或性侵害的加害人就可以體會了，因此公職社會工作師同時兼具依法行政的公務人員身分及社會工作專業角色。透過國家考試，招募社會工作專業人員進入政府單位執行社會福利相關業務，以落實政府照顧弱勢人民之宗旨。依此來看，以與人有關為主。在各學門之中，社會工作此一助人專業最熟悉的工作是與人互動，但考試，與人有關的部分不多。所以，很會做社工服務的，未必會在考試時拿到高分。擅長與人接觸提供直接服務的，在考試過程中，未必占優勢。

一般而言，升學錄取分數方面，國立大學比私立綜合大學高，私立綜合大學的又比私立科技大學高。念國立大學的，通常比較會考試而不一定擅長處理與人有關的任務。私立大學的許多學生為了求生存，在人際關係上更要用心。此外，社會工作服務的對象以弱勢者居多，與考試高手的距離較遠。

以公務人員高等考試及地方政府特種考試公職社會工作師類科為例，定位在取得社會工作師專技職業證照者始得應試，換句話說，應試人員已於專技人員高等考試中，被評量為具有社會工作基礎專業知能，再進一步透過國家考試進入政府部門執行社會工作相關業務。公職社工師考試專業科目僅考兩科，其餘多為法學基礎科目，從國家考試科目即可瞭解選才重點在於能執法的人力。

長久以來，高考社會行政的錄取率都很低，私立科技大學畢業生能考上者如鳳毛麟角，私立綜合大學的也不多。因此，社會福利行政體系的公務員以考試能力較佳的國立大學出身者為主，而且不少人並非社會工作

系的畢業生。自從有了公職社工師考試之後，因為必須事先通過社工師考試，又因為名額較多，考試科目與處理人（people）有關的比重增加，給了私立大學畢業生較多的機會。某些在民間單位服務過的社工人員也紛紛透過考試成為公務員。

考上了，加入政府組織的人應更認識政府的特性。將正式組織分成三類：(1)強制的；(2)營利的；(3)規範的。其中強制性組織（coercive organization）指依賴由上而下威權強制的壓力，達到促使成員遵守組織命令。政府正屬於此類型組織，因此公務人員與政府組織間的關係基本上帶著權威性。公務人員考選過程中，特別強調透過考試選拔出能推動政策、服從權威組織的工作人員。從公務人員考試科目中看得出來，共同科目考憲法及法學緒論，一般行政職組另須加考行政學或行政法。從考試科目中即可看出政府拔擢人才方向傾向選拔能夠依法行政之人力，透過考選制度規訓即將踏入政府之人才。

 ## 貳、考試的類別及科目

政府體系為執行政策與處理業務，必須任用適格而勝任的人員，而如何選得適合的新人才為政府服務，成為人事行政的重點。政府一般選拔人才透過考試稱考選制度，國家公務人員在任職前，都應經過考試通過始得取得公務人員資格。

現行國家考試體系，包括兩大類：公務人員考試、專門職業及技術人員考試，考社工師屬於專門職業及技術人員考試。常任公務員均須經國家考試及格，相關規定如下：

1.初等考試及格者，取得委任第一職等任用資格。

2.普通考試及格者，取得委任第三職等任用資格。

3.高等考試三級考試及格者，得先以委任第五職等任用。

4.高等考試一級考試及格者，取得薦任第九職等任用資格。

5.初任各官等職務人員，其等級起敘規定如下：

　(1)高等考試之一級考試或特種考試之一等考試及格者，初任薦任職務時，敘薦任第九職等本俸一級；先以薦任第八職等任用者，敘薦任第八職等本俸四級。

　(2)高等考試之二級考試或特種考試之二等考試及格者，初任薦任職務時，敘薦任第七職等本俸一級；先以薦任第六職等任用。

在考試資格與學歷的關係方面，情形是：

1.具有博士學位或高考二級考試及格者→得應高考一級考試→及格者取得薦任第九職等任用資格。

2.具有碩士學位或高考三級考試及格者→得應高考二級考試→及格者取得薦任第七職等任用資格。

3.具有大學畢業學歷或普通考試及格者→得應高考三級考試或特種考試三等考試→及格者取得薦任第六職等任用資格。

4.具有專科、高中職以上學校畢業或初等考試及格者→得應普通考試或特種考試四等考試→及格者取得委任第三職等任用資格。

5.國民年滿18歲者→得應初等考試或特種考試五等考試→及格者取得委任第一職等任用資格。

　當然，高學歷的可以考低學歷資格者，因此近年有些博士考普考、碩士參加初等考試的例子，也不一定會考上。整體而言，全國公務人員中，博士占1.28%，碩士占22.09%，大學畢業者占44.71%，專科畢業者占23.04%，高中（職）及以下者則占8.89%。

　專技高考社工師的考試資格包括：(1)專科以上學校社會工作相關

科、系、組、所、學位學程畢業，曾修習社會工作（福利）實習或實地工作，領有畢業證書；(2)其修習之課程符合規定之五領域課程十五學科共四十五學分，有證明文件。實習或實地工作認定標準由考選部另定之；(3)實習次數與時數：應至少實習二次且合計四百小時以上。報名考試了，未必去考，去考了，未必錄取。在**表28-1**中呈現94-105年專技高考社工師類科報考、到考人數及錄取人數，錄取分數均為60分。

表28-1　專技高考社工師類科報考、到考人數及錄取人數

	報考人數	到考人數	錄取人數	錄取率
94	2,898	2,119	195	9.20%
95	2,871	1,995	221	11.08%
96	2,601	1,923	200	10.40%
97	3,307	2,419	615	25.42%
98	5,790	4,561	246	5.39%
99-1	4,080	2,924	333	11.39%
99-2	5,447	4,314	460	10.66%
100	6,141	4,459	422	9.46%
101-1	4,807	3,331	1,455	43.68%
101-2	7,114	5,485	385	7.02%
102-1	5,318	3,875	287	7.41%
102-2	5,489	4,117	323	7.85%
103-1	4,487	3,133	348	11.11%
103-2	5,044	3,841	745	19.40%
104-1	3,943	2,765	280	10.13%
104-2	4,808	3,666	759	20.70%
105-1	4,209	3,057	330	10.79%

　　公務人員考試分成三大類：(1)高等考試（分一級、二級、三級）、普通考試、初等考試；(2)特種考試一等、二等、三等、四等、五等考試；(3)公務人員升等、升資考試等。報考資格方面，高等考試一級須具

有博士以上學位，二級需具有碩士以上學位，高考三級應具有學士以上學位。社會行政類組只要符合學歷限制，即可報考，沒有科系限制，應考資格是高考需18歲以上，大學以上學歷。普考需18歲以上，高中職以上學歷。社會行政近五年每年錄取人數約200人，另有初等、地特、專技高考社工師等考試科目重複性高的機會。

　　各種試別的考試科目不同，整理與社會工作及社會行政領域有關的考試類型及科目，如**表28-2**。

表28-2　社會工作及社會行政領域有關的考試類型及科目

試別	國文	法學知識	英文	行政法	社會工作實務	社會研究法	社會福利服務	社會政策與社會立法
高考三級	●	●	●	●	●			
地特三等	●	●	●	●	●			
普考	●	●	●	●	●	●		●
地特四等	●	●	●	●	●	●		●
地特五等	●		●		●			● 社政法規大意
初等考	●		●		●			● 社政法規大意
專技高考社工師	●				●	●		●
社福特考（三等社會行政）	●	●	●	●	●	●	●	●

　　以社會工作界進入政府體系最重要的管道——公職社會工作師類科來看，分成兩類：

1. 「高等考試三級考試」分發區不限於某個地方，錄取者填選志願不受區域限制，錄取後須於原分發單位服務滿三年後始可轉調外縣市或其他一般行政職組之職系。

2. 「地方政府特種考試」專為地方政府公務人員設計，全國分十五個分發區（台北市、新北市、桃園市、台中市、台南市、高雄市、基宜區、花東區、屏東縣、雲嘉區、彰投區、竹苗區、澎湖縣、金門縣及連江縣）。考生報考時擇一區域報考，錄取後需在該區域服務滿六年始可轉調其他縣市服務或其他一般行政職組之職系。

　　公職社會工作師應考資格除了具學士學位外，更重要的必須先通過「專門職業及技術人員考試」，取得社會工作師資格。公職社會工作師考試科目比一般高考指定考試科目少，包括一般科目：(1)國文（作文60%、公文20%、測驗題20%）；(2)法學知識與英文（憲法30%、法學緒論30%、英文40%）。專業科目：(1)行政法；(2)社會工作實務；(3)社會福利政策與法規。

 ## 參、公職社工師報考、錄取及分發情況

　　公職社會工作師無須與非社會工作專業競爭的考試類科，相較於其他一般行政類科報考人數來得少，錄取率也相對較高。以107年度公職社工師為例，共有1,040人報名，有800位來考試，錄取分數是53.33分，錄取161人，錄取率按照來考試者為20.13%。公職社工師的錄取率在所有類科中是最高的，社會行政錄取率接近10%也是比例高的，以高考人事行政來看，只有5.23%，戶政則為5.72%。在普考方面，人事行政錄取率低到2.55%，戶政也只有3.46%。

社會福利行政

99-107年高考三級公職社工師報考及錄取情況整理如**表28-3**。

表28-3　高考三級公職社工師報考及錄取情況（99-107年）

年度	報考人數	到考人數	簡章公告缺額	第一次增額		第二次增額		同分正額	放榜錄取	錄取分數	錄取率
				增額	共計	增額	共計				
107	1,040	800	110	27	137	24	161	0	161	53.33	20.13%
106	1,020	788	83	30	113	16	129	0	129	50.23	16.37%
105	1,152	899	62	44	106	33	139	0	139	57.33	15.46%
104	1,256	905	104	69	173	20	193	0	193	57.17	21.33%
103	1,198	907	140	25	165	41	206	0	206	57.13	22.70%
102	1,253	932	86	36	122	19	141	0	141	59.53	15.13%
101	867	656	57	30	87	40	127	1	128	59.83	19.51%
100	693	510	14	34	48	12	60	0	60	57.13	11.76%
99	551	433	9	8	17	9	26	0	26	59.43	6%

以107年9月放榜的公職社工師來看，現有缺74位，107年10-12月缺1位，108年1-5月缺4位，108年6-9月缺31位，共缺110人，比社會行政要多，在各種職系之中，也是特別多的。歷年來所分發的機構類型，公職社工師的志願選項中，主要有地方政府社會局處暨所屬家庭暴力防治中心、監獄與醫院等，以家庭暴力防治中心缺額最多，地方特考入選的幾乎早已知道是在分發區的社會局處了。因為是高等考試，採全國分發方式，由所屬的名次依序分發。107年較多的是：行政院與所屬中央及地方各機關（構）學校（共26位）、台南市政府社會局（9位）、新北市政府家庭暴力暨性侵害防治中心（9位）。

另外，地方特考三等也與高考三級公職社工師相同，錄取情況是99年22名，100年74名，101-105年各自是81名、85名、78名、87名、91名，錄取的人數比高考三級公職社工師要少一些。

肆、社會行政類報考、錄取及分發情況

　　107年高普考於9/19放榜，總計錄取5,409人，報考人數總計84,684人（高考43,507／普考41,177）。全程到考：59,358人（高考29,624人到考率68.09％＋普考29,734人到考率72.21％），全程到考率70.09％。總計錄取高考2,983人，錄取率10.07％、普考2,426人，錄取率8.16％，平均錄取率為9.11％。

　　社會行政高考有928位報名，661位來考試，錄取分數59.00，錄取62人，錄取率9.38％。社會行政普考有1,277人報名，930人到考，錄取分數65.17，錄取92人，錄取率9.89％。

　　近年社會行政類的報考、到考及錄取情形整理如**表28-4**。

表28-4　社會行政類科報考、到考人數及錄取人數統計（95-105年）

年度	等別	報考人數	到考人數	需用人數	錄取人數	錄取分數	錄取率
105	高考三級	1,097	778	86	92	54.67	11.83%
104	高考三級	1,183	825	68	79	58.30	9.58%
103	高考三級	1,286	910	74	97	54.00	10.66%
102	高考三級	1,638	1,075	46	60	59.63	5.58%
101	高考三級	1,864	1,283	80	98	55.07	7.64%
100	高考三級	2,092	1,423	55	85	61.10	5.97%
99	高考三級	1,773	1,227	31	46	60.97	3.75%
98	高考三級	1,671	1,186	25	37	56.97	3.12%
97	高考三級	1,553	1,015	78	118	54.10	11.63%
96	高考三級	1,322	873	21	31	62.47	3.55%
95	高考三級	1,424	886	21	31	59.37	3.50%

　　公職社工師高考放榜後，政府會公告「公務人員高考三級考試任用計畫彙總表」，說明職系、類科、用人機關名稱、需用時段及人數。以

社會福利行政

107年度為例,在多達四十頁的表格中,高考三級考試任用計畫現有總缺額是1,563位,社會行政類的情況是:現有缺28位,107年10-12月缺5位,108年1-5月缺2位,108年6-9月缺2位,共缺37位。所分發的單位可以分成幾類:

1. 中央單位:衛生福利部/內政部、勞動部勞工保險局、衛生福利部社會及家庭署。
2. 國軍退除役官兵輔導委員會:台南市、新竹市、新北市、苗栗縣等地榮民服務處,佳里、屏東等榮譽國民之家。
3. 衛生福利部所屬機構:雲林教養院、南區兒童之家、中區老人之家。
4. 六都社會局:新北市政府社會局、台北市政府社會局。
5. 六都社會局附屬機構:台北市立陽明教養院、台北市立浩然敬老院。
6. 各縣市社會局:雲林縣政府、宜蘭縣政府。
7. 六都的區公所:北市大安區公所、新北市中和區公所、新北市板橋區公所。
8. 縣市的鄉鎮市區公所:台東縣太麻里鄉公所/宜蘭縣冬山鄉公所/基隆市七堵區公所。

伍、任用情形

政府體系裡的人力多元,有大批非永業制的人員在政府體系之內,在**表28-5**之中呈現任用與其他三類的不同[3]。

106年底時,公務人員之任用,經國家考試及格者為306,616人,占87.69%,其中以特種考試為主要任用來源,占41.16%最多。高等考試及

表28-5　任用、聘用、派用及僱用的比較

類別	適用對象	法律依據	用人途徑	勞動權益保障
任用	常任文官	公務人員任用法	考試及格，訓練合格、銓敘部實授	適用公務人員俸給、考績、退休及撫卹各法
聘用	各機關以契約定期聘用專司研究設計之專業或技術人員	聘用人員聘用條例	所具專門知能足以擔任專門性、技術性研究設計工作者均得聘用。不須具有公務人員任用資格	不適用公務人員俸給、考績、退休及撫卹各法；亦不得擔任主管職等職務
派用	臨時機關或有期限之臨時專任職務派用之人員	派用人員派用條例	不以考試及格人員為限，主要以學經歷派用	準用公務人員俸給、考績、退休及撫卹各法
僱用	各機關擔任簡易工作之人員	雇員管理規則	由各機關公開甄審國中畢業具有相當技藝者	

資料來源：汪正洋（2015）。《圖解行政學》。台北：五南。

格者占19.00%次之，普通考試占5.53%，初等考試占1.72%，其他考試及格者（含升等考試）則占20.28%；依其他法令進用者占12.31%（包括政務人員、機要人員、派用人員、技術人員、雇員及公營事業人員等）。

　　透過公務人員考試任用按機關性質別區分，以行政機關占96.36%最高；公立學校（職員）占94.64%次之；公營事業及衛生醫療機構分別占58.71%及68.58%。

　　應銓敘者290,513人，占83.08%；不必銓敘者59,163人，占16.92%，因各機關之人事制度不盡相同，不必銓敘者主要集中於公營事業機構，其比率高達89.04%。

　　政府對聘用人員也訂有專法，條例所稱聘用人員，指各機關以契約定期聘用之專業或技術人員。其職稱、員額、期限及報酬，應詳列預

算,並列冊送銓敘部登記備查;解聘時亦同。聘用人員不適用俸給法、退休法及撫卹法之規定,若在約聘期間病故或因公死亡者,得酌給撫慰金。各機關法定主管職位,不得以聘用人員充任之。

單以社工人力來看,根據「充實地方政府社工人力配置及進用計畫」,以福利人口數(保護個案通報及應社工服務事項個案量)推估社工人力需求,預計需增聘1,434名。從99年至105年這段期間要求地方政府陸續補足應配置之社工人力,含366名約聘人力、1,096名正式編制社工員,期望在民國114年,公部門社工總數應達3,052人,其中1,828名(3/5)社工人力予以納編,另1,224名社工人力再由約聘僱方式晉用。

自100年開始,行政院人事行政局(現為行政院人事行政總處)函請各地方政府提列公務人員考試公職社會工作師類科的職缺,以緩解各地方政府社工人力不足的問題。也透過國家考試方式,以較優渥的待遇及福利制度來招募社會工作師,讓地方政府社會工作人力更為穩定。

註　釋

1 蔡良文（2014）。《人事行政學——論現行考銓制度》。台北：五南。

2 黃良志、黃家齊、溫金豐、廖文志、韓志翔（2007）。《人力資源管理：理論與實務》。台北：華泰。

3 汪正洋（2015）。《圖解行政學》。台北：五南。

第二十九回

社會化與訓練

 壹、職業社會化

　　人生有兩大悲哀，一個是想要得到的得不到，另一個是想要的得到了。當經歷劇烈競爭之後成為公務員，是否會經歷第二種悲哀呢？有句廣告詞「幻滅是成長的開始」，進入公部門，有些人很快就適應，有些人卻覺得幻滅。

　　考上大學或考上研究所都是一種社會化，考上公務員也是社會化，屬於「職業社會化」。職業中的社會化與在學校裡的社會化有所不同。除了年齡的差別外，有三點不同：(1)學校裡的社會化強調行為價值與動機的發展，而成年人社會化則強調行為本身的意義。職業中的社會化很少改變已形成的價值，主要目標是瞭解職場對新角色的期盼，實際扮演新角色；(2)職場中的社會化有時涉及再社會化，即拋棄舊的行為模式而取得新的行為模式；(3)學校中的社會化，發生在高度情感與中度權力的環境，而成年人社會化，通常發生在情感中立與高度權力的環境之中[1]。

　　職業社會化是繼續社會化的一種，關鍵時機是員工剛進入組織，政

府組織把這個「外來者」塑造成組織期望的人才,協助新成員扮演適當的角色,進而執行組織所規定的目標。Robbins將社會化的過程分為三個時期[2]:

1. 職前期:進入組織之前的學習經驗,例如在學校接受的課程、實習狀況、志工經驗等。
2. 接觸期:適度縮短工作人員個人性格與組織文化之間、期望與現實之間的差距,也需要減少新進者與原有人員之間的摩擦。
3. 蛻變期:政府部門有計畫地執行正式、集體、固定、有步驟的社會化歷程,使新進者表現更多正確、標準化、可預測、理想的行為。

新進員工若愉快地適應組織與工作,瞭解與接受組織的規範、被同事所信賴、勝任工作的要求、充分瞭解績效的標準,則表示社會化順利。如此,組織得到一位適合又有生產力的公務員,公務員也得到一個能夠展現自己才華的舞台。

社會化是多元學習的過程,包括行為的模仿、價值觀念的建立、社會角色的適應等,因此社會化需要相當高的學習能力。學習和記憶能力,是社會化的重要基礎。許多公務員興沖沖地加入組織,沒有多久就充滿挫折,關鍵之一是沒有感覺到自己與組織充分整合,在自我與角色之間有太多的掙扎,常常不快樂。如此,比較容易萌生去意。

組織社會化在個人實際進入組織之前就已開始,資訊來源有許多種方式,例如各種文宣傳單、網路裡的各種訊息。這些訊息,不管正式或非正式、消息來源可不可靠,均使新成員對組織進一步瞭解。正式報到,開始工作,面對陌生的環境極複雜的任務,所謂「現實驚嚇」(reality shock)常出現在這一階段。即使是胸有成竹的新員工,在面對全然陌生的環境難免有點不自在,因為要同時面對人際關係、時間分配、工作要求、各種標準、未知的未來等考驗。新人必須在短時間內同時觀察周遭的

人、事、物，要很快地調整自己生活步調以配合公部門的組織文化。如果困難無法順利排除的話，可能無法勝任。

多數公務員會進入接受與改變期。在此一階段，工作技巧已較為精熟，角色衝突也逐漸改善，或許可以獨當一面，對小團隊的依賴感逐漸減少。此時期，組織中資深成員的輔導、上司的鼓舞相當重要。

進入政府的社會化歷程通常需幾個月至一年的時間，依員工本身的個別狀況及組織環境的複雜程度而有差異。主管對於新公務員的社會化應該多注意，避免放任新進員工自生自滅，應提供有系統的社會化活動，協助他們度過適應期，以減少角色混淆、角色衝突、壓力症候以及離職率，並且增加員工工作滿意度與責任感。

在社會化過程中所有的支援不應分時間或工作內容，只要新進員工有需要，主管須因人因事給與適當的協助。此外，提供新進員工訓練機會可以培養他們積極的社會化行為，對整個組織也有所幫助。積極的社會化行為有助於抒解新人在新進階段的焦慮與壓力[3]。

社會工作是一種助人的專業，所以從事社會工作還要接受專業社會化，以便對專業建立認同感，是延續過去的社會化結果，更是一種改變的過程。組織訓練新進者的方案有不同的取向，有五個角度可以區分[4]：

1. 正式或非正式：有些偏重正式另一些偏重非正式，正式的將新進者單獨訓練指一段時間，非正式則讓員工直接投入工作之中。
2. 個別或集體。
3. 固定或變動期限，前者有清楚的時間流程，後者則不然。
4. 指派資深人員或沒有固定指派。
5. 平順緩和或震撼壓力，對於某些控制性高的組織來說，震撼壓力比較常見。

社會福利行政

貳、引導

　　新員工加入政府，組織需要予以引導（orientation），提供關於組織的基本資料（如工時、安全衛生規定、績效評估、休假安排原則等），使員工能順利執行工作。人事單位與直屬主管把各種工作態度、標準、價值觀及期望的行為模式教導給員工，也說明員工福利、人事政策、每日工作項目、組織運作狀況等。

　　引導是幫助員工社會化過程的一部分，讓員工能培養組織或其工作部門所期待的工作態度、標準、價值觀和行為模式，是持續進行的過程。引導計畫包含簡短、非正式的介紹到冗長正式的一系列課程。新進員工可能會獲得一本手冊或書面資料，內容包含工作時數、績效考核、薪資辦法、休假及設施的整個流程等，還有諸如員工福利、人事政策、日常作息等相關資訊。

　　訓練的重點和教育顯然不同，新進的通過考試後，在未合格實授前都稱為「準公務人員」。公職社工師依照程序會先分發到單位受接受四個月的實務訓練及集體訓練，經過種種訓練考核後，合格實授為薦任六職等社會工作職系人員[5]。然而，地方政府因為持續缺乏足夠人力，接受分發報到人力後，經常只給予簡單的引導或稱為「新進人員講習」，立即派用實際工作，日後再補上訓練[6]。

　　公務人員需接受基礎集中式引導，將新科公務人員集中於某地輔以公文寫作、公務人員相關法規、政策規劃思考方向等實務訓練，再加上一週的專業知能訓練（依據各考試類別施予不同的專業知能訓練）。

　　以「107年公務人員高等考試三級考試公職社會工作師類科錄取人員社工專業集中實務訓練計畫」為例，目的是使公職社會工作師類科錄取人員於實務訓練期間充實社工專業法令與實務，強化並提升專業服務素

質。辦理機關是考試院公務人員保障暨培訓委員會協調委託衛生福利部來執行。訓練地點在衛生福利部衛生福利人員訓練中心。訓練時數共三十六小時，課程名稱及時數如下：

- ‧強化社會安全網計畫簡介　2小時
- ‧兒少權益與保障法及兒童權利公約（CRC）簡介　2小時
- ‧兒少安置及教養機構運作與管理　2小時
- ‧身心障礙者權益保障法令及身心障礙者權利公約（CRPD）簡介　2小時
- ‧身心障礙福利機構服務實務　2小時
- ‧婦女福利及性別平等（含CEDAW）與實務　2小時
- ‧家庭支持法令與實務　2小時
- ‧家庭暴力防治法及民事保護令制度　2小時
- ‧兒少保護服務現況與發展　2小時
- ‧性侵害及性剝削防制法令與實務　2小時
- ‧社工人身安全　2小時
- ‧志願服務制度與實務　2小時
- ‧會救助與脫貧　2小時
- ‧老人福利法令與實務　2小時
- ‧失智症照顧家屬壓力調適　2小時
- ‧勞動法令及實務解析　2小時
- ‧災民收容與民生救濟物資整備作業概論　1小時
- ‧公益勸募（含災時勸募）面面觀　1小時
- ‧社會工作政策與倫理實務　1小時
- ‧社區發展政策與展望　1小時

107年考上的在12月10日至14日一個禮拜集中受訓，採密集方式。

社會福利行政

參、訓練

　　在各種專業的社會化之中都有「持經達權」的歷程。接受教育有如學習「持經」，瞭解最根本的、最基礎的；訓練則偏重如何「達權」，懂得如何在變動的環境中學習新知新技能，尤其是福利行政方面的。公務員不斷接受新能力的訓練，才有可能「達權」，透過學習新技能而有所權變，因而具備把變革視為挑戰的信念。

　　教育是為未來處境做準備，使學習者有能力勝任未來的某些情境。社會工作者常需要判斷服務對象的處境，因此要有廣泛的知識。訓練則是有計畫指導員工從事標準化與正確作為的型態，傳遞被認可的內容。說明可做及應該做的任務訓練是專業社會化的一環，幫助員工執行符合角色的基本能力，用適當的方式工作。訓練後，公務員可因此快速上手、減少工作錯誤，並提供更好的服務，有良好的工作表現，進而減少曠職、抱怨，以及異動的可能性[7]。

　　成為社會行政人員的教育重點呈現在社工師考試及公職社工師考試的科目之中，社工師考試的資格規定了必須具備的知識：

1. 社會工作概論領域課程：(1)社會工作概論；(2)社會福利概論或社會工作倫理。
2. 社會工作直接服務方法領域課程：(1)社會個案工作；(2)社會團體工作；(3)社區工作或社區組織與（社區）發展。
3. 人類行為與社會環境領域課程：(1)人類行為與社會環境；(2)社會學；(3)心理學；(4)社會心理學。
4. 社會政策立法與行政管理領域課程：(1)社會政策與社會立法；(2)社會福利行政；(3)方案設計與評估；(4)社會工作管理或非營利組織管理。

5.社會工作研究法領域課程：(1)社會工作研究法或社會研究法；(2)
　社會統計。

　　當然還有實習或實地工作。公職社工師則更看重法律的知識，如行
政法、法學緒論、憲法等。

　　社會行政人員在例行的工作中，仍需配合法令政策的修改、政府重
點工作的調整、新理論新知識等，接受各種訓練。大約一位社會行政人員
一年要接受六十至一百小時的訓練。台灣社工界漸漸重視訓練，對政府法
定業務、諮商輔導等方面的訓練較多，對福利服務、行政管理、專業處遇
等方面的訓練也陸續辦理。多數訓練的形式仍較保守且單一，且受訓者較
為被動；因此規劃者應考慮採用創新且多元的方式進行，提高受訓者參與
意願，並加強訓練和專業工作之間的關聯性，使訓練成果得以落實。

　　除了集中訓練，職場中以各種形式進行各種在職訓練，例如：(1)教
練法：由有經驗的同仁教導；(2)任務輪調：使工作者經由不同的工作任
務來學習；(3)學徒訓練：結合課程講授和模仿，強化新進人員的能力；
(4)行動學習：投入非本部門的工作；(5)管理競賽；(6)參與外界研討會；
(7)角色扮演等[8]。此外，同儕訓練（peer training）是藉由較資深的公務員
帶領新進的受僱者，講授特定的知識和技巧並描述工作內容。優點是易親
近、個別化的關注、訓練方式彈性大、訓練者與被訓練者互信度高。有些
參加外界的訓練方案，例如從半天至一天的工作坊。有些去大專院校社會
工作相關科系的學術活動。通常社會工作體系的訓練經費較少，因此可充
分利用各大學，幫助社會行政人員成長。

肆、試用

　　考上了，除了受訓，還得先試用。初任各官等人員，未具與擬任職務職責程度相當或低一職等之經驗六個月以上者，應先予試用六個月，並由各機關指派專人負責指導。試用期滿成績及格，予以實授；試用期滿成績不及格，予以解職。

　　試用期間不能打混，有下列情事之一就算試用成績不及格：(1)有公務人員考績法相關法規所定年終考績得考列丁等情形之一者；(2)一次記一大過以上情形之一者；(3)平時考核獎懲互相抵銷後，累積達一大過以上者；(4)曠職繼續達二日或累積達三日者。

　　試用人員於試用期滿時，由主管人員考核其成績，經機關首長核定後，依送審程序，送銓敘部銓敘審定。試用成績不及格，於機關首長核定前，應先送考績委員會審查。

　　考績委員會對於試用成績不及格案件有疑義時，得調閱有關平時試用成績紀錄及案卷，或查詢有關人員。試用成績不及格人員得向考績委員會陳述意見及申辯。

　　試用成績不及格人員，自機關首長核定之日起解職，並自處分確定之日起執行，未確定前，應先行停職。當然，試用人員不得充任各級主管職務。實際上，雖然有關試用的規定很多，絕大多數試用階段都通過。

註　釋

1 彭懷真（2012）。《社會學》。台北：洪葉。

2 Robbins, S. P. (2006). *Organizational Behavior*. Pearson Educational International.

3 蔣雪芬譯（2005）。Harold J. Leavitt著。《從生存到升遷》。台北：商周。

4 吳秉恩、黃良志、黃家齊、溫金豐、廖文志、韓志翔（2007）。《人力資源管理：理論與實務》。台北：華泰。

5 吳美連（2005）。《人力資源管理：理論與實務》。台北：智勝。

6 張潤書（2009）。《行政學》。台北：三民。

7 施能傑、蔡秀涓（2003）。〈契約性人力運用之理論與現實〉。《公務人員月刊》，81，15-26。

8 Weinbach, R. W. (2008). *The Social Worker as Manager*. Pearson Education.

第三十回
薪資與福利

 壹、薪資福利很重要

　　如果說「公務員最關心的，不是組織的成長，而是自己的薪資福利與晉升」，雖然有些直接，卻八九不離十。「衣食足，才知榮辱」，錢賺得夠多，比較容易提升自我。馬斯洛的「需要層級」指出人必須先考慮生理需求、安全需求，才可能逐漸追求自尊與自我實現。如果公務員獲得的只是有限的薪水，難免會產生挫折。薪資水準高對招募可以產生吸引力，好的薪資制度的確可以提升政府部門的吸引力。

　　公務人員待遇制度內涵相當繁雜，在俸給部分依據公務人員俸給法及其施行細則之規定，在加給方面有公務人員加給給與辦法，在獎金部分依據公務人員考績法、行政院暨地方各級行政機關年度實施績效獎金及績效管理計畫暨年度軍公教人員年終工作獎金（慰問金）發給注意事項等辦理，在確保權益方面有公務人員保障法等。具體的數據因為各種因素有所變動，變動情況很容易上網查詢，整理來看，薪資組成相當複雜，扼要解釋如下。

貳、俸給

　　公務人員之俸給，根據《公務人員俸給法》，分本俸（年功俸）及加給，均以月計之。先說明職級、職位、俸（薪）額、俸級、俸點、基本薪資等的意義及情況。

　　公務人員俸級區分如下：

1.委任分五個職等，第一職等本俸分七級，年功俸分六級；第二至第五職等本俸各分五級，第二職等年功俸分六級；第三職等、第四職等年功俸各分八級；第五職等年功俸分十級。

2.薦任分四個職等，第六至第八職等本俸各分五級，年功俸各分六級；第九職等本俸分五級，年功俸分七級。

3.簡任分五個職等，第十至第十二職等本俸各分五級；第十職等、第十一職等年功俸各分五級；第十二職等年功俸分四級；第十三職等本俸及年功俸均分三級；第十四職等本俸為一級。

　　初任各官等職務人員，其等級起敘規定如下：

1.高等考試之一級考試或特種考試之一等考試及格者，初任薦任職務時敘薦任第九職等本俸一級；先以薦任第八職等任用者，敘薦任第八職等本俸四級。

2.高等考試之二級考試或特種考試之二等考試及格者，初任薦任職務時，敘薦任第七職等本俸一級；先以薦任第六職等任用者，敘薦任第六職等本俸三級。

3.高等考試之三級考試或特種考試之三等考試及格者，初任薦任職務時，敘薦任第六職等本俸一級；先以委任第五職等任用者，敘委任第五職等本俸五級。

4. 普通考試或特種考試之四等考試及格者，敘委任第三職等本俸一級。

5. 初等考試或特種考試之五等考試及格者，敘委任第一職等本俸一級。

升官等考試及格人員初任各官等職務等級之起敘，依下列規定：

1. 簡任升官等考試及格者，初任簡任職務時，敘簡任第十職等本俸一級。

2. 薦任升官等考試及格者，初任薦任職務時，敘薦任第六職等本俸一級。

3. 委任升官等考試及格者，初任委任職務時，敘委任第一職等本俸一級。

升任官等人員，自升任官等最低職等的本俸最低級起敘。但原敘年功俸者，得敘同數額俸點之本俸或年功俸。曾任公務人員依考試及格資格，再任較高官等職務者，亦同。

現任或曾任公務人員，依所具較高考試及格資格，升任或再任較高職等職務時，其原敘俸級高於擬任職等最低俸級者，得敘同數額俸點之本俸或年功俸。

初任委任官等職務人員，其俸級依所具任用資格等級起敘，曾任雇員原支雇員年功薪點，得敘該職等同數額俸點之俸級，以敘至年功俸最高級為止，其超過之年功薪點仍准暫支，等到將來升任較高職等職務時，照其所暫支薪點敘所升任職等相當俸級。

先瞭解幾個名詞，本俸指各職等人員依法應領取之基本給與。年功俸指各職等高於本俸最高俸級之給與。俸級指各職等本俸及年功俸所分之級次。俸點指計算俸給折算俸額之基數。俸給有本俸與年功俸之別。公務人員的俸表見**附錄一**。

社會福利行政

　　各等級俸點折算俸額之數額係分段累計，按其應得俸點在160點以下之部分每俸點按70.5元折算；161點至220點之部分每俸點按45.5元折算；221點以上之部分每俸點按64.6元折算。如有不足5元之畸零數均以5元計。

　　在約聘僱方面的待遇方面，先說明社會福利行政體系裡約聘僱制主要人力聘用標準及報酬薪點（**表30-1**）。

表30-1　約聘僱人員資格條件、報酬標準及所具知能條件

聘用人員報酬標準及所具知能條件			
職等	職責程度	所具專門知能條件	報酬薪點
七等	在重點或一般監督下，運用頗為專精之學識獨立判斷、辦理技術或各專業方面稍繁重事項之計劃、設計、研究業務。	1.國內外研究院所畢業得有碩士學位者。 2.國內外大學畢業，並具有與擬任工作相當之專業訓練或研究工作一年以上著有成績或具有與擬任工作有關之重要工作經驗二年以上者。 3.具有與擬任工作性質程度相當之訓練或工作經驗者。	424
			408
			392
			376
			360
			344
			328
六等	在一般監督下，運用較為專精之學識獨立判斷、辦理技術或各專業方面最複雜事項之計劃、設計、研究業務。	1.國內外大學畢業者。 2.具有與擬任工作性質程度相當之訓練或工作經驗者。	376
			360
			344
			328
			312
			296
			280

　　依行政院規定聘用、約僱人員酬金薪點折合率，每點等於新台幣121.1元，如五等約僱人員可支領之薪資，即為280×121.1＝33,908元。六等最高可以領到45,534元，七等最高可以領到51,346元。但是沒有各項加給。

在勞務委託方面，按照所需從事的任務有差異，通常個案管理督導領35,845元，社工員薪資以33,908元計，專案服務人員薪資以32,000元計等。只有這一項，沒有專業加給，可以按照加班狀況，核發加班費。

參、加給

加給指公務員在本俸、年功俸以外，因所任職務種類、性質與服務地區之不同，而另加之給與。按照「公務人員加給給與辦法」，各種加給之給與衡酌的因素包括：

1. 職務加給：主管職務、職責繁重或工作危險程度。主管加給依照職等，職等愈高加給愈多。詳細情況請見附錄二。
2. 技術或專業加給：職務之技術或專業程度、繁簡難易、所需資格條件及人力市場供需狀況。詳細情況請見附錄三。
3. 地域加給：服務處所之地理環境、交通狀況、艱苦程度及經濟條件。

職務加給、技術或專業加給，除有下列情形者外，均依其銓敘審定職等支給：(1)權理人員依權理之職務所列最低職等支給；(2)銓敘審定職等高於所任職務所列最高職等者，其職務加給依所任職務所列最高職等支給。經權責機關依法令規定核派兼任機關組織法規規定之主管職務者，其主管職務加給在不重領、不兼領之原則下，如列有官等、職等者，其主管職務加給應在該兼任主管職務列等範圍內依本職銓敘審定職等支給。此外，公務人員有下列情形之一者，俸給照常支給：(1)依規定日期給假；(2)因公出差；(3)奉調受訓；(4)奉派進修考察。

整體狀況整理如**圖30-1**。

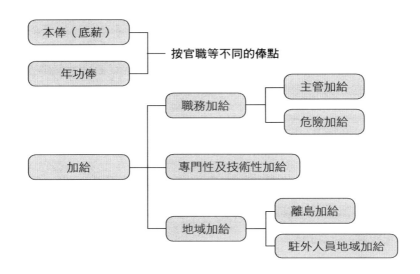

本俸（底薪）
年功俸
— 按官職等不同的俸點

加給
職務加給
主管加給
危險加給
專門性及技術性加給
地域加給
離島加給
駐外人員地域加給

圖30-1　公務人員俸給架構

　　各級教師則依照層級有學術研究費，兼行政主管者另有加給，衛生醫療界、司法人員與警察體系的待遇較為複雜。

　　一般公務人員薪俸為本俸＋專業加給＋主管職務加給＋地域加給；如在本島平地服務，且未任職主管則僅有本俸＋專業加給。剛考取公職社工師，實習屆滿可取得薦任六職等，在專業加給部分，如果做的是行政庶務工作就跟高考公務員一樣領金額47,630元。若是擔任直接服務的工作領的大約51,110元，在其他各項加給方面包括加班費等，也會因工作情況的特殊性，可以領到比一般高考三等的公務人員更多的薪資，約有5.6萬。

　　近年來為了強化社會工作人員從事保護性工作的意願，逐步提高待遇，相關情形整理如**表30-2**。

　　此外，為使各機關支給員工加班費標準有所依循，行政院訂有「各機關加班費支給標準」，規定加班費支給，每人每日以不超過四小時為限，每月以不超過二十小時為限。如為機關業務性質特殊或處理重大專案

表30-2　調高前後保護性社會工作人員待遇比較表

	職稱	任用制人員	現行待遇	調整後待遇	增加數額
保護性社工基本薪給	社會工作員	委任第五職等本俸一級至薦任第七職等年功俸六級	40,685-60,800	43,630-64,200	2,945-3,400
	社會工作師	薦任第六職等本俸一級至薦任第七職等年功俸六級	46,225-60,800	49,705-64,200	3,400-3,480
	社會工作督導員	薦任第七職等本俸一級至年功俸六級	49,145-60,800	52,545-64,200	3,400
	職稱	聘用制人員	現行待遇	調整後待遇	增加數額
	聘用社工人員	六等二階296薪點至六等七階376薪點（學士畢業）	35,845-45,533	38,480-48,880	2,635-3,347
		相當六等三階312薪點至六等七階376薪點（碩士畢業或有社會工作師證照者）	37,783-45,533	40,560-48,880	2,777-3,347
	聘用社工督導	相當七等一階328薪點至七等七階424薪點	39,720-51,346	42,640-55,120	2,920-3,774
處遇費	調整前		調整後		
	「處遇費」每案次2,000元		「處遇費」與「加班費或補休假」擇優支領		
備勤費	調整前後不變，亦即仍維持由各直轄市及縣市政府自行衡酌財政狀況辦理				
備註	1.各職等本俸一級係其最低俸級，社會工作人員得依規定晉級 2.聘用制人員之最低起敘薪點，將另案報院酌予調高				

資料來源：行政院人事行政總處

社會福利行政

業務等，得申請專案加班，不受上開時數之限制。

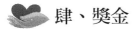 肆、獎金

1. 年終工作獎金：指政府基於激勵年終時在職人員之士氣，並因應農曆春節之需要，於年終所增發之慰勉性給與，獎金額度通常為一個半月俸給。發給須考量考績，規定如下：
   (1) 甲等：晉本俸一級，並給與一個月俸給總額之一次獎金；已達所敘職等本俸最高俸級或已敘年功俸級者，晉年功俸一級，並給與一個月俸給總額之一次獎金。
   (2) 乙等：晉本俸一級，並給與半個月俸給總額之一次獎金；已達所敘職等本俸最高俸級或已敘年功俸級者，晉年功俸一級，並給與半個月俸給總額之一次獎金。
   (3) 丙等：留原俸級。
   (4) 丁等：免職。
2. 考績獎金：依考績法第7條之規定，獎金額度視考績結果而定。
3. 績效獎金：
   (1) 機關首長績效獎金：各級行政機關得依據其所屬機關績效評核結果，分三級以上等第發給。
   (2) 單位績效獎金：各機關得依據其內部一級單位（含任務編組）之績效評核結果，分三級以上等第發給。
   (3) 個人績效獎金：機關首長得依據所屬員工之特殊績效或平時考核結果，即時發給。

整體而言，政府俸給結構的設計嚴密細緻、福利內容多元，大致上可

保障公務人員的生活。但在績效管理制度方面，雖然期望透過目標設定、目標管理與定期績效評核來達成，但執行效果未必都良好。公務人員俸給制度偏向固定性報酬之靜態設計，造成報酬與績效之間並未緊密結合。

伍、福利

在就業市場，報酬可分為直接性及間接性，直接性金錢報酬（direct financial payment）包括底薪、加給、津貼、獎金、佣金、按件計酬、分紅配股等項目。「底薪」是依據職位的重要性與市場薪資行情，所給付的現金性酬勞；「加給」是因職務特性附加在底薪的酬勞，按職務所承擔的責任多寡決定加給的額度；「津貼」與加給相同，為附加於底薪的額外補償薪酬，目的在補貼員工的生活所需。以上這些項目在社會福利行政制度中較為常見。至於以下幾種則比較少見：第一是獎金，是按績效水準高低所發的現金報酬。第二是佣金（commission），意義與獎金相同，都依據績效高低發放的酬勞。第三是按件計酬，按照個別員工產量多寡給與報酬。第四是分紅配股，盛行於高科技產業[1]。

間接性金錢報酬（indirect financial payment）又稱為福利（fringe benefit），主要類型整理如**表30-3**[2]。

表30-3　福利類型及目的

類型	實施目的	種類
保障型	保障員工之健康與生活	勞健保、離職儲金、退休金與醫療補助
娛樂型	增進員工休閒生活品質	康樂活動、員工旅遊、國民旅遊卡、社團
教育型	提供員工學習與成長機會	訓練與發展制度、進修補助
設施型	提供員工便利的生活與休閒設施	員工餐廳、宿舍、健身房等

社會福利行政

　　福利範圍之廣度，倘若可自由裁量，稱為「額外福利」（surplus welfare）或邊緣利益（fringe benefits），並非法定收入，而是正規邊緣之額外或附屬性福利制度。以公務員為例，最基本的保障型福利，如勞健保、離職儲金、退休金與醫療補助等，是行政機關為保障員工健康與生活而提供的。娛樂型福利，例如公務員國民旅遊卡、社團活動等，公務員得以在工作之外參與各項娛樂福利放鬆身心。教育型福利提供培訓及進修補助，用以提升公務員行政及實務知能。設施型福利以有形的福利措施，給與公務員工作或生活休閒設施。

　　公務人員福利措施，為銓敘部、行政院人事總處法定職掌，福利的類型眾多，詳細規定如**附錄四**。

附錄一　公務人員俸表（公務人員俸給法第四條附表）

官等	職等	俸　級　俸　點
簡任	十四職等	800（一）
	十三職等	800（三）790（二）780（一）750（三）730（二）710（一）
	十二職等	800（四）790（三）780（二）750（一）730（五）710（四）690（三）650（二）
	十一職等	790（五）780（四）750（三）730（二）710（一）690（五）670（四）650（三）630（二）610（一）
	十職等	780（五）750（四）730（三）710（二）690（一）670（五）650（四）630（三）610（二）590（一）
薦任	九職等	710（七）690（六）670（五）650（四）630（三）610（二）590（一）550（五）535（四）520（三）505（二）490（一）
	八職等	630（六）610（五）590（四）550（三）535（二）520（一）505（五）490（四）475（三）460（二）445（一）
	七職等	590（六）550（五）535（四）520（三）505（二）490（一）475（五）460（四）445（三）430（二）415（一）
	六職等	535（六）520（五）505（四）490（三）475（二）460（一）445（五）430（四）415（三）400（二）385（一）
委任	五職等	520（十）505（九）490（八）475（七）460（六）445（五）430（四）415（三）400（二）385（一）370（五）360（四）350（三）340（二）330（一）
	四職等	445（八）430（七）415（六）400（五）385（四）370（三）360（二）350（一）340（五）330（四）320（三）310（二）300（一）
	三職等	415（八）400（七）385（六）370（五）360（四）350（三）330（二）320（一）310（五）300（四）290（三）280（二）（一）
	二職等	330（六）320（五）310（四）300（三）290（二）280（一）270（五）260（四）250（三）240（二）230（一）
	一職等	280（七）270（六）260（五）250（四）240（三）230（二）220（一）210（七）200（六）190（五）180（四）170（三）160（一）

說明：
一、俸級分本俸及年功俸，依公務人員俸給法第四條規定，並就所列俸點折算俸額發給。俸額之折算，必要時，得按俸點分段訂定之。

二、本表各職等之俸級，委任分五個職等，第一職等本俸分七級，年功俸分六級，第二至第五職等本俸各分五級，第二職等年功俸分六級，第三職等、第四職等年功俸各分八級，第五職等年功俸分十級。薦任分四個職等，第六至第八職等本俸各分五級，年功俸各分六級，第九職等本俸分五級，年功俸分七級。簡任分五個職等，第十至第十二職等本俸各分五級，第十職等、第十一職等年功俸各分五級，第十二職等年功俸分四級；第十三職等本俸及年功俸均分三級。第十四職等本俸為一級。本俸及年功俸之晉級，依公務人員考績法之規定，但各職等均以晉至最高年功俸級為限。

三、本表各職等本俸俸點每級差額，第一至第五職等為十個俸點，第六至第九職等為十五個俸點，第十至第十三職等為二十個俸點，各職等年功俸之俸點比照同列較高職等本俸或年功俸之俸點。

四、本表粗線以上為年功俸俸級，粗線以下為本俸俸級。

附錄二

公務人員主管職務加給表

附表五　　　　　　　　　　　　　　　　　　單位：新臺幣元

官　　等	職　　等	級　　　別	月　支　數　額
簡任（派）	14	第 1 級	37,350
	13	第 2 級	30,260
	12		27,280
	11	第 3 級	17,680
	10	第 4 級	12,110
薦任（派）	9	第 5 級	8,970
	8	第 6 級	6,950
	7		5,300
	6		4,350
委任（派）	5	第 7 級	3,860

附則：1. 本表依公務人員加給給與辦法第 13 條規定訂定。
　　　2. 本表自 107 年 1 月 1 日生效。

附錄三

公務人員專業加給表(一)

附表六　　　　　　　　　　　　　　　　　單位：新臺幣元

官　　　　等	職　　　　等	月　支　數　額
簡任（派）	14	41,850
	13	38,980
	12	37,800
	11	33,630
	10	30,860
薦任（派）	9	26,550
	8	25,450
	7	22,370
	6	21,420
委任（派）	5	19,480
	4	18,610
	3	18,370
	2	18,310
	1	18,250
適　用　對　象	原適用「一般公務人員專業加給標準表」人員	

附則：1. 本表依公務人員加給給與辦法第 13 條規定訂定。

　　　2. 雇員月支 18,250 元，技工月支 15,860 元，工友月支 15,560 元。

　　　3. 本表自 107 年 1 月 1 日生效。

附錄四

●公教人員婚喪生育補助表　　　　資料來源：行政院人事行政總處　98年7月16日修正生效

項　　　目	補　助　標　準（以事實發生日期當月薪俸額為準）		限　　　　　　　　　　　　　　　　　　　　　　　制
喪葬補助	父母、配偶死亡	5個月薪俸額	(一)父母、配偶以未擔任公職者為限。 (二)夫妻或其他親屬同為公教人員者，對同一死亡事實，以報領一份為限。 (三)子女以未滿20歲、未婚且無職業者為限。但未婚子女年滿20歲在校肄業而確無職業或無力謀生，必須仰賴申請人扶養經查明屬實者，不在此限。所稱「無力謀生」係指子女符合下列情形之一者： 　1.受禁治產宣告尚未撤銷； 　2.領有身心障礙手冊且不能自謀生活； 　3.符合全民健康保險法第36條所稱重大傷病且不能自謀生活。至「必須仰賴申請人扶養經查明屬實者」係指應繳驗前一年度所得稅申報受扶養親屬證明。
	子女死亡	3個月薪俸額	
結　婚　補　助	2個月薪俸額		離婚後再與原配偶結婚者，不得申請結婚補助。
生　育　補　助	2個月薪俸額		(一)配偶或本人分娩者；未婚男性公教人員於非婚生子女出生之日起3個月內辦理認領，並與其生母完成結婚登記者，得請領生育補助。 (二)夫妻同為公教人員者，以報領一份為限。 (三)未滿5個月流產者，不得申請生育補助。 (四)配偶於國外生育，如在國內辦妥戶籍登記，得依規定申請生育補助。

備註：

(一)表列各項補助必須在結婚、生育或死亡事實發生後3個月內向本機關或學校申請。但申請居住大陸地區眷屬之喪葬補助者，其申請期限為6個月。

(二)請領表列各項補助，應依規定填具申請表、繳驗戶口名簿，並分別繳驗結婚證書、出生證明書或死亡證明書。惟如戶籍謄本得確認申請人之親屬關係及各該事實發生日期及法律效果，得以戶籍謄本替代上開證明文件。各項證明文件如屬大陸地區製作之文書，經行政院設立或指定之機構或委託之民間團體驗證者，推定為真正。

(三)因案停職人員，在停職期間發生可請領表列各項補助之事實，得於復職後3個月內依規定向本機關或學校申請補發。其數額應依事實發生時之規定標準計算。

(四)結婚雙方同為公教人員，得分別申請結婚補助。

(五)申請(外)祖父母喪葬補助，以(外)祖父母無子女或子女未滿20歲或年滿20歲無力謀生，因而必須仰賴申請人扶養經查明屬實者為限，其補助標準為5個月薪俸額。

區　　　　　　　　　　　　　分		支　給　數　額
大　學　及　獨　立學　　　　　　　　院	公　　　　　　　　立	13,600元
	私　　　　　　　　立	35,800元
	夜　間　學　制（含進修學士班、進修部）	14,300元
五　專　後　二　年　及　二　專	公　　　　　　　　立	10,000元
	私　　　　　　　　立	28,000元
	夜　　　間　　　部	14,300元
五　專　前　三　年	公　　　　　　　　立	7,700元
	私　　　　　　　　立	20,800元
高　　　　　　　　中	公　　　　　　　　立	3,800元
	私　　　　　　　　立	13,500元
高　　　　　　　　職	公　　　　　　　　立	3,200元
	私　　　　　　　　立	18,900元
	自　給　自　足　班	7,300元
	實　用　技　能　班	1,500元
國　　　　　　　　中	公　　私　　立	500元
國　　　　　　　　小	公　　私　　立	500元

備註：
(一)公教人員子女隨在臺澎金馬地區居住，就讀政府立案之公私立大專以下小學以上學校肄業正式生，可按規定申請子女教育補助。
(二)申請期限：註冊日起3個月內向本機關或學校申請。
(三)繳驗證件：
　　1.填具申請表：國中、國小每學期由機關人事單位公告，申請人本崇法務實及誠信原則提出申請，經人事單位複核後，以造冊方式辦理支付。
　　2.戶口名簿：於本機關第一次申請時，須繳驗戶口名簿以確認親子關係，爾後除申請人之親子關係變更外，無須繳驗。
　　3.學生證：國中、國小無須繳驗；公私立高中（職）以上繳驗學生證或繳費收據。
(四)子女以未婚且無職業需仰賴申請人扶養者為限。公教人員申請子女教育補助時，其未婚子女如繼續從事經常性工作，且前6個月工作平均每月所得（依所得稅法申報之所得）超過勞工基本工資者，以有職業論，不得申請補助。
(五)未具學籍之學校或補習班學生，或就讀公私立中等以上學校之選讀生，或就讀公私立高中（職）以上學校，已依軍公教遺族就學費用優待條例減免學雜費或其他享有公費或全免學雜費待遇，或已取得其他高於子女教育補助標準之獎助者，不得申請補助。但領取優秀學生獎學金、清寒獎學金及民間團體所舉辦之獎學金，不在此限。又獲部分減免學雜費者，其實際繳納之學雜費如低於子女教育補助標準，僅得補助其實際繳納數額。
(六)公教人員請領子女教育補助，應以在職期間其子女已完成當學期註冊手續為要件。其申請以各級學校所規定之修業年限為準。如有轉學、轉系或重考就讀情形，均依轉（考）入之年級起依規定之修業年限，發給子女教育補助至應屆畢業年級為止。但留級、重修或畢業後再考入相同學制學校就讀者，其重複就讀年級，不得請領。
(七)夫妻同為公教人員者，其子女教育補助應自行協調由一方申領。
(八)因案停職人員，在停職期間發生可請領子女教育補助之事實，得於復職後3個月內依規定向本機關或學校申請補發。其數額應依事實發生時之規定標準計算。
(九)公教人員子女就讀公私立綜合高中之綜合高中班級（含二年級以上修專門學程）及普通班、非綜合高中班級之職業類科者，其子女教育補助應按公（私）立高中（職）標準支給。
(十)公教人員子女就讀公私立高級職業學校（含綜合高中）實用技能班第二、三年段者，子女教育補助按高職自給自足班一般私立高職標準支給；一年段仍依原實用技能班標準支給。
(十一)公教人員子女就讀大學、獨立學院、或專科以上學校第二部（乙部）者，其子女教育補助按公私立大學、獨立學院、或專科以上學校標準支給。

343

社會福利行政

●其他福利（各項公務人員補助貸款）

補　　助　　名　　稱		金　　額	申　請　期　限	申　　請　　資　　格
急難貸款	傷病住院貸款	最高60萬元	事故發生後3個月內。	中央各機關、學校編制內員工。
	疾病醫護貸款	最高60萬元		
	喪葬貸款	最高50萬元		
	重大災害貸款（水災、火災、風災、地震）	最高60萬元		
購置住宅輔助貸款		由住福會議定，呈報行政院核准實施。	由住福會通知各機關學校限期申請。	編制內任有給公職滿一年並支一般行政機關待遇之公教人員。
公教人員優惠儲蓄存款		1.利息按2年期定存利率。2.每月限額職員1萬元；工友5000元。	隨時。	中央各機關、學校編制內員工。
房屋貸款		依公告為準（視各年度與銀行協商結果）。		

※參考中央公教人員急難貸款實施要點、中央公教人員購置住宅輔助要點、鼓勵公教人員儲蓄要點。

●公務人員休假表

假　　　　　　　　　　名		天　　　　　　數	備　　　　　　註
事假		5日	每年
家庭照顧假		7日	併入事假
病假		28日	每年
生理假（併入病假）		1日	每月
婚假		14日	
產前假		8日	
娩假		42日	
流產假	懷孕5個月以上流產	42日	
	懷孕3個月以上未滿5個月流產	21日	
	懷孕未滿3個月流產	14日	
陪產假		3日	
捐贈骨髓或器官假		視實際需要	
喪假	父母、配偶	15日	
	繼父母、配偶父母、子女	10日	
	曾祖父母、祖父母、配偶祖父母、配偶繼父母、兄弟姊妹	5日	
休假—服務滿1年		7日	自隔年起
休假—服務滿3年		14日	自隔年起
休假—服務滿6年		21日	自隔年起
休假—服務滿9年		28日	自隔年起
休假—服務滿14年		30日	自隔年起

註　釋

1 吳淑華譯（2001）。Susan E. Jackson與Randall E. Jackson著。《人力資源管理》。台北：滄海。

2 張善智譯（2003）。John M. Ivancevich著。《人力資源管理》。台北：學富。

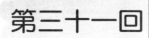

第三十一回
績效考核

 ## 壹、績效無所不在

　　中央政府透過社會福利評比對地方政府進行績效評比，主管透過對部屬考績進行某種控管，這些都屬「績效評估」（performance evaluation）。什麼是績效（performance）？簡單來說，就是結果或產出（outcome），先整理某位公務員在特定時間內的實際工作結果或產出，然後與原先設定工作目標加以比較後，得到的結果。績效評估又稱為績效評量（performance appraisal），是一種流程（process），主管透過這個流程取得員工工作績效的相關資訊，接著可以和員工就績效相關議題產生溝通[1]。

　　社會行政人員即使是進入政府擔任永業公務員或是約聘僱或是勞務委託，都要被打考績。既然是考績，就有分數、有高下、有等第、有比較，也會影響日後的升遷、發展與調動，是公務員必然在乎的[2]。

　　在公務體系，績效考核通稱為考績。考績是政府機關各級長官依考核要項對所屬公務人員之工作實績及品德操行，平時予以考核，於年終時

予以併計考績，並依成績優劣予以獎懲，達到獎勵或懲罰的目的。

考績為長官對所屬人員的考核，受考核者必須為現職人員、須銓敘合格實授、須任職年終滿一年或六個月始可享有受考績的權利。長官除對部屬有指揮監督之權外，為了能督促部屬達到一定之行政效能、組織目標，須透過考核機制加強對部屬之工作狀況有所督導與輔導。考績以平時、年終和專案三者並重，為達成人事行政目標的方法之一。人事行政的基本目標是獎優汰劣，提升機關效率與效能。考試雖然是選才的一種方法，卻僅能於任用前施予一般智識水準測驗，然而考績則是任用後的考核與實際工作能力的檢驗。由此可知，考績制度的實施可視為考試的延長，也只有兩者互相配合，達到人才鑑識之優劣，達到人事行政的目標。

關於評估，有六個W是分析的重點，首先是Why？為什麼要打考績？包括能藉此確定管理目標的執行績效、建立人事考核資料、激勵工作才能及強化獎懲措施。希望配合其他各項人事行政措施，達到善用人才的目標，並以激勵人才及增進工作效能。林淑馨針對考績的功能提出以下分析[3]：

1. 健全人事制度：人事行政制度之理想本於開發公務人力資源，使人可適才適所。透過公務人力之分析、派任、規劃、規劃與培訓等環節達到組織之目的，則考績制度之實施十分重要。
2. 發掘人才：年終可按工作、操行、學識及才能等標準加以考核，經考評優良、表現良好者，政府機關應加以培訓及拔擢。
3. 調整俸給待遇：公務人員之晉升與俸給待遇制度與考績相關，也是機關中最敏感且與公務人員自身權益切身相關的。
4. 強調遷調退免：透過考核標準或實際作為，讓無法勝任者淘汰或調整職務；相對地，表現優異者賦予更重的責任。

5. 調整公務人力：考績可檢視機關內職位與工作人員特質是否契合，並作為人員培訓、調任其他專長的依據。

6. 維持團體紀律：政府組織為強制性組織，強制性組織依賴由上而下極度威權強制的壓力，以達成迫使組織成員遵循組織命令的目的。這類型組織相當重視紀律，考績制度是維持紀律的一種方式。

7. 提高效率與效能：考績有激勵效果，讓文官在工作中競爭，從而提升工作效率與效能。協助機關首長發現服務輸送過程中的疏失，提出改善策略。

還有以下5個W，一方面解釋基本概念也說明政府體系社會福利行政單位的狀況：

1. Who？（誰來評估）。包括直屬主管、管考部門（如人事部門）、同事、部屬、案主或顧客。在企業界，常常採取多元評估。在非營利組織，包括政府社政單位、聯合勸募、上司、人資部門、同事、案主、自己，也可能採用360度全方位評估。方式愈來愈多元，不再是「由上而下」，部屬可能會被要求評價主管的工作表現。然而在社會福利行政單位，通常還是由主管負責評估[4]。

2. Whom？（誰被評估）。在企業界，整個組織、個別部門、小組、個人或專案（方案），都可能被評估。在社會福利行政運作時，主要是個人，有時是對某項專案。考績為長官對所屬人員的考核[5]。

3. When？（何時）：公務機關的公務人員平時予以注意，於年終時呈現考績。

4. What？（評估什麼）：主要包括績效項目與績效尺度。評估必須有操作化定義，也就是要有指標（indicator）。在企業界，指標複雜，呈現方式多元，如數據、分析、行動等。績效數據的來源主要包括現存數據的整理、機構紀錄、測驗、管理紀錄、調查、訪談、

案主反應資料、直接觀察、專門設計的工具等。在社會福利行政體系，通常按照既定的表格來打分數[6]。

5.What's next？（評估後如何改進）：包括考績、發獎金、獎懲或升遷、激勵與訓練、修正績效評估制度等。在社會福利行政，對績效獎金、獎勵、升遷等，有些參考作用。然而考績只是達成人事行政目標方法之一，人事行政的整體目標是獎優汰劣，提升機關效率與效能。考選只是辨識人才的一種方法，僅能於任用前施測，考績則是任用後的考核與實際工作能力的考驗。

 貳、現行公務人員考績種類

現行公務人員考績種類可分為平時考核、年終考績、專案考績、另與考績四大類，分述如次：

一、平時考核

依據工作、操行、學識和才能四項予以評分。依據公務人員考績法施行細則及考績表規定，項目如次：

1.工作細目：分為質量、時效、方法、主動、負責、勤勉、協調、研究、創造、便民十大項。

2.操行細目：分為忠誠、廉正、性情、好尚四細目。

3.學識細目：分為學驗、見解、進修三細目。

4.才能細目：分為表達、實踐與體能三細目。

以上考核細目，由銓敘機關訂定。若性質特殊職務的考核視職務性

質而定，再由機關送銓敘部備查。平時考核成績，如有記二次大功者，考績不得列乙等以下；曾記一大功者，考績不得列丙等以下；曾記一大過者，考績不得列乙等以上。

二、年終考績

指各官等人員，於每年年終考核其當年任職期間之成績。評分項目如平時考核，大致是：工作（50%）、操行（20%）、學識及才能（各占15%）。年終考績於每年年終，由主管機關就考績項目評分，遞送考績委員會初核，機關長官覆核，經由主管機關或授權之所屬機關核定，送銓敘部銓敘審定。

企業界常分成四級，依序是[7]：

1.第一級：出色（O, outstanding），或稱為「超乎工作需求」（exceed job requirements）。

2.第二級：很好（V, very good）：完全符合工作需求（full meets job requirements）。

3.第三級：好（G, good）：基本上符合工作要求（essentially meets job requirements）。

4.第四級：有待改進（I, improvement needed）。

依據公務人員考績法第6條規定，年終考績可分甲、乙、丙、丁四個等級，並以一百分為滿分。

考績甲等者，晉本俸一級。各機關參與考績人員，任本職等年終考績，若兩年甲等或一年列甲等兩年列乙等者，則取得同官等高一職等之任用資格。

以公職社會工作師為例，公職社工師初任公職實授合格後銓敘為薦

任六職等本俸一級，如任職兩年內均甲等或三年內兩個乙等一個甲等即可跳薦任七職等本俸一級職缺，相當於直轄市的高級社工師、股長，非直轄市的科長職缺。

三、專案考績

指各官等人員，平時有重大功過時，隨時辦理之考績，分為一次記兩大功與一次記兩大過兩種。專案考績與平時考績不同，專案考績是針對特定事件考核，平時則以平時工作表現加以考核。

四、另與考績

指各官等人員，於同一考績年度內任職不滿一年，而連續任職已達六個月者辦理之考績。大都為實施於考試分發之初任公務人員。

考績制度與激勵、升遷密切相關，也是公務機關把關人才品質的重要制度，考績制度確實拔擢許多公務部門領導幹部。社會工作實務界比起一般行政職系工作內容較為繁雜，相對而言處理案件具急迫性，處處涉及人民權益，有時還涉及人民人身保護議題[8]。

公職社會工作師作為公務執行與社會工作專業之角色，其考評項目如果僅以一般公務人員考評項目標準衡量，並不合理，畢竟社會工作業務的專業屬性與一般公務人員考量項目有很大的差別，如果以同一個標準涵蓋對所有公職社會工作評量標準，也有失其公平性，因此流失一些公職社工師人力。

參、常用的考核方法

　　績效考核的方法眾多，各有優缺點。最常用的有幾種，第一是圖形評分法（graphic rating scale）：列出評估特質（例如品質、生產力、可靠程度）及績效範圍（從不滿意到出色）。評估者在每個屬性的適當欄位打勾並給與評分，然後再將些分數加總起來，得到評估的分數[9]。

　　以某一年「弱勢家庭個案管理計畫服務計畫」為例，勞務派遣單位與台中市社會局共同研擬提出一套績效考核制度，並與人力資源相關制度結合（派遣單位先研擬考核表草案，經過用人單位確認後執行。對聘用者每季考核。考核工作則由台中市社會局、派遣單位與派遣員工都打分數，並進行輔導，也是續聘、停聘的考量因素）。社工員如有惰勤、曠職、不接受工作分配、無法勝任或作業疏誤嚴重等情形，台中市社會局得要求汰換，派遣單位並自台中市社會局提出要求後，另行指派經審查，進行人員遞補。

　　在**表31-1**中呈現的是台中市政府社會局對社工員的考績表格。

　　另外三種常用的方法是[10]：

1.強迫分配法（forced distribution method）：與「常態分配分等」類似。按照預定的比例，將員工分配到不同的績效等級上。例如以比例來分配：15%──最高；20%──中高；40%──中等；20%──中低；15%──最低。

2.重要事件法（critical incident method）：由主管準備每位部屬在工作上表現良好或不佳事件的紀錄，以這些事件為例證。

3.加註行為評等尺度法（behaviorally anchored rating scale, BARS）：指在量化的尺度上加註敘述性的表現，因此具有重要事件法與量化法的共同優點，此方法比上述其他各種方法更好、更公平。通常需

社會福利行政

表31-1 社工員考核表

姓名：　　　　　　　　到職日期：　　　　　　　評議日期：

工作項目及績優表現								
差勤紀錄	休假	事假	病假	公假	公差	補假	遲到早退	曠職
評議項目				分數	主管評分		備註（可補充說明）	
壹、工作：（占48分，包含下列12項，每項4分）								
1.能否依限完成指派工作（含上級交辦案件、紀錄、方案 報告、報表、資料等繳交情形）								
2.工作效率								
3.主動積極勇於負責								
4.信守專業守則								
5.刻苦耐勞虛心接受指導								
6.對服務對象提供適切之輔導計畫（含個案紀錄、方案之內容是否充實、完備、詳實）								
7.各項工作規劃或個案輔導完整、適切								
8.對應辦業務及個案輔導技巧不斷檢討、研究、創新								
9.年度計畫執行情形								
10.合作能力及精神								
11.與相關單位人員之協調聯繫								
12.運用發掘社會資源情形								
貳、才能（占15分，包含下列3項，每項5分）				合計				
1.表達（敘述是否簡要中肯言詞是否詳實清晰）								
2.實踐（做事能否貫徹始終力行不懈）								
3.體能（體力是否強健能否勝任工作）								
				總計				
				評議人員核章				

要五個步驟：確定重要事件的標準→發展績效構面→界定事件→決定事件的尺度→發展最終的評估尺度。

如果能有效改進，所有為了績效管理所付出的辛苦都是值得的。透過績效評估找出缺點，確定應該修正的缺點，並且加以文字化。主管適時檢視改進計畫執行的狀況，幫助員工成長，如此持續進步，是社會福利行政工作者、主管、案主共同的福氣。主管針對績效評估的結果來執行績效改善；可以先設計一個績效改善計畫表，將重要項目一一填寫，並考慮執行的時間。

註 釋

1 林宣萱譯（2011）。Ferdinand F. Fournies著。《績效！績效！》。台北：美商麥克羅希爾。

2 葛建培、卓正欽（2009）。《績效管理與發展》。台北：雙葉。

3 林淑馨（2015）。《行政學》。台北：三民。

4 方世榮譯（2001）。Gary Dessler著。《現代人力資源管理》。台北：華泰。

5 朱道凱譯（1999）。Robert Kaplan與David Norton著。《平衡計分卡：資訊時代的策略管理工具》。台北：臉譜。

6 廖勇凱、楊湘怡（2011）。《人力資源管理：理論與應用》。台北：智勝

7 李璋偉譯（1996）。Gary Dessler著。《人力資源管理》。台北：西書。

8 孫健忠、賴兩陽、陳俊全等譯（2005）。Peter M. Kettner著。《人群服務組織管理》。台北：雙葉。

9 同註4。

10 同註4。

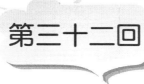

第三十二回

升遷

 壹、社會行政的路就是升遷之路

　　社工系的畢業生是社會福利行政體系的主力，按照社工專協的界定，以下三十一個系是社會工作相關科系（**表32-1**）。

表32-1　社會工作相關科系

編號	學校名稱	科系名稱
1	大仁科技大學	社會工作學系
2	中山醫學大學	醫學社會與社會工作學系（所）（社會工作組）
3	中正大學	社會福利學系（所）
4	中國文化大學	社會福利學系（所）
5	台北大學	社會工作學系（所）
6	台南神學院	宗教社會工作學系（所）
7	台灣大學	社會工作學系（所）
8	台灣師範大學	社會工作學研究所
9	玄奘大學	社會福利學系（所）
10	育達商業科技大學	健康照顧社會工作系

357

社會福利行政

（續）表32-1　社會工作相關科系

編號	學校名稱	科系名稱
11	亞洲大學	社會工作學系（所）
12	東吳大學	社會工作學系（所）
13	東海大學	社會工作學系（所）
14	長榮大學	社會工作學系（所）
15	屏東科技大學	社會工作學系（所）
16	政治大學	社會工作學研究所
17	美和科技大學	社會工作學系
18	高雄醫學大學	醫學社會學與社會工作學系（所）
19	國立東華大學	民族社會工作學士學位學程
20	國防大學政治作戰學院	心理及社會工作學系（社會工作組）社會工作研究所
21	朝陽科技大學	社會工作學系（所）
22	慈濟大學	社會工作學系（所）
23	嘉南藥理科技大學	社會工作學系
24	實踐大學	社會工作學系（所）
25	暨南國際大學	社會政策與社會工作學系（所）
26	輔仁大學	社會工作學系（所）
27	稻江科技暨管理學院	老人福祉與社會工作學系
28	靜宜大學	社會工作與兒童少年福利學系（所）
29	金門大學	社會工作學系
30	大同技術學院	社會工作與服務管理系
31	台北海洋科技大學	健康照顧社會工作系

　　上述各系每一年有大約三千位社工系的新生，有多少比例成為社工人員呢？很難判定。有些學校約半數的社工系畢業生加入社工行列，有些四成或三成，甚至只有兩成。在**表32-2**中呈現了全國社工的人數，由此可知，如果一年畢業三千人，五年就有一萬五千人，但社工系在台灣的發展已經幾十年，更何況有許多社工員並非社工或相關科系畢業的。

358

表32-2　全國社工人員人數（包含私部門）

年底別 End of Year	總計 Grand Total						
	合計 Total			職稱為社工員 （師、督導） The Titles are Social Workers （Supervisors）		職稱非社工員 （師、督導） The Titles aren't Social Workers （Supervisors）	
	計 Total	男 Male	女 Female	男 Male	女 Female	男 Male	女 Female
92年（2003）	2,713	475	2,238	…	…	…	…
93年（2004）	3,208	553	2,655	…	…	…	…
94年（2005）	3,686	634	3,052	…	…	…	…
95年（2006）	4,356	661	3,695	…	…	…	…
96年（2007）	4,709	745	3,964	…	…	…	…
97年（2008）	5,655	902	4,753	…	…	…	…
98年（2009）	6,232	966	5,266	…	…	…	…
99年（2010）	7,103	1,102	6,001	…	…	…	…
100年（2011）	8,409	1,332	7,077	1,106	6,118	226	959
101年（2012）	9,457	1,601	7,856	1,326	6,801	275	1,055
102年（2013）	10,301	1,758	8,543	1,408	7,033	350	1,510
103年（2014）	11,537	2,021	9,516	1,516	7,486	505	2,030
104年（2015）	12,487	2,274	10,213	1,582	7,536	692	2,677
105年（2016）	13,589	2,695	10,894	1,776	8,048	919	2,846
106年（2017）	15,000	2,723	12,277	1,843	8,654	880	3,623

資料來源：衛生福利部社會救助及社工司與直轄市、縣（市）政府

　　有多少社工系新鮮人能加入政府成為永業制的工作者呢？大約7-10%。社工系的新鮮人都希望有美好的助人生涯，到了畢業前，更積極做個人的生涯規劃與發展（Career Planning and Development），有些人實現了成為公務員的心願。站在政府體系，也希望工作人員能持續貢獻，穩定職涯發展，確保這些人員所具備的資格和經驗能符合現在及未來工作的

社會福利行政

方法，也是一種組織持續且正式的努力。

　　考公職社工師不容易，先要通過平均錄取率只有百分之十幾的社工師考試，取得考公職社工師的資格。1994年內政部委託社工專協承辦起草，邀請學術、實務界專家學者共同參與，完成了「社會工作師法草案」，1997年3月11日下午3:11，社工師法完成立法程序。2000年考試院通過「專門職業及技術人員高等考試社會工作師考試規則」，全文十九條，依此辦理社會工作師的考試。

　　按照此規則，必須於公立、依法立案之私立專科以上學校或符合教育部採認規定之國外專科以上學校社會工作相關科、系、組、所、學位學程畢業，曾修習社會工作（福利）實習或實地工作學分，並修畢五領域十五學科，每學科至多採計三學分，總計達四十五學分以上，領有畢業證書與修課證明文件者。然後去報名，應試科目包括：

1.普通科目：國文（作文）。
2.專業科目：(1)社會工作；(2)人類行為與社會環境；(3)社會工作直接服務；(4)社會工作研究方法；(5)社會工作管理；(6)社會政策與社會立法。

　　每一次的平均錄取分數都是60分，到107年6月底，有6,804位領有社工師執照，歷年來領取的狀況，請見**表32-3**。

　　想成為公務員要參加公職社工師考試或社會行政考試，前者錄取率在20%上下，後者通常不到一成。也就是說，大約3-4%的考生能連過兩關，取得公務員的資格。透過社會行政普考或高考進入公職的比例，也都是十幾位考生才錄取一位。

　　許多人都是一考再考，終於考上，成為政府龐大社會行政體系裡的基層人員。為什麼如此奮鬥呢？原因主要有二：首先是公務員的薪資福利遠比在民間組織的社工要好，平均薪水高出民間達兩、三成；其次是公務

表32-3　考上社會工作師人數表

年底別 End of Year	總計 Grand Total		
	合計 Total	男 Male	女 Female
92年（2003）	872	86	786
93年（2004）	1,019	97	922
94年（2005）	1,053	104	949
95年（2006）	1,117	104	1,013
96年（2007）	1,208	111	1,097
97年（2008）	1,286	120	1,166
98年（2009）	1,599	163	1,436
99年（2010）	1,817	211	1,606
100年（2011）	2,115	239	1,876
101年（2012）	3,112	398	2,714
102年（2013）	3,837	521	3,316
103年（2014）	4,471	638	3,833
104年（2015）	5,107	731	4,376
105年（2016）	5,613	822	4,791
106年（2017）	6,234	930	5,304
107年6月底 （2018）	6,804	1,010	5,794

資料來源：衛生福利部社會救助及社工司與直轄市、縣（市）政府

員為永業制，一旦進入，幾乎都長久聘用，大多數都可以做到退休。在**表32-4**之中，呈現了公部門社工的人數。

表32-4　公部門社工人數

年底別 End of Year	公部門 Public Section						
	合計 Total			職稱為社工員 （師、督導） The Titles are Social Workers （Supervisors）		職稱非社工員 （師、督導） The Titles aren't Social Workers （Supervisors）	
	計 Total	男 Male	女 Female	男 Male	女 Female	男 Male	女 Female
92年（2003）	1,025	190	835	…	…	…	…
93年（2004）	1,092	196	896	…	…	…	…
94年（2005）	1,207	203	1,004	…	…	…	…
95年（2006）	1,469	211	1,258	…	…	…	…
96年（2007）	1,670	244	1,426	…	…	…	…
97年（2008）	1,948	296	1,652	…	…	…	…
98年（2009）	1,947	294	1,653	…	…	…	…
99年（2010）	2,221	353	1,868	…	…	…	…
100年（2011）	2,727	418	2,309	335	1,937	83	372
101年（2012）	3,046	526	2,520	431	2,160	95	360
102年（2013）	3,587	666	2,921	492	2,323	174	598
103年（2014）	3,978	742	3,236	547	2,526	195	710
104年（2015）	4,394	815	3,579	594	2,717	221	862
105年（2016）	4,576	877	3,699	620	2,795	257	904
106年（2017）	5,317	1,004	4,313	697	3,050	307	1,263

資料來源：衛生福利部社會救助及社工司與直轄市、縣（市）政府

貳、迷人的官場層級

　　社工人進了政府體系，有的四職等、有的五職等，有的六職等，想像社會行政最高的社會及家庭署署長是十三職等，這條路好漫長！公務

人員依官等及職等任用。官等分委任、薦任、簡任。職等由第一至第十四，以第十四職等為最高職等。委任為第一至第五職等；薦任為第六至第九職等；簡任為第十至第十四職等。另有特任，社會福利界有幾個人受邀擔任次長、政務委員，都算特任官。

從魏晉開始的「九品中正」，持續幾千年來呈現著官場裡的職級。九品芝麻官想升八品，八品升七品、七品升六品，愈升愈高，所戴的帽子愈來愈精緻，所穿的官服愈來愈高檔。到了民國時代，官場的職級仍然以各種方式存在。

例如辦公的地點，以台中市政府來說，小公務員坐在最靠近門的OA座位。奮鬥幾年，座位往後延兩個，再努力幾年，挪到那排的最後一處，也許升到八職等的股長。然後靠表現也碰運氣，升到科長，薦任最高九職等，還是沒有獨立辦公室，只是OA隔間高了些，辦公桌旁邊有張沙發椅。

市府社會局裡的簡任官一隻手的手指數得完，專門委員與主任秘書都是簡任官，還是沒有獨立的辦公室，只是座位比科長再大一些。只有副局長、局長有獨立辦公室，各自擺設可以坐四、五個人的沙發椅，還有掛西裝的衣架。若有幸再晉升，成為副市長，辦公室很大。市長辦公室更不得了，配置很大的會客室，還有獨立的盥洗室、可以打瞌睡的簡單臥室，辦公室外頭有警衛看守，避免閒雜人等闖入。大多數公務員擠大眾也可以搭的電梯，市長、副市長可搭乘獨自優先使用的電梯。

這樣明顯的差異在非營利組織並不常見，多數非營利組織的階層不明顯，執行長與社工之間通常沒有嚴謹的科層。所以習慣於平等、平凡、平衡的人，進入處處有層級的體制，多少有些不適應。

政府體制裡聘僱各種非永業制的人員，如約聘、約僱、約用等，在座位前方的OA隔間上掛著職稱及名字，辦公空間與七職等以下的一般大，甚至所做的事情更多、所承擔的責任更重。但是，不是永業制的，

無法晉升，就不可能成為八職等股長、九職等科長，更不可能成為簡任官。唯一能搬進獨立辦公室的機會是被市長邀請聘為特任官，成為局長，但這樣的機會太渺茫了！

許多曾經在民間組織服務過的社工，進入政府體系裡很不適應，其中之一是對層級差異明顯的不習慣。通常在民間組織，不一定能從頭銜去辨識對方職位的高低，例如組長或督導誰比較大？執行長好像很大其實可能只管幾個人。

但在政府體系，層級分明，單以「長」來看，對方是某種「長」，通常比不是「長」的職位高。「長」又分高低，局長比科長大、科長比股長大。是不是主管，迥然不同，主管有主管加給，有獨立辦公的空間，可以打部屬的考績。若是參議、參事、技監、技正、專門委員、專員等，雖然可能職等與某些主管相同，權力與待遇就差一些。

全國公務員有將近三十五萬，政務人員僅465人，包括特任141人；比照簡任第十四職等68人；比照簡任第十三職等176人；比照簡任第十二職等80人。按機關層級區分，中央各機關211人，占45.38%；地方各機關254人，占54.62%。按性別分，男性367人，占78.92%；女性98人，占21.08%。

全國具簡薦委任（派）官等之女性比率，委任人員為58.23%；薦任人員為58.00%；簡任人員為33.64%。委任及薦任人員之女性比率，皆已逾半而超越男性。簡任人員女性比率之長期變化，由97年底之22.75%，逐年提升至106年底之33.64%，計增加10.89個百分點。

在**表32-5**中呈現公務員的人數及性別比，很明顯的，薦任最多，委任最少，簡任居中。但是薦任只有四級（六職等到九職等），擠了十二萬多的公務員，只有八千多人的簡任官分成五級（十職等到十四職等）。換言之，只有不到10%的荐任能升到簡任，即使九職等了，通常還是得久久的等。

表32-5　全國公務人員人數按性別分

中華民國106年底

項目別	人數（人）			百分比（%）		性比例
	總計	男性	女性	男性	女性	
總計	349,676	202,463	147,213	57.90	42.10	137.53
機關性質別						
行政機關	237,834	145,696	92,138	61.26	38.74	158.13
（不含警察人員）	158,754	73,983	84,771	46.60	53.40	87.27
公營事業機構	64,756	45,048	19,708	69.57	30.43	228.58
衛生醫療機構	19,732	4,947	14,785	25.07	74.93	33.46
公立學校（職員）	27,354	6,772	20,582	24.76	75.24	32.90
年齡別						
未滿30歲	38,306	23,083	15,223	60.26	39.74	151.63
30-50歲	208,121	116,557	91,564	56.00	44.00	127.30
50歲以上	103,249	62,823	40,426	60.85	39.15	155.40
官等別	185,531	79,980	105,551	43.11	56.89	75.77
簡任（派）	8,954	5,942	3,012	66.36	33.64	197.28
薦任（派）	122,187	51,322	70,865	42.00	58.00	72.42
委任（派）	54,390	22,716	31,674	41.77	58.23	71.72

註：1.性比例為每百女子所當男子數[（男性／女性）*100]。
　　2.本表官等別係全國公務人員具簡薦委任（派）官等之人員。

　　民間組織通常沒有清楚的職等，但政府體系裡有，從最小的一職等到最高的十四職等。民間組織沒有委任升薦任、薦任升簡任的機制，但政府體系裡有。民間組織裡互動，比較不會考慮對方與自己之間有的差異。在政府部門裡的互動，常常想到的是對方的職等、頭銜、是否為主管？因此考績、升遷、異動等，都是公務員所特別在乎的。

社會福利行政

💜 參、晉升

　　公務員剛分發到離職，從一而終的很罕見，絕大多數都努力升遷也都可能到不同政府部門歷練。擔任社會行政工作，有的轉去做人事，有的去勞工行政或衛生行政或其他職系。公職社會工作師服務一陣子，有的從第一線的直接服務轉到第二線做行政，有的轉到人事或戶政等體系繼續擔任公務員，從事的業務與社會工作差距甚大。這些過程，都屬於調任。也有些因為進修、家庭、健康等因素，離開公職。退休，則是到了年齡每個人都必須經過的歷程。

　　「鐵打的衙門，流水的官」，公職生涯如流水，總是會變動的。即使職位不動，也都是一種情境。在動與不動之間，主要牽涉「情、理、法」，更精準地說，是「法、理、情」，先要認識政府的種種人事法規，其次按照績效來考慮。人情當然重要，但不宜高估，以免惹出是非爭議。

　　公職社會工作師主要升遷管道可分為朝社會工作職系發展的「高級社會工作師」及「社會工作督導員」；朝社會行政體系發展的「科員」、「股長」、「科長」。在政府部門社會行政業務的推展相對於其他行政職系而言，工作內容相當豐富，包含直接個案服務工作、福利服務方案策劃與執行、政策研擬、研究管考等多元業務。公職社會工作師的養成未必要求從事直接服務的社會工作師持續做直接服務，而是要透過工作輪調，讓公職社會工作師專業養成更加成熟。

　　晉升（promotion，或稱升遷）指員工由原來的職位上升到另一個較高的職位（to promote to a higher office）過程。晉升可以促成人與事的配合，可以激勵員工發展才華，活絡組織人力配置，讓組織維持一定的活力。升遷或許是所有公務員最在乎的，朝思暮想，努力不懈。升遷分各種

狀況，有的是在同一職等裡，有的是升級到高一個職等，有的是從非主管調到主管職位，有的從管幾個人到管很多人。

依照法規，原本政府訂有「行政院暨所屬各級行政機關公務人員升遷考核要點」，民國89年制定為《公務人員陞遷法》，最新一次的修正是民國98年4月。升遷指：(1)陞任較高之職務；(2)非主管職務陞任或遷調主管職務；(3)遷調相當之職務。各機關應依職務列等高低及職務運用情形訂定升遷序列，逐級辦理。本機關同一升遷序列職務間之調任，不算升遷。

升遷通常要有嚴格的甄審流程，依法須設立甄審委員會，辦理：(1)候選人員資績評分或資格條件之審查；(2)面試及測驗方式之決定；(3)陞遷候選人員名次或遴用順序之排定；(4)機關首長交議事項之研議；(5)其他有關陞遷甄審事項；(6)其他法規明定交付審議事項。近年來，逐步朝著量化的方式進行，使評分標準化，因此依據《公務人員陞遷法》第7條及其施行細則第5條、第9條規定訂定，公布了「行政院及所屬各級政府機關公立學校公務人員陞任評分標準表」。

許多職位不存在升遷甄審問題，包括各機關下列職務，得免經甄審（選），由本機關或其上級機關首長逕行核定：(1)機關首長、副首長；(2)幕僚長、副幕僚長；(3)機關內部一級單位主管職務；(4)機關內部較一級業務單位主管職務列等為高之職務；(5)簡任第十二職等以上職務。

優先升遷者：(1)最近三年內曾獲頒功績獎章、楷模獎章或專業獎章；(2)最近三年內經一次記二大功辦理專案考績（成）有案；(3)最近三年內曾當選模範公務人員；(4)最近五年內曾獲頒勳章、公務人員傑出貢獻獎；(5)經公務人員考試及格分發，先以較所具資格為低之職務任用。

不得升遷者：(1)最近三年內因故意犯罪，曾受有期徒刑之判決確定者。但受緩刑宣告者，不在此限；(2)最近二年內曾依公務員懲戒法受撤職、休職或降級之處分；(3)最近二年內曾依公務人員考績法受免職之處

分；(4)最近一年內曾依公務員懲戒法受減俸或記過之處分；(5)最近一年考績（成）列丙等，或最近一年內依公務人員考績法曾受累積達一大過以上之處分。但功過不得相抵；(6)任現職不滿一年。

　　升遷之後，該法第14條規定：「公務人員陞任高一官等之職務，應依法經陞官等訓練。初任各官等之主管職務，應由各主管機關實施管理才能發展訓練。」

第三十三回

轉任與離職

 ## 壹、官場迷人但人各有志

　　國中考高中，多數人都沒考上第一志願；高中考大學，只有少數人考上第一志願；考上公職社工師，要分發時，可以填五、六個志願，多數錄取者未必能進入自己的第一志願。進入政府體系服務一陣子，如果說升遷是第一志願，多數公務員不能如願，得到第二志願甚至是第三志願的也差強人意。對某些公務員來說，調任是第二志願，對另一些公務員而言，維持現狀是第二志願。

　　社會福利行政體系龐大、多元而複雜，有些部門穩定上下班，有些單位需照顧的對象住在其中。前者通稱「機關」，後者通稱「機構」，兩者的運作大不相同。機關通常在交通便利的地方，機構則不然，因為需要較大的空間給服務對象居住，多半位在離市中心有相當距離之處。

　　上班族在職場裡優先考慮「錢多、事少、離家近」，社會福利行政的公務員也會考慮這些。待遇多寡牽涉到職級、加給，事情的多寡在各單位也不同，離家近遠與交通狀況有關。這些都影響到調任的志願。

調職、升職、都屬於職位的異動。職位（position）通稱職缺，有的職位俗稱「肥缺」，不少人想爭。有的職位則或許是「爛缺」，充斥著苦差事，人們避之唯恐不及，但還是要有人去做。

社會福利行政領域的女性人數遠多過男性，在當今的社會，女性所承擔的家庭責任依然遠多於男性。為了婚姻、生育及照顧長輩兒女等原因而轉任的比例，女性居多，例如請育嬰假，百分之八十幾是女性。

社會福利行政業務普遍繁重，平日經常加班，假日因為要辦活動或參加民間組織所舉辦的活動，也不得閒。如果從事第一線，尤其是保護性的，經常奔波甚至面對危險的比例高，公務員本身及家人有較高的可能性轉任。近年來，在社工領域持續增聘人力，然而異動比例還是偏高。

💜 貳、調任、轉任

調任（transfer）是員工到另一個同樣或類似的組織，有時是因為該員工在工作、個人、團隊中的優勢或缺點。管理者可以透過績效評量得到線索，如果該名員工的能力到其他地方或組織會有更好的表現，可以讓員工有機會熟悉不同工作。又可分為平調（不變官等或職等）、升調（調較高的官等或職等）、降調（調較低的官等或職等）。

調任並不改變公務人員之類別，是由一職位改擔任另一職位。《公務人員任用法》第18條規定：「凡簡任十二職等以上，在各職系間得予調任。其餘各職等人員在同職組各職系及曾經銓敘審定有案職系之職務間得予調任。」例如在一般行政職組中細分成一般行政、一般民政、戶政、人事行政、社會行政、社會工作、勞工行政七大職系，公職社會工作師屬於社會工作職系，符合於限制轉調規定過後轉調一般行政職組的任一職系。

在政府體系有轉任制度，指行政機關、公立學校教育人員或公營事業人員之互調。依據《公務人員任用法》第16條規定：「高等考試或相當高等考試以上之特種考試及格人員，曾任行政機關人員、公立學校教育人員或公營事業人員服務成績優良之年資，除依法令限制不得轉調者外，於相互轉任性質程度相當職務時，得依規定採計提敘官、職等級；其辦法由考試院定之。」

轉任制度目的在增加機關用人之彈性。目前有「行政、教育與公營事業人員」之相互轉任、「專門職業及技術人員轉任公務員條例」、「後備軍人轉任公職」等。商調是現職人員由甲機關調至乙機關任職之程序。例如某公職社工師目前於某地方政府社會局服務，因家庭因素考量調回離家較近的單位服務，確認通過後，由乙機關發商調函至原機關（甲機關），甲機關評估業務狀況回函乙機關是否商調及商調時間後，乙機關評估該員就任時間是否會耽誤業務運作，如不耽誤就會發人事命令（派令）給欲商調之現職人員，命其一個月內向乙機關報到。

106年全國公務人員因機關內、機關間之異動，考試分發或其他任用資格之新進及辭職等人事異動共96,881人次，其中以本機關內調動計45,926人次，占47.40%最多；其次為新進人員共33,763人，占34.85%；調至他機關共16,431人次，占16.96%；辭職761人，占0.79%。若按機關性質別區分，行政機關、公營事業機構及衛生醫療機構以本機關內調動比例較高，分別占43.22%、69.45%及52.78%；公立學校（職員）則以新進人員較多，占41.73%。

單以公職社工師的調任來看，銓敘部針對97-105年公職社會工作師類科離職或轉調其他非社會工作職系之人數，統計如**表33-1**。

另外，在**表33-2**中呈現97-105年特種考試地方政府公務人員考試公職社會工作師類科錄取人員（以社會工作職系任用者）離職（指辭職、撤職、免職等類情形，不含留職停薪、商調到其他機關等情形）或轉任社會

社會福利行政

表33-1 公職社會工作師類科離職或轉調其他非社會工作職系之人數

考試年度	限制轉調期間離職人數	限制轉調年限未滿一年		限制轉調年限屆滿後一年以上未滿二年		限制轉調年限屆滿二年以上		合計
	離職人數	離職人數	轉職系人數	離職人數	轉職系人數	離職人數	轉職系人數	
97	1	0	21	0	10	0	15	46
98	0	1	16	0	8	2	11	37
99	0	0	4	0	5	1	3	13
100	0	5	10	1	5	2	9	32
101	1	0	29	0	13	0	18	60
102	1	0	26	0	15	0	6	47
103	7	0	0	0	0	0	0	0（未達轉調年限）
104	8	0	0	0	0	0	0	0（未達轉調年限）
105	1	0	0	0	0	0	0	0（未達轉調年限）

資料來源：銓敘部

工作職系以外職系人數統計。

　　就高考部分，未滿一年即有人轉調其他職系。從103年實施轉調年限從一年延至三年後，轉調人數開始下降，從統計資料可看出，未滿一年轉調人數高達二十多位，可見社政單位留住人才相當不易。地方特考部分，相較高考限制轉調年限一年，地方特考因為有區域限制，也是偏鄉地方政府留住在地人才之主要考選管道，因此，轉調人數相較高考低。離職人數某些年達十四個人，既然是公務員考試，人們取得公務員資格後仍辦理離職的現象，即使透過地方特考方式，也不一定能留得住人才。

表33-2 特種考試地方政府公務人員考試公職社會工作師類科錄取人員離職或轉任情況

考試年度	不得轉調原分發占缺任用以外之機關期間	原錄取分發區所屬機關再服務三年期間	限制轉調年限屆滿後（六年）未滿一年		限制轉調年限屆滿後（六年）一年以上未滿二年		限制轉調年限屆滿後（六年）二年以上		離職／轉職人數占錄取人數%
	離職人數	離職人數	離職人數	轉職系人數	離職人數	轉職系人數	離職人數	轉職系人數	
97	3	0	0	1	0	0	0	0	4
98	2	0	0	0	0	0	0	0	2
99	3	1	0	0	0	0	0	0	4
100	14	0	0	0	0	0	0	0	14
101	13	1	0	0	0	0	0	0	14
102	7	0	0	0	0	0	0	0	7
103	8	0	0	0	0	0	0	0	8
104	4	0	0	0	0	0	0	0	4
105	0	0	0	0	0	0	0	0	0

資料來源：銓敘部、蘇俊丞（2019）

 參、調任的考試

　　現職公務人員取得職系轉換任用資格條件及途徑，依《公務人員任用法》第18條規定，現職人員之調任，必要時，得就其考試、學歷、經歷或訓練等認定其職系專長，並得依其職系專長調任。相關學歷、訓練指在教育部認可之國內外專科學校畢業或其後在獨立學院、大學、研究所（含尚未畢業者），曾修習與調任職務職系性質相近之科目二十學分以上者（實務上參考各任用職系之考試專業科目，各科目最高採計六學

社會福利行政

分）。考試科目參考公務人員高等考試三級考試或相當特種考試三等考試
應試科目命題大綱適用考試類科整理如**表33-3**。

表33-3　社會工作職系級轉任考試科目

代號	職系名稱	考試科目
3101	一般行政職系	行政法、行政學、政治學、公共政策、公共管理、民法總則與刑法總則
3102	一般民政職系	行政法、行政學、政治學、公共政策、地方政府與政治、民法總則與刑法總則
3104	社會行政職系	行政法、社會工作、社會政策與社會立法、社會研究法、社會學、社會福利服務
3105	人事行政職系	行政法、行政學、心理學（含諮商與輔導）、現行考銓制度、各國人事制度、民法總則與刑法總則
3108	戶政職系	行政法、地方政府與政治、人口政策與人口統計、民法總則、親屬與繼承編
3111	勞工行政職系	行政法、社會學、經濟學、勞資關係、就業安全制度、勞工行政與勞工立法

 肆、社會行政的異動

中央為了能留住社會工作直接服務人才，於社會工作職系中設置薦
任七至八職等的「高級社會工作師」及薦任八至九職等的「社會工作督
導」，開拓直接服務社會工作人才的升遷管道，一方面激勵直接服務的社
工人力，另一方面希望人力久留，減少流動[1]。

此外，「充實地方政府社工人力配置及進用計畫」是近年最大規模
的政府增聘社工人力方案，依照各地域之不同，透過運算公式，推出該縣
市合理應配置之社工人力。然而受制於各種政治、地方行政等因素，並
未達成目標，中央政策、機關本身條件、主事者理念及選票考慮都影響人

力配置，地方政府主事者的政治因素、工作目標、區域生態特性、社工員特質與需求、民眾便利性及人事管理之有效掌控等都可能是影響因素[2]。在**表33-4**之中整理了到106年6月為止，各地方政府增聘公職社工人力情況。

表33-4　各地方政府增聘公職社工人力情況

縣市別	101-114年應 納編織員額數	已新增 修編員額	可修編 但尚未修編	經檢討 未能修編	已完成 進用人數
台北市	80	64	16	0	61
新北市	219	206	13	0	163
桃園市	138	138	0	0	117
台中市	190	172	18	0	160
台南市	140	90	0	50	81
高雄市	134	88	46	0	64
基隆市	28	21	0	7	21
新竹市	31	18	13	0	18
嘉義市	22	11	3	8	0
新竹縣	37	8	0	29	3
苗栗縣	40	20	0	20	20
彰化縣	99	50	0	49	52
南投縣	53	36	17	0	22
雲林縣	56	41	0	15	41
嘉義縣	43	43	0	0	35
屏東縣	62	44	12	6	40
台東縣	24	16	8	0	14
花蓮縣	28	15	1	12	22
宜蘭縣	34	19	15	0	17
澎湖縣	11	3	0	8	2
金門縣	8	7	0	1	4
連江縣	2	1	0	1	0

資料來源：衛生福利部提供

整體而言，公職社工師折損率將近兩成。影響各地方政府進用公職社工的變數眾多，除了性別因素及危險性之外，還有員額的「天花板效應」。地方政府受限於組織法規，有其編制員額之上限，員額控管主導權在人事行政單位。除非已達員額上限之天花板，地方政府仍有員額可運用，就得看地方首長、社政首長、人事單位的意見。在人事預算方面，中央制定「充實社工人力計畫」，地方政府未必配合。對此，中央也有所調整，只要地方政府有編列公職社工人力即將其納入中央統籌分配稅款中的收支差短，給予補助[3]。

伍、離職

無數人都認為公務員事捧著鐵飯碗過日子，很安穩，離職率低。其實不然！員工離職幾乎發生在所有的組織裡，但在社會福利行政體系之中，異動率特別高。主要原因包括：女性居大多數所以因照顧長輩晚輩而辭職者眾、因為工作壓力大身心俱疲而倦勤、因為相關法令複雜工作壓力過大而萌生去意、因為面對民眾或民意代表批評而心生畏懼等。近年來，社會行政體系逐漸複雜、新推出的方案眾多，各種新的要求也使公務員疲於奔命，或是請調或是辭職，非永業的約聘、約僱、約用、勞務委託、方案委託、職務代理等變動比例更高。在民間組織，每一年的離職率動輒三成以上，即使在被視為鐵飯碗的政府部門，每年離職率也將近20%[4]。公職社工師的離職率也比一般高普考的比例高。

社會行政人員與社會工作人員為何想離職，主要原因除了個人健康及家庭因素，還有以下數點[5]：

1.耗竭（burnout）：是一種「因為工作上必須與人密集互動而生理、情緒和心智枯竭的狀態」。工作上出現困境，在態度與行為上都有

問題，也影響社會行政體系的運作。例如在專業服務中，兒童保護社工員或老人照顧員表現出敷衍馬虎、欠缺人道關懷的情況，對案主與同事失去耐心，甚至指責案主或機構。工作只是做表面的，欠缺熱情。也不應該過度解釋耗竭，有時可能只是態度不積極。

2. 欠缺刺激：當組織過於穩定，員工持續以相同的方式做事，可能感到厭倦，而有了驛動的心。只以既定模式進行處遇，不再深思熟慮，成就感下降。漸漸地，對眼前的工作感到無趣，想要離開。

3. 缺乏晉升的機會：公務員多半期待更高的薪資、更好的地位、更多的福利，這些都與升遷密切相關。如果發現自己在原組織沒有向上流動的機會，難免感到挫折。人們總是希望有更好的未來，但未能如願，因而萌生去意。

註　釋

1 曾中明、蔡適如（2007）。〈健全社會工作專業制度——談現階段充實公部門社會工作人力措施〉。《社區發展季刊》，120，9-20。

2 蘇俊丞（2016）。《公職社工師任用、留用及異動原因之探究：以南部地方政府為例》。台中：東海大學社會工作學系博士論文計畫書。

3 同註2。

4 鄭麗珍、黃泓智（2010）。〈政府部門社工人力推估模式的初探〉。《社區發展季刊》，129，95-113。

5 修正自林仁和、黃永明（2009）。《情緒管理》。台北：心理。

第三十四回

總務行政、供應鏈管理等手段

壹、總務行政

　　總務不是管理「會動的人」，而是處理「各種東西」。即使是不動的東西經常影響會動的人，人們的心情必定會受到環境影響，也可能因此降低服務的輸送與品質。整體而言，社會行政單位的辦公環境可以改進之處甚多，許多辦公場所都很零亂，社工員在窘迫的空間中工作，當有來賓參訪時才慌亂地整理；實習生與志工能夠使用的空間更差，經常得在四處堆積的資料中做事。某些主管十分節省，可用或勉強可用的東西、物品、書籍、資料、海報、羅馬旗等都留著，加上欠缺適當的儲藏空間，辦公地點與儲藏室混用，更顯得亂七八糟。

　　任何東西都需要輸送、儲藏與配置，是重要的管理項目卻經常被忽略。在企業中通常有總務人員或專職人力負責，但在社工組織裡不一定有專人處理。這些「後勤工作」被忽視，使許多組織明明有資源，卻因為未加妥善使用造成嚴重浪費；一旦發生諸如火災、地震、水災等事件，可能導致嚴重的後果。

　　總務行政靠細心，需充分瞭解財務規定與行政規定。總務有如組織中的後勤部隊，支援四處奔波的工作夥伴。總務也需善用資訊管理，將各種訊息精準處理，轉換成有效率的過程。將環境整理成適合工作的情境，將各種文件安排妥當。

　　社會福利行政既要服務人，屬於people-work，又要做很多文書工作，具有paper-work的性質。從事社會工作者，對於people-work比較在行，對於paper-work難免有些抗拒。然而這兩者並不是互斥的，反而可以相輔相成。服務了人，還是要好好記錄。如同品質管理ISO最核心的概念——做你所寫，寫你所做。執行自己原本計畫的，又在執行後詳細記錄。

　　總務管理的工作要項可以按照paper-work、people-work等概分為以下幾類，配合分類來補充各種相關主題的表格，表格名稱參考蕭祥榮所著《總務部門重點工作》[1]，整理說明如下：

一、以文書為主的paper-work

1. 文書管理：包括文書作業、印信管理與檔案管理、收發文管理、內外公文簽呈處理、傳真收發登錄、圖書管理等。相關的表格有：對外發文公文書、對外公文草稿書、簽呈單、內部公文單、內部聯絡單、發文登記簿、收文登記簿、傳真收文登記簿、文件處理跟催單、文件傳遞管制表、遞文簿、文件檔案管理明細表、表單管理目錄表、表單管理資料卡等。

2. 文件與文具管理：相關的表格有：文具領用申請單、物品借／領用申請單、印刷品印製申請單。還有影印文件申請單、郵票／明信片使用日報表、誤餐費申領日報表等。

3. 組織職掌：工作及職務資格說明書、工作說明書、權責劃分表、單位人員編制表、單位員額統計表、職位職等編制計畫總表等。

4.值勤狀況：職員工作日報表、工作紀錄日報表、各種人員（如社
工、秘書、會計）工作日報表、假日值班日報表、警衛日報表等。

二、以金錢登記為主的paper-work

1.財產管理：包括財產管理的作業流程、財產分類與編號、財產移
轉、財產的盤點管理等。表格如：財產申購單、財產領用單、財產
保管卡、財產移入單、財產移出單、財產移交清單、財產報廢申請
單、財產投保明細表等。

2.待遇管理：職工本俸等階本表、調薪通知單、薪俸單、薪俸印領清
冊等。

三、以人事管理people-work有關的paper-work

1.甄選任用：增補人員申請單、臨時工員聘僱申請表、新進人員甄選
計畫表、面試通知書、應徵人員履歷表、應徵人員簡歷報名表、應
徵人員甄試紀錄表、應徵人員面談紀錄表、應徵人員面談紀錄分析
表、報到通知書、錄用通知書、未錄用通知書、試用協議書、試用
期滿通知書、聘任書、新進人員報到手續單、新進人員職前介紹
表、職工基本資料卡、人事資料卡、臨時人員僱用資料表、職工保
證書、對保通知書、連帶保證人通知書、在職證明書、服務證明書
等。

2.教育訓練：年度在職訓練計畫表、教育訓練實施計畫表、教育訓練
報告書、員工教育訓練心得報告書、訓練實施報告書、實習日報
表、教育訓練成績報告表、參加外部訓練申請表等。

3.出勤管理：職工簽到、員工出勤簽名簿、年度職工請假卡、職工請假

單、請假紀錄卡、公傷假申請報告表、加班通知單、加班計畫單、加班申請單、月份加班人員統計表、加班申報單、人員異動申請書、人事動態日報表、考勤日報表、月份全勤職工統計表、考勤月報表、出勤月報表、職工年度考勤紀錄表、員工外出申請單、公差外出許可單、外出洽公申請單、工作時間內外出登記簿、工作時間外及假日值勤報告表、業務值班預定表、月份值日人員統計表等。

4.考績晉升獎懲：試用期滿考評表、職工平時初考表、職工考績表、職務異動公告、人事異動命令通知單、月份人事職務異動統計表、獎懲呈報表、人事獎懲公告、改善提案受理登記表、改善提案用紙等。

5.員工福利管理：包括婚喪喜慶福利給付、慶生會、人員意外保險、重大傷病補助、福委會社團活動管理、福委會組織、福委會獎學金等。表格如設施申請書、委員會業務實施登記表、委員會設施計畫表、委員會委員及職員名表、職工福利金提撥情形一覽表、退休金監督委員會委員及職員名冊、婚喪喜慶給付申請單、重大傷病補助申請單、員工子女獎學金申請單、員工子女獎學金領款單、員工互助金申請單、福委會社團經費補助申請單、員工旅遊活動申請書、宿舍住／退宿申請單、住宿人員資料卡等。

6.離職退休資遣：離職申請書、離職人員面談紀錄表、職工離職單、離職證明書、員工免職通知單、離職手續申辦表、留職停薪申請單、職務交接明細表、業務交接報告表、員工命令／申請退休表、職工退休申請表、員工退休金支領書、員工退休金領款單、資遣通知單、職工死亡撫卹金申請表等。

四、其他類

1.集會活動與會議管理：包括議事準則，各委員會的規程與議事等。

相關的表格有：月份會議計畫表、會議紀錄、會議召集申請單、開會通知單、會議報告書、對外會議紀錄報告書、會議室使用申請單、月份會議室使用統計表等。

2.涉外事物的管理：例如對外契約登記表、國外電話使用登記簿等。

3.庶務管理：包括文具用品管理、員工識別證、印鑑管理、服裝製發、車輛管理、油料管理、出差管理等。相關的表格有：與印鑑管理有關的登記簿、使用登記簿、使用申請單、報銷申請單等。

4.車輛管理：包括有關的管理紀錄表、維修／里程／耗油月報表、領用油料月報表、使用申請單、派車單、車輛請修單、駕駛日報表、交通事故報告書、車輛物品出入通知單、車輛出入登記簿等。

5.與出差有關的：申請單、國外出差申請表、搭乘國內飛機申請單、出差旅費預支申請單、傳真聯絡單、出差報告單、出差報告書、國外出差報告書、出差旅費支出明細表、國外出差費用明細報告書等。

6.物品管理：包括物品管制、零庫存、表單設計與管制等。

7.安全與衛生、門禁的管理，勤務管理等：包括工作時間內進出登記簿、來賓登記簿、物品出門放行單、員工攜物外出登記簿。安全衛生檢查報告表、用電安全檢查表、安全衛生檢查日報表、安全事故發生報告書、月份安全衛生管理實施計畫表、月份安全衛生檢查紀錄表、消防演習報告書、消防設備定期檢查紀錄表等。

8.宿舍、餐廳、會議場所等的管理。

9.標準化管理：包括規章與流程圖標準化、表單標準化等。

10.圖書管理：圖書購買申請單、圖書借閱申請單、圖書管理目錄表。

11.如警衛、會客、消防等。

上述表格大多數已經電子化，然而各項紙本對保存檔案還是很重要。

社會福利行政

　　總務管理以精簡、效率與內部控管為原則，朝標準化、制度化，整潔化方向邁進。以廁所為例，不要小看「廁所」，任何服務都需要考慮使用者入廁的感受。如果廁所數量足夠，環境整齊、清潔、明亮，並且貼心地準備洗手乳，使用者一定很開心，如此對政府機構的形象有所幫助。

　　各級學校有總務處、政府部會有總務司、大型企業有專門的總務單位，但社會行政體系未必有專門的總務單位，總務事項有時由社工員兼辦。如果機構不大，有時由社工員兼辦總務事宜，社工可以參考相關書籍或作業手冊，學習有經驗者設計的管理系統。更重要的是培養細心的態度，做好社工組織裡的總務工作。

貳、供應鏈管理

　　供應鏈管理（Supply Chain Management, SCM）透過實體物流與消費端的同步管理，以增進經濟價值的輸配工作，屬於後勤業務。供應鏈管理沿著使用者與供應商這條鏈結，從原材料到最終客戶，對於材料與設備、資訊、金融與人員的雙向流動管理，讓流程、人員與原材料的運用更有效率[2]。規劃好的資訊系統技術，各項服務輸送集合在一個無縫流程中。供應鏈管理的目標是對整個供應鏈的各個環節進行綜合管理，把物流與庫存成本降到最小[3]。對供應鏈系統進行計畫、協調、操作、控制的各種活動和過程，將所需正確的產品（right product）在正確的時間（right time）、按照正確的數量（right quantity）、正確的品質（right quality）和正確的狀態（right status）送到正確的地點（right place），並使總成本降低。

　　進行「供應鏈管理」重點如下[4]：

1.透過實體物流與使用者採用的同步管理，以增進經濟價值。

2.輸送機制從原物料到最終端客戶都善加管理。

3.讓流程、人力與原物料的運用更有效率、更節省成本。

以各項研討會需要印製講義為例。多數時候主辦單位印了一本又裝訂，但如果是系列的、長年使用的，為了重複使用，第一次就準備講義夾或封套，統一用A4格式；日後有了新資料，印刷完成後請廠商先打好洞再提供給與會者或相關機構，便可直接放進講義夾。如此可幫助社工人員進行檔案管理，對各項資料進行分類。

「配合節能減碳，少使用紙張」是趨勢，可以用網路或雲端，少些印刷品。為了環保，應該以普通紙張即可，不宜用銅板紙印刷，避免造成浪費和汙染。負責人應與印刷廠、禮品店等密切配合，避免購置太多超過活動所需的物品。「工欲善其事，必先利其器」，採購好的辦公用品仍嫌不足，更需要同仁養成容易使用的習慣。

供應鏈的核心要素是「速度」與「彈性」。時間對競爭力的重要性眾所周知，無論是創新、開發、服務、速度都是基本要求，遲緩者必定失去先機。社會福利行政單位更需要彈性，無需樣樣物品都有，卻樣樣都不夠好。現代社會資訊便利、各種供應者林立，很容易就取得所需要的物品，無需大量儲存。

供應鏈管理若能與某些廠商密切合作，有助於供應順利。無論是印刷、餐飲、場地布置、電腦維修等，都得有一些能夠長期合作的對象。供應鏈有如「鏈子」，鏈上的每一個點與下一個點要能相互串連，不至於鬆脫。如果合辦活動，先掌握上游與下游的組織，並且透過密集的溝通確認活動中各自的角色。

政府體系裡隨處可見的浪費令人痛心，某些花用也常常是不必要的，公務員應謹記「爾祿爾俸，民脂民膏」的真理。以「宣導園遊會」為

例，主辦的政府單位與民間機構密切合作，透過活動宣傳各種有關的服務，主辦單位要準備好帳棚、桌椅、餐點、飲用水等。文宣資料與宣導手冊、園遊券、闖關卡、禮物等，都要事先準備。最困難的是「預估出席的人數」，主辦者需不斷精算，從報名人數、回應人數、過去承辦經驗等來推估，然後加上10%準備。

服務輸送體系的內涵是機構獲取資源，再將此等資源轉化為服務方案，提供給案主。完整的輸送體系包含資源、案主、服務提供者等結構要素；資源與案主為體系輸入項目、機構執行轉化功能、訊息流通促進體系運作，並將服務結果回饋。此一「輸入→流通→輸出」構成體系過程，如果輸送體系不充分或互動失調，將造成服務提供的問題。社會服務社群整合的目的在充分考量結構要素並強化彼此的連結，政府應建立整合性平台，包括社會服務基金會、社會服務機構聯合會、資訊與轉介中心，以促進結構的完整並妥適連結。

經常可看到社會福利行政體系的服務輸送問題，例如資源輸入不足或超過所能負荷的限度，各執行機構因缺乏協調與合作，導致資源浪費。在回應案主需求上未盡理想，造成服務中斷的現象。在解決策略方面，應該考慮地區性的整合組織，透過轉介中心，使資源供輸制度化、機構分工合理化，掌握服務體系的資訊，促進服務的可近性。

參、其他強化總務行政的手段

一、服務輸送管理

在工業界，生產各種產品、輸送物品的工作是重點。在社工界，有時提供的是方案、有時提供的是訪視與關懷、有時提供的是某些具體物

品，但社會福利行政單位出現各種浪費的現象。例如在印刷品方面常見的缺失包括：印了太多的文宣品、出版的刊物堆積未使用、印製書籍沒有發送的管道等；外界捐贈的物品未能迅速有效地處理，造成食品過期、衣服閒置、物品浪費等問題；辦活動所準備的禮物過多，未能發送出去，堆積在擁擠的辦公空間裡，間接影響工作者、案主、聯繫對象等的心情，這些都可以透過「服務輸送管理」（Service Delivery Management, SDM）來改進強化行政工作。

二、通路管理（channel management）

結合目標管理、策略管理與供應鏈管理。透過通路，結合了產品與服務方案，也決定了組織在環境中的位置。產品是有形的；服務則是由通路帶來的購買、互動經驗及關係所組成[5]。行政人員需要辨認哪些通路是重要的，是所屬單位和各種案主之間維持良好關係的管道，不斷透過各種方案來強化彼此的互動。思考通路要同時考慮策略及組織的生存之道，維持與任務團體良好互信的關係。

政府總是無法像企業，以靈活、彈性、個別化的方式去進行服務。企業設法以更短的時間、更變通的方式把顧客所需要的送到人們的手上；政府相對僵化，服務的時間短、辦公的場所有限、有些公務員的態度不夠熱情。社會行政人員應多向企業學習，根據自己機構的特色協助案主與家屬得到服務和後續的關懷。

供應順暢則減少浪費，使工作更有效率。通路順暢則節省時間，使工作者可以去做更多有意義的事情，而不是在各種細節中耗費過多的時間與精力。妥善運用資源有助於降低成本、提高利潤、提升使用者的民眾滿意度，配合資訊管理、直接面對顧客、擴大與案主接觸的層面等都有助通路管理的落實。

三、企業資源規劃（Enterprise Resource Planning, ERP）

　　指建立在資訊技術基礎上，以系統化的管理資訊為決策層及員工提供決策執行手段的管理平台，也是實施組織流程再造的重要工具[6]。

四、電子資料交換（Electronic Data Interchange, EDI）

　　是一種跨組織、電腦對電腦、藉由標準格式來交換資訊的工具，可促成供應鏈內各成員間建立關係，也提供供應鏈參與者的重要競爭優勢，有助於加速組織內部資料處理的效率，因此EDI能促進對顧客的服務、提升競爭力，更有效率及效益[7]。

五、網路行銷

　　要順利進行，從服務、推廣到通路等策略，都加以考慮。在產品與方案服務方面，需先找一個容易記住的名字，加強與相關網站聯結，吸引人們瀏覽，注意商標與專利權的議題，還要考慮所提供的是否適合網路行銷。在推廣策略方面，需經常舉辦活動、變化網頁設計；在通路方面要符合時效性，必要時搭配實體通路，目的是把社會福利行政單位與任務環境裡的組織形成有效的網絡。

註　釋

1　蕭祥榮（2015）。《總務部門重點工作》。台北：憲業。

2　梅明德（2015）。《供應鏈管理：從願景到實現──策略與流程觀點》。台北：全華。

3　林秀津譯（2005）。Des Dearlove原編譯。《管理思想如何改變世界》。台北：商周。

4　周君詮譯（1997）。日本Globis株式會社著。《MBA研修讀本》。台北：遠流。

5　彭懷真（2012）。《社工管理學》。台北：雙葉。

6　邱繼志（2005）。《管理學》。台北：華立。

7　張碩毅、黃士銘、阮金聲、洪育忠、洪新原（2015）。《企業資源規劃》。台北：全華。

第三十五回

採購行政

 ## 壹、採購工作也是助人專業的一環

　　開始學社工的人，都知道社工最簡單的定義是「助人的專業」。但什麼是助人呢？很多職業都在助人，社工與這些職業有何不同？社工學習個案工作、團體工作、社區工作，總是覺得這些可以助人。這些都重要，但要幫助很多人，通常得透過方案來執行。所以社工系的同學通常都學習方案，在課堂及實習之中，逐步實踐一個方案。畢業後進入機構，可能先參加接著做某個方案的主責社工，有機會時升遷到督導或組長，直接負責方案。在這些方案之中，從規劃到落實，社工都是實踐者。

　　若是考上公職社工師或社會福利行政，很可能有另一個角色——委託方案，將政府社會局處福利機構的方案委託給民間組織來執行。這樣的任務，在醫療、護理、諮商等助人專業，比較少見。委託的任務，可能不會接觸到弱勢的案主，無須用到個案工作或團體工作的技巧，不必像民間組織四處去募款找人力去完成，但依然非常重要。

　　委託方案靠合作，「關係」是合作的基礎，關係產生連帶，連帶

形成熟悉感，使原本有限的力量產生更大的能量。社會心理學的研究證實，人們透過「弱連結」可以產生比「強連結」更有效的行動。以社會福利行政的人員來看，對其他公務員通常比較熟悉，政府機構有如「強連結」。相對的，民間組織較陌生，有如「弱連結」，反而能截長補短，相互補強[1]。

合作關係由不斷參與涉入的各方行動所塑造及重建。組織間合作具有四個特徵：(1)參與在合作過程中的組織皆擁有各自的自主權，不會因為參與合作而喪失該組織獨立運作的能力；(2)合作的組織共同協定彼此皆能接受的目標及結果；(3)參與的組織各自投入資源以促使目標的達成；(4)目標達成後合作關係便告結束，轉換成其他形式。用這四者來說明政府與民間組織的方案合作，可以檢視是否能有成效，是否能持續互助[2]。

政府體系絕非來者不拒，社會福利行政工作者持續找尋及維持合作對象，並且評估合作的狀況。對於合作成效，有三個衡量標準[3]：

1. 投入（input）：雙方彼此投入資源，不論是經濟性、溝通或情感的資源交換，都達到較高的合作水準。合作有賴繼續付出，唯有投入才可增加動能。例如積極溝通、參加協調會報、付出更多資源。

2. 耐久性（durability）：雙方合作關係的耐久程度，環境不可能一成不變，當環境有所變動，雙方都願意去調整以維持合作關係。近年來，某種社會福利法規一旦修正，有些新興方案推出，合作單位要相互調整，才可產生效果。

3. 一致性（consistence）：雙方對資源及承諾維持一致性，如果有一方在資源的投入波動很大，另一方很難從投入的資源去預測交換後的結果，將會降低合作關係。

綜合而言，政府與民間組織之間是如何開始合作？又是如何進行此一歷程？通常都靠各項「福利服務方案」。就合作發展演進的階段

來看，在從無到有的「萌芽」階段，合作雙方在初始階段由於彼此不熟悉。通常會先從規模小、風險小的交易關係開始，慢慢累積互信和默契，再發展成為長期穩定的合作關係[4]。

　　例如民間組織申請政府方案的補助，通常規模較小又有特定的期限。如果民間組織的績效好，善用了政府給與的經費，獲得正面的評價，如此能爭取更多的機會去獲得方案的委託，社會行政主管更可能將重要方案委託給此民間組織。若有一天要將某些機構或方案「公辦民營」，會考慮這些民間組織。民間組織很難一開始就爭取到「公辦民營」，信任必然是逐步建立的。

　　有些時候，社工助人是C-C，個人對個人。有些時候，社工助人是B-C，以民間組織的方案來幫助個人。有的時候，政府社會福利行政的公務員助人，形式像B-B-C，政府的公務員是B，民間組織是另一個B，然後幫助某些C[5]。

　　單單是台中市政府社會局社會局公告壹佰萬元以上的採購案件（**表35-1**）（107年9-12月）就有十幾件，金額從幾百萬到幾千萬，都要有社會福利行政人員負責。

　　在各政府機關，社會福利行政是最需要與民間合作的體系之一，原因很多，首先，社會福利顧名思義是「社會的」，與社會緊密結合，要靠民間團體等社會力量來推動。其次，社會福利是為了民眾，民眾生活在各處，政府無法兼顧到每一處，許多時候依賴在地的民間組織來提供服務。第三，社會福利經常要考慮不同使用者的需求，經常是屬於差異性大的「in kind」（考慮案主差異的服務），政府財力寬裕但限於人力，比較能提供「in cash」（現金的發放），兩者合作，才可以將社會福利落實。公務員一方面要多認識「組織合作」的重要性，理解「公私協力的服務輸送」，然後知道「委託民間執行政府社會福利方案」的過程，包括招標、監督、考核等。

表35-1　台中市政府社會局社會局107年度辦理公告壹佰萬以上的採購案

委託採購案名稱	金額	採購的性質	招標月份
台中市身心障礙者大型復康巴士營運服務計畫	2,445,910	財物	9月
烏日綜合社會福利館興建工程	93,000,000	工程	9月
西屯托育資源中心（親子館）工程案	57,580,000	工程	9月
108年度台中市公設民營托嬰中心（沙鹿、豐原、清水、太平）	1,880,000	勞務	10月
108年度台中市居家托育服務中心暨弱勢家庭兒童臨時托育服務	51,000,000	勞務	10月
台中市社區照顧整合性培力計畫	48,264,000	勞務	10月
108年度台中市新住民家庭服務中心	9,589,700	勞務	11月
108年度台中市新住民多元圖書室	1,858,000	勞務	11月
108年度台中市自立家庭築夢踏實發展帳戶服務	1,010,000	勞務	12月
108年度台中市自立家庭築夢踏實計畫	2,754,400	勞務	12月
台中市108年度充實愛心食物銀行物資採購	11,150,000	財物	12月
108年台中市愛心食物銀行物流倉儲轉運中心勞務採	4,750,940	勞務	12月
108年度台中市志願服務推廣中心委託服務案	8,734,000	勞務	12月

 貳、物品的採購

　　社會行政人員很少賣東西，但經常買東西。如果是在機構裡，每天有這麼多人在此食衣住行育樂，樣樣都要買。如果要蓋一個空間，建築物、桌子椅子、電腦投影機螢幕音響，都須採購。即使是比較單純的機關，每日用的文具、紙張、電腦設備、事務機器等，都得買。如果辦大活動，又得採購。社會福利行政的諸多方案，更是與採購脫離不了關係。

　　為自己買東西，很簡單，愛買什麼自己做主。為公家買東西，很麻煩，有複雜的流程，接受四面八方的監督。有些人的責任以總務為主，總務管理的重點工作之一就是「採購」，即使不專門負責總務的，也須瞭解

採購。每一位公務員對政府有關採購的法規，需有基本認識。遇到自己負主要責任的，更要反覆研讀並請教前輩。

如果只是採購商品，大型或持續採購是複雜的問題，涉及許多方面細節，處理不慎就會出現錯誤。採購時，主要有以下步驟：(1)制訂需要採購的商品項目，將商品的各項要求詳細列明；(2)選擇供貨商，洽談商品供銷事宜；(3)進行市場採價，對各供貨商的價格進行比較，當作採購價格的基礎；(4)查看樣品，看樣選購；(5)與供貨商議定商品供應價格；(6)發出訂購合約；(7)審閱供貨商的各種發票單據；(8)收貨及驗貨存庫，並記錄存檔；(9)追蹤管理，注意後續狀況[6]。

採購角色（buying role）是以有限的經費購買組織所需的各種物品與資源，進行各種「交易」，以下說明交易活動中的六種角色及執行活動的人員[7]：

1. 發起者（initiator）：又稱為倡儀者，確認需求的方式，如為了節約電費或進行某種投資，是使採購發生的起點。
2. 影響者（influencer）：提供如何滿足該項需求的資訊，如採購的規格。
3. 決定者（decider）：在可行的銷售方案中做選擇及決定的人，所做的決定包括採購的標準、條件、供應商等。
4. 購買者（buyer）：購買產品或服務的人，有時是管理者與供應商之間的橋樑。
5. 消費者（consumer）：產品或服務的實際使用者。
6. 評估者（evaluator）：評估購買行為是否滿意的人。

當然，一個公務員可能會同時扮演多種角色。在有些大的行政單位，上述角色可能被歸類到某個委員會或某個部門中，最後由特定人員完成過程。

　　商品採購需充分瞭解市場要求，用適當的採購策略和方法，透過等價的原則來進行交換，以取得商品。採購過程中應遵循一定原則，包括[8]：

1. 以需定進：根據目標市場的商品需求狀況來決定商品的購進。
2. 靈活採買：以小批量、多品種、短週期為宜，根據機構或機關的性質和經濟效益決定採買。設法使資金加快流轉、加強資金的利用率，以提高經濟效益。
3. 以進促銷：指採購商品時須廣開進貨門路、擴大進貨管道。需事先做好市場需求調查工作，決定進貨種類和數量。
4. 信守合約：大型或持續的採購要以合約與供貨商之間確定買賣關係，保證買賣雙方的利益不受損害。在制訂採購合約時，須保證其有效性和合法性。

　　在組織中擔任採購，要注意幾個原則：(1)環節精簡原則：減少進貨環節，加快採購速度；(2)路線最短原則：在價格相近的前提下，就近採購；(3)省時原則：儘量減少手續，以節約時間；(4)經濟節約原則：從各方面節省採購成本[9]。

 ## 參、工程、財物或勞務的採購

　　如果是工程、財物或勞務的採購，牽涉到更多人，程序更複雜，大致分為申請、招標、決標與核准、履約管理、驗收。以作者兼任採購委員的東海大學為例，簡單說明重點：

1.申請程序：

　(1)單位使用所屬經費辦理新台幣壹拾萬元以上工程、財物及勞務之採購，須事先填寫請購單辦理申請。

　(2)單位申請非單位所屬經費辦理財物及勞務之採購，均須填具請購單，且須事先取得經費控管單位之同意。

　(3)工程採購須由需求單位事先填具申請單向總務單位提出申請，經審核通過後，由總務相關承辦單位辦理請購。

2.招標依下列規定辦理：看金額的多寡、限制性與否、屬於勞務或工程或財物等而異，規定如下：

　(1)單位辦理伍拾萬元以上之勞務及財物採購或參拾萬元以上之工程採購，應參照校訂招標文件範本訂定招標文件，包括標單、投標須知、契約草案、工程圖說及廠商投標所需之一切必要資料，經招標申請程序核准後辦理。

　(2)限制性招標之評選優勝者或評定最有利標之採購案，程序更嚴謹，採購評選委員會之委員及召集人由校長或其授權人指定。

　(3)單位辦理伍拾萬元以上之勞務及財物採購或參拾萬元以上之工程採購，除符合政府採購法第22條第一項各款情形之一或經行政程序簽請核准者，得僅邀請一家廠商議價外，應有三家以上合格廠商投標，始能辦理開標。

　(4)單位辦理壹拾萬元以上，未達伍拾萬元之勞務及財物採購或未達參拾萬元之工程採購，大致比照(3)的做法。

　(5)金額在壹萬元以上，未達壹拾萬元者，仍需取得至少一家廠商之書面報價單。

　(6)第一次開標，因未滿三家而流標者，第二次招標得不受三家合格廠商之限制。

3.決標與核准程序：辦理伍拾萬元以上之財物或勞務採購，除法令另

有規定者外，申請單位及採購業務相關主管應分別訂定底價。壹佰萬元以上底價陳請校長核定；伍拾萬元以上至未達壹佰萬元底價由總務長核定。

採購業務相關主管眾多，以作者負責的圖書館來說，圖書館以外各單位之圖書採購，由圖書館進行詢價；圖書館之圖書採購，由總務處採購組進行詢價。辦理參拾萬元以上之工程採購，除法令另有規定外，相關業務承辦單位及委託設計監造單位應分別訂定底價，若無設計監造單位則由採購組進行詢價。壹佰萬元以上底價陳請校長核定；參拾萬元以上至未達壹佰萬元底價由總務長核定。

4.驗收，主要規定如下：

(1)工程、財物之採購，申請或使用單位應於規定期限內，辦理功能、品項、規格及數量之初驗。

(2)單位辦理未達壹佰萬元之工程、財物採購，由單位主管或指派適當人員辦理正式驗收。

(3)單位辦理壹佰萬元以上，未達參佰萬元工程、財物採購之正式驗收，由總務長擔任召集人。

(4)單位辦理參佰萬元以上，未達壹仟萬元工程、財物採購之正式驗收，由採購委員會召集人指派總務長依案件性質選任該委員會委員辦理，總務長為主驗人。總務長得視案件需要將參佰萬元以上，未達壹仟萬元之正式驗收案送採購委員會議辦理。

(5)採購金額在壹仟萬元以上者，應提報採購委員會議辦理正式驗收。

(6)與圖書館有關的規定：各單位增購之書刊，應檢附列產相關資料，送圖書館辦理驗收、登錄手續。

採購人員負有重要責任，如有疏失會被懲處，例如東海大學規定：針對疏失，單位辦理採購承辦人員及其主管得視情節輕重加以懲處，屬職

員工者依職員工獎懲標準懲處；屬教師者得經程序報請校長以不晉薪或不
支年終獎金之方式辦理並視學校損失情況，負賠償責任。

　　還有一些規定，可以上網查詢「東海大學採購辦法」。採購管理包
括供應商尋找及評選、採購談判與議價、降低採購成本等，是必須做又高
難度的考驗。各社會福利機構關於採購的運作，規定也十分嚴格。

 ## 肆、採購方案的委託

　　委託有許多形式，首先要確定方案的性質，歸納政府與民間推動社
會福利之合作方式，社會福利民營化區分為三大類[10]：

1.政府將按照服務對象特殊需求而作特定委託的「個案委託」。
2.政府將預定要從事的社會福利方案或活動委託民間機構執行的「方
　案委託」。
3.政府部門規劃福利服務提供的方式、項目、對象，並提供大部分或
　全部的經費或設備交由民間福利機構執行的「公設民營」。

　　然後判定法令的依據，近年來，政府社會福利引進民間資源及競爭
機制，途徑主要有四[11]：

1.行政委託：依照《行政程序法》。
2.經費補助：依照《衛生福利部推展社會福利補助作業要點》。
3.政府採購：依照《政府採購法》。
4.促進民間參與公共建設：依照《促進民間參與公共建設法》（簡稱
　促參法）。

　　在福利服務領域中，如果經費來源由公部門提供，服務供給由私部

門負責的模式是「契約外包」。若契約由法令規定付諸競標，屬於「強制性競標」（Compulsory Competitive Tendering, CCT）。因為有競爭，就不是獨占，各民間組織爭取政府的經費以提供服務。CCT強調的是供給面，而非財務面（financial）與規制面（regulatory）的私有化。最常見的是政府提供經費，也給與規範，民間組織爭取承包方案，與政府簽約後則負責提供方案所規定的項目[12]。

如果在台中市社會局任職，要承辦採購方案，有幾個網站是經常要瞭解的：

1.行政院公共工程委員會。
2.政府電子採購網。
3.台中市政府採購專區。
4.台中市政府社會局辦理公告金額以上採購案件預定招標時程表。
5.台中市政府代辦一般性採購其作業程序（台中市政府秘書處）。
6.採購法擇定招標方式（台中市政府秘書處）。

搜尋時連結至行政院公共工程委員會政府電子採購網之「招標查詢畫面」，先另開新視窗，於「機關名稱」輸入「台中市」關鍵字進行查詢。另可設定其他搜尋欄位，即可依設定之條件查詢台中市政府所屬各機關學校所辦理之採購招標資訊。

社會福利行政單位公告方案的名稱及主要規定，然後民間組織要送出「服務建議書」。以下各機關辦理採購所需文件，均為台中市政府秘書處所提供：(1)代辦委託書範本；(2)代辦單；(3)開標紀錄；(4)底價單；(5)契約書；(6)異質性分析評估表；(7)投標廠商文件審查表；(8)總標單；(9)投標廠商聲明書及授權委託書；(10)公開取得電子報價單投標廠商聲明書。

投標須知範本：包含「總則」、「投標廠商資格條件」、「押標

金」、「共同投標」、「統包」、「投標」、「開標及審標」、「決標」、「差額保證金及履約保證金、保固保證金」、「簽訂契約」等章節。

　　採購標準作業程序，政府針對各類型採購案件階段，訂定一致性作業流程及重點事項，分為「招決標方式評估作業」、「公開招標」、「限制性招標」、「選擇性招標」、「未達公告金額採購」、「採購之核准、監辦、備查作業」、「採購文件保存作業」、「採購其他規定」、「不良廠商處置作業」、「緊急採購作業」等章節及附錄「採購作業自我檢核表」。

　　服務建議書的形式不同，在目錄方面呈現的重點有：計畫構想及服務內容、經費分析、服務建議書之完整性、可行性及對本案瞭解度、廠商相關工作成果及績效、計畫主要工作人員名單及簡歷、相關工作業績、資格證明文件、預期成果、結論與建議、創意或回饋事項等。

伍、研究方案的委託

　　各機關單位如果辦理台中市政府委託研究計畫，應依下列規定辦理：

1. 應依政府採購法及機關委託研究發展作業辦法規定辦理。
2. 委託研究計畫主題之選定，應以符合施政計畫及業務發展需要為原則，且擬定委託研究計畫前，應先參考政府研究資訊系統（Government Research Bulletin，以下簡稱GRB，網址：http://www.grb.gov.tw），瞭解是否與本府及同性質之各級機關之委託研究計畫重複，以免造成資源浪費。
3. 選定委託對象時需參考GRB資訊系統資料。

4.研究經費項目及支付標準，應依台中市政府及所屬各機關委託研究計畫經費編列基準表相關規定辦理。委託研究經費不得移作與研究主題無直接相關之項目。

5.研究主題及研究重點，非屬政府資訊公開法第18條所定情形者，應刊登於行政院公共工程委員會之國內政府招標資訊網站及台中市政府各機關網頁。

委託研究計畫書應載明下列事項：(1)研究主持人相關著作名稱及所學專長；(2)研究主旨；(3)研究背景分析；(4)研究方法及步驟；(5)研究人員學經歷及分工配置、研究主持人及協同主持人參與政府委託研究情形；(6)研究進度及預期完成之工作項目；(7)研究預期成果或預期對相關施政之助益；(8)研究經費；(9)需市政府行政支援項目；(10)相關參考資料。

投標者應配合邀標書及台中市政府及所屬機關委託研究的各項規定，重點用六個W和二個H來說明：Why（緣起與目的）、What（研究範圍）、What's goal（計畫整體目標）、How（計畫工作內容）、When（期程）、What's effect（預期效益）、How much（經費配置）、Who（參與成員）。

一項研究案的完成，牽涉到不同背景的人，研究案有如一項任務（task），與任務有關的角色眾多，包括：(1)委託單位——市政府；(2)承辦單位：某個學術單位或民間單位；(3)研究團隊；(4)受訪者；(5)焦點團體的參與者；(6)相關的專家；(7)期初、期中與期末審查委員。最重要的，從頭到尾都參與的承辦人，負責這項業務需盡責完成各項工作。首先要先完成邀標書，然後辦理招標，符合資格的都可以投標。開標由主計單位檢視投標資格，符合者到審查會報告，各相關局處來審查（如社會局、研考會）。審查確認得標的單位後，與得標的委託單位簽約，要求委

託單位按照市政府研究計畫的規定，依序執行。

　　研究小組要送出計畫書，接受期初審查。期初審查會後要按照審查的會議紀錄加以修正，送給委託單位。承辦人要負責各項公文，適時參加研究流程的諮詢會議，籌辦各次審查會，邀請聯繫審查委員、安排交通事宜、接受長官的指令等。更要督促研究承辦團隊按照計畫書繳交各次報告。期末審查會召開後，依照審查會議紀錄繼續商討，確認研究團體如何提出結論與建議。

　　最後還有許多行政工作，最重要的是按照計畫書的內容逐一檢視，更須符合市政府委託研究的規定（尤其是政府研究資訊系統）。承辦人需為每一項進度把關，落實計畫書的內容要求。

　　政府研究案委託單位的承辦人，就是平台的專案管理者。運用專案管理的方法，掌控進度。在過程中，持續追蹤進度，提醒研究團隊掌握計畫書裡的重點，有時受委託單位遇到某些瓶頸，提供必要支援。

社會福利行政

註　釋

1　高永（2018）。《弱連結：99%的成功機會都來自路人》。台北：三采。

2　鄭怡世（2001）。〈民間福利服務輸送型組織與企業組織合作募款經驗之探討〉。《社會政策與社會工作學刊》，5(1)，171-209。

3　林秀津譯（2005）。Des Dearlove著。《管理思想如何改變世界》。台北：商周。

4　彭朱如（1998）。《醫療產業中跨組織合作關係類型與管理機制之研究》。台北：政治大學企業管理研究所博士論文。

5　彭懷真（2012）。《社工管理學》。台北：雙葉。

6　MBA智庫百科網（2011）。

7　同註6。

8　同註6。

9　蕭祥榮（2015）。《總務部門重點工作》。台北：憲業。

10　黃源協（1999）。《社會工作管理》。台北：雙葉。

11　同註10。

12　蘇麗瓊、陳素春、陳美蕙（2005）。〈社會服務民營化：以內政部所屬社會福利機構業務委外辦理為例〉。《社區發展季刊》，108，7-21。

第三十六回

品管與稽核

 壹、委託方案的品質管理

公務員在政府體系裡工作，與民間攜手提供對大眾的服務已經愈來愈普遍，這樣的合作屬於公私協力，英文簡寫PPP（public-private partnerships）。社會福利行政單位與非營利組織共同合作提供社會福利服務的方式。整合各方資源以平等、分工、共享互惠的良性態度合作，彼此透過雙向溝通參與的方式，共同分擔責任[1]。

Carroll與Stean指出，公部門與第三部門協力夥伴關係是一種跨組織的合作關係，雙方參與者能互相信任、彼此承諾，以達到分享資源、促進社會福利提升之功效[2]。Lee與Kim指出夥伴關係的意義有[3]：

1.彼此之間互相認同、瞭解及依賴，組織間能協調採取共同的行動，以滿足民眾的需求。
2.為一跨組織的關係，目的為參與者的共享。
3.藉由夥伴關係，雙方的交換活動可降低成本及提高服務品質。

社會福利行政

4.組織與外部單位為了完成某特定任務或工作，共同將資源整合以求效率的一種手段，彼此能分享資訊，為共同目標而努力的關係。

5.互相信任、公開資訊、分享風險與報酬的聯合關係，所產生組織的競爭優勢是任一組織單獨所無法完成的。

我國從1990年代，公部門與第三部門協力夥伴關係逐漸蓬勃發展。運用在福利服務方面，是隨著福利社區化、公辦民營模式風行，慢慢將夥伴關係帶入政府與非營利組織的合作之中。如此做可調和人民對公共服務的渴望，透過第三者政府來增進政府提供福利服務的角色與功能，而不擴張政府的權力，這種政府行為模式可有助於彈性[4]。

「公民參與」是現代政府推動公共事務不可或缺的要素。公民及公民團體基於自主權、公共性及對公共利益與責任的重視，而投入情感、知識、時間、精力。良好的公私協力夥伴關係，需以成熟的公民參與為基礎[5]，政府與非營利組織夥伴關係的發展必須以公民參與的實踐為基礎。藉由公民參與意識的興起，使第三部門能介入公共事務中。藉著夥伴關係的推行，使一般公民透過民間團體及非營利組織，有機會參與政府的政策研擬[6]。

藉由民間部門的參與，原來政府提供之服務與功能有所調整，政府擔負的責任並不會轉移，政府的角色也不會消失，僅是轉移公共服務的輸送方式。

政府與非營利組織之間的關係，某部分有如「結盟」的關係與「責任替代關係」，「結盟」是集方共同承擔責任，一起面對弱勢族群，一起承擔的社會責任，在結盟的過程中邀請民間共同承擔。如果從購買與製造的角度而言，政府與非營利組織間可視為一種「買賣」或是「僱用」關係；但賣者需注重顧客滿意或售後服務的「買賣」關係。在如此的互動模式之中，非營利組織有如一群「特殊受僱」於政府機構的工作夥伴[7]。

政府社會福利部門為非營利組織最重要的任務環境，政府的經費通常是各非營利組織最主要的經費來源。在政府體系方面，由於「採購法」的實行，民間組織需透過採購法爭取政府的方案，每個方案涉及許多評審委員，包括學術界、實務界、相關政府主管單位等。申請方案的單位都被視為「廠商」，廠商多半得客客氣氣地報告與答詢。在執行過程中還有審查、期中報告、總結報告等機制。即使順利完成方案，在結案與核銷過程中還要接受委託單位的監督要求。

　　在政府體系裡，不僅有委託的科室，還有會計、秘書、政風、審計等部門可能各有意見。外界的審查與稽查、評估與考核等，都是社會福利行政公務員應該充分認識的，公務員依法對委託的機構加以檢查。

　　近年來，購買式服務契約（Purchase of Service Contracting, POSE）大幅度成長，可說是政府和非營利組織間在社會福利服務上最普遍的協調合作方式。在這種關係下，政府和非營利組織是相對平等的合夥人，而契約的內容則包含了正式的規章約定、財務分配與服務成果，以及相關的行政運作過程[8]。

　　政府對弱視族群的服務，已不再是民眾直接向政府要求，或是由政府直接提供給民眾，原本由政府與服務需求者單純的直線關係已轉變成出資的購買者、服務提供者以及服務的使用者之間的三角關係。

　　政府與非營利組織之間，屬於「結盟」的關係，也具有「責任替代關係」的特性，「結盟」是雙方共同承擔對照顧弱勢族群的社會責任。以政府的委外來說，如果政府找到認為是最佳的非營利組織承辦時，也就對此一交換關係產生承諾，表現出想要長期維持此一關係的誠意，又會使雙方的交換關係更為穩固、雙方的承諾更加強[9]。

貳、品質管理

　　品質的定義又稱為品質的向度（dimension），可從不同的角度界定。Garvin發展出八向度的品質表格，更清楚呈現品質的要素包括：(1)績效：產品達到目標的程度，較佳的績效常代表較佳的品質；(2)特質：增加產品或方案基本效能的屬性；(3)可靠度：產品在設計上具有一致性；(4)符合性：在設計產品或方案時將性能規格化，透過各種量化標準來控制品質；(5)耐久性：產品不易故障；(6)服務性：快速、有禮貌、易於取得；(7)美感性：各種感官有正面的感受，包括味覺、觸覺、聽覺、視覺、嗅覺等；(8)認知品質：使用者的意見與滿意度，包括品牌形象、品牌知名度、廣告量、口碑、排行等。其他常被提到的品質要項，則包括回應程度（responsiveness）、能力（competence）、可近性（access）、禮貌（courtesy）、溝通（communication）、信用（credibility）、安全（security）、瞭解（understanding）等[10]。

　　品質管理（quality management）也被稱為質量管理。品質是「一組特性滿足要求的程度」，質量管理是「指揮和控制組織的協調活動」。最知名的品質觀念是品質三環（three spheres of quality），從品質管制、品質保證，到品質管理。品質控制（Quality Control, QC）是以科學方法為基礎，從頭到尾控制品質。品質保證（Quality Assurance, QA）是採取確保產品或服務等品質的動作，與設計有密切關係。品質管理（Quality Management, QM）特別強調品質不僅是生產者或品管者的責任，而是所有同仁都應該注意的。同仁應該參加的活動包括品質改善規劃、營造有品質的組織文化、辦理支援技巧的講習、提供教育與再教育、設計能增強品質創意的組織系統、強化員工的成就感、促進組織溝通等[11]。

　　品質管理已經無法滿足人們愈來愈嚴苛的要求，全面品質管理

（Total Quality Management, TQM）被廣泛接受。採用精密的統計生產控制，確保品質已落實在生產過程中，而不必等生產完成後再來檢驗。目標在達成生產過程的零瑕疵，以降低浪費與避免重做[12]。

最佳化流程必須做到對資源更有效利用。各單位難免有本位主義，容易產生保護自己的想法，關閉資源要素只供部門本身利用。不同的功能部門，未必願意分享知識，不願意為同一目標而合作。為了達到最佳化，有些流程將被簡化，甚至捨棄，有些則藉由資訊科技的助力，使其更扁平化或更有效率[13]。當運作流程明確釐定後，接著管理者要把紙上談兵的概念轉化為實際可行的運作。

國際標準化組織（ISO），ISO9000系列是ISO（International Organization for Standardization）設立的最著名標準，將品質系統文件化的國際標準。此標準並不是評估產品的素質，而是評估產品在生產過程中的品質控制過程，是一種組織管理的標準[14]。「認證」是一個組織獲得ISO9000標準必要的程序。品質管理的重點並不是執行架構，而是要求組織將品質系統編輯成冊，所以持續文件化很重要。因此ISO最重要的是八個字的努力——寫你所做，做你所寫。將寫（計畫）與做（執行）充分結合，執行後必須記錄。

以ISO9000為中心的品質管理原則包括：以顧客為關注焦點、全員參與、注重過程方法與管理的系統方法、持續改進、基於事實的決策方法、提供雙方互利的關係。許多組織都積極推動此種國際化的品質管理機制，以獲得ISO認證為榮，台北市戶政系統是最早得到認證的政府單位。有助於推動ISO的因素有：客戶要求、高層看重、可能在市場中獲益、能提升在市場中的地位、有助於強化員工的紀律、可獲得更多利益，符合外部品質評鑑單位要求等[15]。

品質的落實有賴作業管理，作業管理（Operation Management, OM）採用品質管理觀念中的系統觀（system view），認為產品的品質是許多變

數互相運作的結果,包括設備、勞力、程序、規劃與管理,針對每一個環節都加以留意。不但在組織內部要多做改進,也要注意組織外部,也就是顧客及案主的回饋。以品質管理的PDCA循環為例,計畫(plan)的重點是策略的陳述、行動(do)是策略的執行、查核(check)代表評估與管制、處置(action)是整體策略的完成。

戴明(W. E. Deming)是公認的品質方面的權威,他的理念強調持續不斷地改進品質。戴明的管理觀點有十四項:建立持續努力的目標;配合時代,採行適當的新理論;停止大量的檢驗;停止僅以價格為基礎的標價方式;持續改善產品與服務系統;建立在職訓練;改進領導;去除恐懼;消除部門間的藩籬;去除口號、標語及訓話;去除工作標準;去除會剝奪員工享受工作品質榮耀的障礙;建立活潑的教育與自我改進計畫;讓每一個人參與組織的轉型。

戴明另外提出無法達到高品質與高競爭力的七大致命毛病,包括:缺乏持續的目標、重視短期利益、過度看重績效、管理過於變動、僅透過有形的數字來經營組織、花費可觀的經費在開銷上、過多的開發費用。

品質不只是基層執行的細節,更需要從策略與規劃來改善品質。大部分的品質問題來自缺乏效率與無效的規劃,因此應強化三個基本過程作為品質管理的基礎:規劃→管制→改進。一切都是由品質規劃開始,目的是提供作業單位能生產符合顧客(案主)需求產品的方法。一旦規劃完成,將計畫交至作業單位確實執行;然後,持續改進。

參、稽核、審計

品質管理需結合審核,audit也可以翻譯為稽核、審計,審計部的英文是National Audit Office。審核,是為獲得評量證據並進行客觀評價,以

確定滿足審核準則所進行的努力，是有系統、獨立並形成文件的過程。主要形式包含：(1)內部審核：有時稱「第一方審核」，用於內部，由組織自身進行，可作為組織合格聲明的基礎；(2)外部審核：包括「第二方審核」和「第三方審核」，第二方審核由組織的相關顧客或其他人員進行；(3)第三方審核：由外部獨立的組織進行，這類組織提供符合要求的認證。

當兩個或兩個以上的審核機構合作共同審核同一個受審核單位時，稱為「聯合審核」。品質稽核主要是基於「作業稽核」的實施，目標是藉由提供目標分析、評估，以及有關活動的檢視，提供相關建議。另一種則是「績效稽核」，包含以下內容[16]：

1.供應商稽核：由購買者來檢視。

2.系統文件化：建立清楚的標準，最有名的是ISO。

3.授獎稽核：透過各種獎項的頒發，確認品質。

4.顧問稽核：由外聘顧問來檢視品質。

審核準則是依據一組方針、程序或要求，使績效被清楚檢視。審核證據與審核準則有關，包括能夠證實的紀錄、事實陳述或相關訊息，可以是定性的（文字為主）或定量的（數字為主）。

我國中央政府採五權分立，監察院設有審計部，審計部是中華民國有關政府審計事務的最高主管機關，也是唯一隸屬於監察院的中央政府部門，主要職責為審核各級政府機關之財務收支、考核財務效能、審定決算、稽察財務上之違失、核定財務責任等。審計權之行使對象為中央至地方政府所屬各機關及有關人員；範圍涵蓋基金會及公有（營）事業、公私合營事業及受公款補助之私人團體暨公設財團法人等。

審計是一套有系統的過程，目的在對受查者就經濟活動和事件有所檢視，客觀取得相關證據並加以評估，以比較管理階層之聲明與公認標

準是否相符，並出具評估結果給相關使用者。審計也是一種財政監督制度，根據國家預算法、審計法及有關法令、運用科學方法，對政府財政收支活動及其會計紀錄、憑證、報表為一部分或全部的審核，查明有無錯誤，不忠、不法、不經濟之情事，以考核其施政結果，並提供積極性的改進意見，從而確認各機關行政人員所負之財務上的責任，屬於一種外部監督的制度。

政府審計是控制預算的利器，亦即全部預算程序中重要的一環，也是整個財務行政最後一個環節。政府審計的重要精神在於：

1.監督機構超然獨立，其查核的結果向民意機關報告。
2.財務收支經審計稽核無訛後，即可消除行政機關之財務責任。審計工作的最後成果仍必須由立法機關做最後的確認，因此審計機關的主要任務在協助國會監督政府財政。

近年來，行政院也重視內部稽核之職能，以客觀公正的觀點，協助機關檢查內部控制的實施狀況，適時提供改善建議，以合理確保內部控制得以持續有效運作，促使機關達成施政目標。各機關內部稽核工作得視業務需要，調整施政管考、資訊安全稽核、政風查核、政府採購稽核、人事考核、內部審核、事務管理工作檢核及其他稽核職能。

執行稽核工作前，得會同稽核評估職能單位進行，方式有：(1)年度稽核：針對應辦理稽核之業務或事項進行稽核，每年度應至少辦理一次；(2)專案稽核：針對指定案件、異常事項或其他未及納入年度稽核之事項進行稽核，各自擬定稽核計畫。

總之，政府社會行政體系與非營利組織，彼此合作及交換，「政府出錢、民間出力」；政府提供資金，民間提供人力或專業等的情況愈來愈普遍，但依然要注意內部稽核、強化品管。

註　釋

1 吳英明（1996）。《公私部門協力關係之研究：兼論都市發展與公私部門聯合開發》。台北：復文。

2 Carroll P., & Steane P. (2000). Public– private partnerships: Sectoral Perspectives. *Public–Private Partnerships: Theory and Practice in International Perspective*. Routledge Press.

3 Lee, J., & Y. Kim (1999). Effect of partnership quality on outsourcing success: Conceptual framework and empirical validation. *Journal of Management Information Systems, 15*(4), pp. 29-61.

4 嚴秀雯（2001）。《政府與非營利組織夥伴關係之研究——以台北市獨居老人照顧為例》。台北：台北大學公共行政暨政策研究所碩士論文。

5 林建煌譯（2006）。J. Pfeffer與G. R. Salancik著。《組織的外部控制：資源依賴觀點》。台北：華泰。

6 汪明生（2011）。《互動管理與公民治理》。台北：智勝。

7 McQuaid R. W. (2000). The theory of partnership: Why have partnerships? *Public–Private Partnerships: Theory and Practice in International Perspective*. Routledge Press.

8 穆春香（2010）。《教會醫院執行政府社會福利方案之研究》。台中：東海大學社會工作系碩士論文。

9 劉淑瓊、彭淑華（2007）。《社會福利引進民間資源及競爭機制之研究》。行政院研究發展考核委員會。

10 戴久永譯（2002）。S. Thomas Foster著。《品質管理》。台北：智勝。

11 柳松、秦文淳譯（2000）。Stuart Crainer著。《管理大師50人》。海口：海南出版社。

12 戴博芬譯（2011）。Philip Allmendinger著。《規劃理論》。台北：巨流。

13 林秀津譯（2005）。Des Dearlove著。《管理思想如何改變世界》。台北：商周。

社會福利行政

14 林英峰譯（1999）。Nitin Nohria著。《MBA百科全書》。台北：商周。

15 同註10。

16 同註13。

社工叢書

社會福利行政

作　　者／彭懷真
出　版　者／揚智文化事業股份有限公司
發　行　人／葉忠賢
總　編　輯／閻富萍
特約執編／鄭美珠
地　　址／22204 新北市深坑區北深路三段 260 號 8 樓
電　　話／02-8662-6826
傳　　真／02-2664-7633
網　　址／http://www.ycrc.com.tw
　E-mail　／service@ycrc.com.tw
　I S B N　／978-986-298-320-1
初版一刷／2019 年 2 月
定　　價／新台幣 500 元

＊本書如有缺頁、破損、裝訂錯誤，請寄回更換＊

國家圖書館出版品預行編目（CIP）資料

社會福利行政 / 彭懷真著. -- 初版. -- 新北
市 : 揚智文化, 2019.02
面； 公分. --（社工叢書）

ISBN 978-986-298-320-1（平裝）

1.社會福利 2.社會行政

547.6   108002077